国家出版基金项目
NATIONAL PLBLICATION FOUNDATION

国家出版基金项目
“十四五”时期国家重点出版物出版专项规划项目

高速铁路基础研究与技术创新丛书

基础理论与基础技术系列

高速铁路弓网关系研究

本丛书编委会　总主编
韩通新　著
王保国　主　审

中国铁道出版社有限公司

2022年·北　京

内 容 简 介

本书为“高速铁路基础研究与技术创新丛书”之分册，全面论述高速铁路接触网-受电弓系统的主要特性要求、高速弓网耦合理论、受流性能、弓网仿真技术、弓网关系试验检测技术、弓网受流性能评价等内容，结合中国高速铁路弓网关系的试验，阐释了复杂高速铁路接触网场景下弓网线路适应性应用、350 km/h 及以上速度等级条件下弓网关系要点以及长期运营条件下高速弓网服役特性。

本书适合高速铁路供电科研人员、工程技术人员参考，也可供高校相关专业教师、研究生和本科生参考。

图书在版编目(CIP)数据

高速铁路弓网关系研究 / 韩通新著. —北京：中国铁道出版社有限公司，2022.4

(高速铁路基础研究与技术创新丛书. 基础理论与基础技术系列)

“十四五”时期国家重点出版物出版专项规划项目

ISBN 978-7-113-28941-6

Ⅰ.①高… Ⅱ.①韩… Ⅲ.①高速铁路-弓网系统-研究-中国 Ⅳ.①U238

中国版本图书馆 CIP 数据核字(2022)第 037535 号

书　　名：高速铁路弓网关系研究

作　　者：韩通新

策　　划：曾露平　　**编辑部电话：**(010)63551926

责任编辑：李小军

封面设计：高博越　　**封面摄影：**王明柱　　**丛书标识设计：**崔丽芳

责任校对：孙　玫

责任印制：高春晓

出版发行：中国铁道出版社有限公司(100054，北京市西城区右安门西街 8 号)

网　　址：http://www.tdpress.com

印　　刷：北京联兴盛业印刷股份有限公司

版　　次：2022 年 4 月第 1 版　2022 年 4 月第 1 次印刷

开　　本：787 mm×1 092 mm 1/16　**印张：**13　**字数：**256 千

书　　号：ISBN 978-7-113-28941-6

定　　价：88.00 元

高速铁路基础研究与技术创新丛书

编 辑 组

序

我国高速铁路起步晚、发展快、后劲足，经过几代人的不懈努力，通过原始创新、集成创新、引进消化吸收再创新，成功地走出了一条符合中国国情路情、具有中国特色的自主创新之路。我国已系统掌握各种复杂地质和气候条件下高速铁路建造成套技术；在工务工程、列车运行控制、牵引供电、动车组等高速铁路核心技术方面实现自主化；形成了复杂路网条件下处理跨线运行的运营管理成套技术，构建了人防、物防、技防三位一体的主动安全保障机制。我国已成为全球高速铁路运营里程最长、在建规模最大、运营速度最快、技术体系最全、运营和管理经验最丰富的国家。我国高速铁路技术已走在世界前列，成为推动世界高速铁路发展的重要力量。

为贯彻落实中共中央、国务院《交通强国建设纲要》，推进国铁集团《新时代交通强国铁路先行规划纲要》的落地，系统总结、梳理我国高速铁路各领域前沿理论和技术，向我国乃至世界高速铁路科研工作者和工程技术人员提供一套前沿性的参考书，中国国家铁路集团有限公司铁道出版社公司特组织编著出版“高速铁路基础研究与技术创新丛书”。

丛书以习近平新时代中国特色社会主义思想为指导，以国家自然科学基金课题、国家基金委-国铁集团高铁联合基金课题、国家“973”课题、国家重点研发计划课题等科研成果为支撑，从高速铁路前沿研究、补短板技术、核心技术、技术发展趋势等方向组织选题，涵盖动车组、供电、通信与信号、列控与检测、工程勘察与设计、智能建造、运营与管理、现代信息技术、安全和维护等领域，规模为100册，是全面系统论述我国高速铁路基础研究与技术创新成就的大型系列原创性科技著作。

丛书力求突出制高点、原创性、权威性、全覆盖特色。丛书各册内容以作者团队长期从事高速铁路科学研究的成果为依托，多数成果居于国内领先水平甚至世界先进水平，多种成果荣获国家科学技术奖一等奖、二等奖，国家技术发明奖一等奖、二等奖，茅以升科学技术奖，詹天佑铁道科学技术奖，铁道科技进步奖等奖项，丛书内容体现了我国当今最新、最前沿以及展现未来发展趋势的高速铁路相关研究成果和应用技术。丛书包括动车组、供电、工程施工与组织等十个系列，基本实现高速铁路各领域全覆盖。

丛书由编委会总负责。编委会阵容强大，认真负责。编委会各成员都是长期从事我国高速铁路科研、技术、生产和管理的一流专家学者，是所从事领域的翘楚，其中包括高速铁路及其相关领域的四位院士。编委会多次开会商讨丛书的体系、内容特色、作者条件及质量保障机制；分工负责，精心审订和修改各册编写提纲；多次遴选选题，先从150多个选题意向中遴选出100个选题，后又剔除了内容特色不太鲜明的8个选题，还对10多个选题提出了较大的改进意见，补充了8个关键技术和弥补技术空白的选题；最后邀请专人对各册内容进行审定，从而保证了各册内容的正确性和先进性。

2021年年底，国家新闻出版署经过严格评审，“高速铁路基础研究与技术创新丛书”（100册）成功入选“‘十四五’时期国家重点出版物出版专项规划——重大出版工程”。这是对本丛书项目的认可，也是对编委会、作者和编辑等人员前期工作的认可，更是一种鞭策。我们相信，本丛书的出版，将助力于《交通强国建设纲要》的贯彻落实，推动我国乃至世界高速铁路事业的发展，也将为铁路领域的科研工作者、工程技术人员、管理人员，以及高校相关专业师生提供一套高水平、原创性、权威性、全覆盖的大型高铁科技精品著作。

中国工程院院士

“高速铁路基础研究与技术创新丛书”编委会主任

2022年2月

前　言

本书为“高速铁路基础研究与技术创新丛书”之分册，按丛书要求，力图体现高速铁路弓网关系理论和技术的制高点、前沿性、原创性特色。

铁路的电气化程度是铁路发达程度的一个重要标志，电力牵引是实现铁路高速化的最重要方式。铁路的牵引供电系统主要由牵引变电所和接触网两大部分组成。牵引变电所将发电厂经电力传输线送来的电能变换成适合动车组或电力机车所需的电压，经馈电线将电能送至接触网；接触网是沿铁路线路上空架设的向动车组或电力机车供电的特殊形式输电线路，动车组、电力机车通过安装于车顶的受电弓沿接触网以滑动接触方式获取电能。弓网良好配合、保证电能连续可靠传输是高速铁路必须解决的关键技术之一，直接影响高速列车的运行速度。为了取得接触网与受电弓之间高速滑动情况下的“良好接触”，世界各国相关机构、组织及公司投入了巨大的资金、人力和时间研究高速铁路接触网与受电弓，经过50余年的发展，形成了以日本新干线、法国TGV和德国ICE为代表的高速铁路接触网与受电弓技术。我国铁路进入高速时代后，通过早年的提速和近年的系列化高速试验及相关理论研究，对接触网及受电弓在设计、制造、施工、试验检验及运行维护方面积累了极其丰富的系统理论和工程实践经验，为我国高速铁路的快速发展奠定了良好的基础。

中国铁道科学研究院集团有限公司多年来一直致力于高速弓网关系、高速弓网受流性能试验检测系统、弓网受流性能试验方法和评价标准等方面科研、标准制定及技术开发，研究成果均得到应用和推广，为中国高速铁路的发展提供了重要的技术支持。如：2001年秦沈客运专线“中华之星”动车组弓网受流试验，首次进行高速弓网受流试验，速度达321 km/h；2003—2007年全程参加了全国铁路六次大提速试验，对提速线路的接触网参数进行检测；2006年开始参加动车组弓网受流试验检验以及弓网关系试验研究；2008年开始，承担了中国所有高速铁路的联调联试工作中的弓网关系试验；2011年承担了京沪高速铁路先导段弓网受流试验，速度达到486.1 km/h。随着中国铁路的快速发展，中国的弓网受流理论和试验技术已达到世界先进水平。

著者长期从事接触网检测、高速弓网关系研究和试验工作，自2000年以来，参加了中国铁路历次提速和高速试验，负责弓网关系方面的试验工作，研制了弓网受流性能试验系统；在高速铁路联调联试和高速动车组试验检验工作中，负责弓网试验和受电弓的试验检验。在20多年的专业工作中积累了丰富的经验，在弓网关系方面也深有体会，一直想把弓网研究和试验的成果跟同行分享。本书聚焦于中国铁道科学研究院集团有限公司近年来在高速铁路、客运专线、提速工程、安全保障技术等领域开展的多项电气化尤其是高速铁路弓网关系相关的重大关键试验研究、技术创新与工程应用成果，重点提炼了高速铁路弓网理论与试验的成果和经验。

在本书著述过程中，中国铁道科学研究院集团有限公司机车车辆研究所孔龙飞、刘会平、郝迎杰、戴晋等同事提供了相关资料，中国国家铁路集团有限公司王保国正高级工程师对本书进行了审定。在此，向他们表示感谢！

限于著者水平，书中疏漏、不当之处在所难免，恳请读者指正。

著　者

2022年1月

目　　录

绪　　论

接触网和受电弓在高速列车运行中是相互作用非常密切的耦合系统，其运行性能直接影响高速动车组的运行质量，如果发生弓网故障，将直接影响高速铁路的运输秩序。自从高速铁路发展以来，科研人员一直在研究弓网关系基础理论、仿真计算和试验方法等内容，但对运行速度超过 300 km/h 的试验研究成果较少。近 20 年来中国高速铁路飞速发展，相应地，高速铁路弓网关系也取得了一系列重大理论和应用成果。

0.1　弓网关系研究概述

牵引供电系统是高速铁路的重要组成部分，它通过接触网和受电弓向运行的电力机车和动车组传递电能。牵引供电系统主要包括牵引变电所及接触网两部分，牵引变电所是牵引供电系统的电源，它把电力网的电能转变为适合牵引供电的电能；接触网沿铁路线上方架设，是向电力机车/动车组输送电能的特殊的输电线路，它有两个功能：一是为列车输送电能，二是为列车受电弓提供滑行通道。受电弓是安装在机车或动车组上从接触网上获取电能的装置。在高速列车运行过程中，受电弓通过与接触导线的滑动摩擦从接触网上获取强大的电能，并将电能传输到列车的牵引系统。

电气化铁路的一个重要问题是受流问题，解决的办法是通过协调受电弓的结构特性，以及适当调整接触网结构和参数来实现。当高速运行时，就会出现一般的力学理论无法处理的问题，例如，分散在接触网上的集中质量不均匀对弓网受流的影响；受流系统的振动和疲劳、受电弓性能急剧变化形成的弓网异常运动等。正因为接触网是一个质量变化的弹性系统，当受到受电弓的动力作用时，接触导线就有不同程度的抬升、变形和振动，甚至谐振。

受电弓是一个牵引电气装置，用于建立列车电气设备与接触网之间的电气接触。受电弓本身是安装在垂直和横向加速度随时变化的动车车体上，由于受电弓的重量和铰接系统的惯性，受电弓对动车的运动和接触导线的高度变化都不可能瞬时作出反应，因此，接触的好坏以及受电弓的特性都与受流质量产生密切的关系。

接触网-受电弓系统是一对摩擦副，与高速列车的运行速度直接相关，由于列车是通过安装在列车上的受电弓与接触导线相互滑动接触获取电能的，为了使列车连续不断地获取电能，就要求接触导线与受电弓在运行中良好接触。电气化铁路发展一百多年来，接触网-受电弓系统在外观的硬件上没有巨大的变化。但是，随着列车速度的提高和新技术的采用，受流系统的电流容量、适用速度、安全性能有了相当大的提高，高速铁路的受流系统必须符合的基本条件如下：

1. 保证功率传输的可靠性

在高速列车运行的全部接触网区段，必须保证列车牵引所需要的最低电压；在高速铁路所有可能的运营条件下，接触网-受电弓系统的电流负荷能力必须保证高速列车的可靠运行。高速列车的电流负荷特性较之常规电力机车有较大的区别，其特征是脉冲负荷占的比例大，电流大，持续时间短。由于列车速度快，起动和加速获得电流很大，在弓网高速相对运动中，整个牵引供电系统均要适应高速列车对电压水平和电流负荷的要求。

2. 受流系统的运行安全性

受流系统的安全运行是高速铁路正常运营的保证。高速受流系统的安全性主要从下面几个方面建立：

(1)接触网的几何参数(拉出值、导线高度、定位器坡度)保证受电弓滑板沿接触导线安全地滑动，也就是说必须保证受电弓滑行通道的正常运行。

(2)接触网的性能参数(硬点、弹性、分相绝缘器、分段绝缘器和线岔结构的平滑性)保证不损坏受电弓的滑板乃至弓头。

(3)受电弓的自身性能，包括受电弓滑板的抗冲击性、耐磨性、横向刚度，满足高速运行的要求。

(4)接触网-受电弓的匹配性能，其性能指标如弓网燃弧、接触导线抬升量、接触导线的弯曲应力、受电弓滑板受到的冲击加速度等参数符合标准要求。受流系统的安全性能涉及的方面很多，它是接触网设计、施工、运营维护首先要考虑的因素。

3. 良好的受流质量

受流系统的理想运行状态是弓网可靠接触，列车不间断地从接触网上获得电能。运行状态的性能标志：弓网接触力符合标准曲线，弓网间燃弧指标符合要求。实际线路中，弓网燃弧率要尽量小，系统具有动态稳定性。

4. 保证受流系统的使用寿命

受流系统中，涉及使用寿命的两个主要因素是接触导线的使用寿命和受电弓滑板的使用寿命。其寿命取决于它们之间的磨耗，磨耗量在一定速度和传递功率条件下，主要取决于弓网接触力的大小，保持接触力均匀，即控制接触力的标准偏差以减少接触导线的局部磨耗，接触导线和受电弓滑板在材质上应具有一定的耐磨性能；另外，接触导线应具有抗电化学腐蚀性能。

5. 减少对周围环境的影响

受流过程中，弓网产生的电弧会产生电磁干扰和噪声，弓网间的燃弧会烧伤接触导线和受电弓滑板，加速它们的磨耗，同时产生电磁辐射，对高速铁路周边和高速列车的电气设备产生电磁干扰；弓网间燃弧时产生强烈的噪声，影响周边和车内环境。应采取措施减少对周围环境的影响。

动车组在高速运行中需不间断地获得强大的电能，一般每列 8 辆编组的动车组的功率约为 10 000 kW，这样大的电功率是安装在动车组车顶上的受电弓滑板与接触网高速滑动接触中获得的。为了使动车组连续不断地获取电能，就要求接触导线与受电弓在高速运行中保持良好接触。受电弓与接触网之间的滑行性能也就是高速弓网关系。弓网关系是高速动车组获取电能进而高速运行的重要保证。

良好的弓网关系就是受电弓滑板在接触导线下能高速平稳滑行，弓网之间具有良好的受流性能，具体表现在：弓网振动小，相互冲击小，弓网间燃弧次数少和时间短，接触导线及滑板磨耗小。在运行速度小于 160 km/h 的普速铁路，获取良好的弓网受流性能是易于实现的。在高速铁路，目前我国高速铁路动车组的运行速度已达 350 km/h，随着动车组运行速度的提高，受电弓/接触网系统自激振动加剧，使受流变得困难起来，弓头在接触导线下运行时，弓网接触压力产生波动，出现不利于受流的低接触压力值，甚至出现接触力为零、弓网脱离的状况，这时可能产生严重的弓网燃弧，造成动车组失去电能，降低速度甚至停车，严重干扰高速铁路的运输秩序。

为了保证高速动车组可靠地获取电能，必须提高和改善弓网系统的受流性能，使受电弓和接触网在高速运行条件下良好的匹配。这样，必须进行三个方面的试验和研究：一是接触网结构、参数及性能；二是受电弓的结构和性能；三是弓网运行匹配特性，同时，还要保证弓网运行的安全性和可靠性。

0.2　高速铁路弓网关系的研究意义与方法

0.2.1　弓网关系研究意义

高速列车的运行，有两个关系极其重要：一个是轮轨关系，一个是弓网关系。轮轨关系反映了列车运行安全性和舒适性；弓网关系反映了列车获取电能的连续性和运行安全性。要保证列车运行安全，必须有良好的轮轨关系和弓网关系。

不同设计标准的铁路设置不同形式和参数的接触网。在英国，认为电气化相对不重要，接触悬挂系统设计只有很小的张力，把研究重点放在对受电弓结构和性能的改进上，以便在高速时获得较好的受流性能。在法国，TGV 的良好受流性能来源于接触悬挂的大张力。在德国,德国铁路公司(DB)为 ICE 列车设置的接触网采用的张力是介于英国铁路(BR)和法国铁路公司(SNCF)之间的,接触网采用弹性吊索设计以及实用轻质受电弓,用来保持良好性能。

弓网是否匹配的一个特殊问题是直流还是交流牵引。交流系统中,由于供电电压为 25 kV 等级,牵引机车所需要的电流相对要少,系统需要轻质的接触导线和轻量的受电弓设计。这样就需要避免因轻而产生的运动,在交流系统中,相对较低张力的接触导线要求受电弓平均抬升力越低越好。相反,在电压较低的直流系统中,就需要较大的电流。这种情况下,接触的连续性需要通过受电弓更大的抬升力来保证受流性能。直流系统即使在没有失去接触的时候也容易产生受流中断,只有保持合适的接触力才能实现持续受流。因此,直流系统通常需要更大的抬升力,直流系统的优化设计就需要充分考虑这些情况。所以,直流受电弓在动态性能上要比交流受电弓差,因为直流受电弓的动态质量要比交流大。但是,交流悬挂的抬升力特性,会引起接触导线的抬升量产生严重的位移变化。交流受电弓运行在直流接触网系统具有较好的特性,但是,如果不在规定的值上增加抬升力,在速度方面就不能达到令人满意的性能。

伴随着新型高速动车组的出现,出现了改进的接触网设计以实现更高的运行速度,根据相应子线路的接触网设计来进行改进设计和受电弓的改造设计。目前的系统中,在只为低速设计的接触网系统上,运行高速度的限制在于动车多弓运行的状态。由于较高的投资,新型接触网设备只安装在新线或者既有线改造的接触网区段。现代测量装置只限于用在某些特定的薄弱环节,而且只有当严重降低了运行质量时才能起效。现代化的接触网设施建设改进了弓网之间的相互作用,也能达到预期的运行目标。不是所有动车组的受电弓都能在相应的线路上满足运行速度的要求,优化调整受电弓的性能是一个比较可取的方法,这样就可以避免改变受电弓结构。如果更换新型的受电弓,也能提高弓网系统的运行性能。目前使用被动型受电弓在技术创新方面已经显得有些乏力,如果仅在这个方面发展与改进不能达到良好的效果。

一个有效的方法是采用新型设计的主动控制受电弓,它可以适应不同的接触网特性或者不同运行条件的振动特性,并且能够控制好弓网接触状态的变化。由于动态接触改变减缓,平均静态接触力就会大大减少,而且疲劳和接触导线的动态抬升量也会降低,对后面受电弓的抬升性能影响也较小。

从受流的角度来说,解决高速问题主要是研发新的、更高标准的接触网系统。然而安装新的接触网设备花费巨大,如何在既有线获得更优化的性能来实现高速,就面临着许多挑战,尤其是当列车从新线运行到既有线的时候。

如图 0-1 所示的接触网/受电弓系统为动车组提供不间断及可靠的电能,接触网上的电能通过适合接触网的受电弓将电能送给动车组。评价接触质量及电能传输质量的是受电弓滑板与接触导线之间接触力的时间响应。接触力包括静态抬升力和动态抬升力,这一部分是由运行速度和接触网与受电弓的振动特性决定的。过低的接触力会引起接触扰动。许多国家的技术规范认为弓网之间离线在普速运行时要少于1%。然而，如今在电磁兼容方面有严格的规定，因弓网失压所引起的杂散电流干扰需要尽量减小，因此，1%被认为是较恶劣的情况。

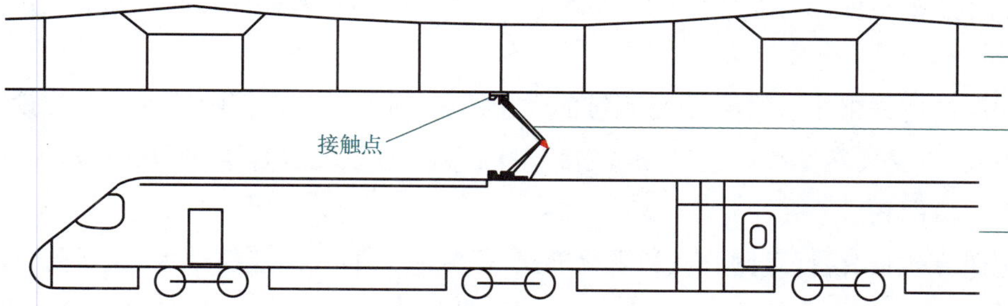

图 0-1　接触网/受电弓系统示意图

电弧加速了接触导线和滑板的摩擦，因此也就降低了部件的服役寿命。如果接触压力太大，接触导线的磨耗增加，在极端情况下，当受电弓通过时会引起定位点处接触导线的抬升量超过允许安全的范围。这样会给接触导线和受电弓设备造成较大的损坏，当多弓运行时受电弓上较高的接触压力会使得整个系统产生非常严重的振荡。由于负荷的作用产生较大的应力，会造成材料的疲劳，特别是吊弦和支持装置的疲劳。由于接触导线是投资的重要部分，因此接触网系统须保证长期的服役性能。为了尽量保持较低的磨耗(接触导线磨耗，材料疲劳)以及同时达到满意的受流性能，需要在受电弓与接触导线之间保持优化的性能配合。设计的目的是尽量使得接触力较小的波动，以使得即使在较低接触压力的情况下仍能保证可靠的接触。

目前欧洲的观点是对接触力进行数值分析尽量避免利用离线的数据。离线的数据最大的缺点在于，测量值为零不能明确地反映出整个系统是否在此速度运行正常，或者因为一个较小速度的增加所引起的参数变化使得接触性能恶劣。接触力的数值通过测量或计算容易得到，这样就会用到下面主要的运行参数：

平均接触压力 F_{m}；

接触压力的变化范围 $F_{\mathrm{m}}\pm3\sigma$；

燃弧时间、燃弧次数和燃弧率；

定位器处最大抬升量。

评价系统性能的指标影响弓网系统的灵敏度，其中接触悬挂性能重要的参数有接触导线张力、承力索张力、接触导线弛度、接触导线高度的设定及误差、静态/动态抬升量。需要注意的是动态抬升力的优化还要考虑到空气动力产生的抬升力。作用在受电弓上的气流，是与几何特征、速度和其他问题如侧风、气流等有关的复杂的物理过程，因此在有风情况下的抬升量可能超过在无风状态下的两倍。因此，以上这些性能对于设计是至关重要的。另外,设计需要对外部变化的环境有较强的适应性(参数不灵敏)。

研究接触网-受电弓系统的高速动态作用关系对于高速铁路的安全运行是至关重要的。为了提高弓网系统高速受流的性能,既要研究高速受电弓的结构和参数,也要研究高速接触网的结构和参数。提高和改善弓网动态运行特性的途径很多,一般是通过改进弓网结构、优化弓网动力学参数来实现,如:提高接触网张力,减小弓头质量,设置必要的阻尼和提高接触网刚度的一致性等。

研究和解决高速铁路接触网-受电弓系统的受流问题,既要从高速接触网的受流理论上研究弓网受流技术,又要在实际高速铁路上对接触网-受电弓系统进行全面的试验,解决高速铁路的弓网受流问题。

受流理论研究包括:根据弓网关系的受流理论,研究精确的弓网建模技术,获得受电弓对应的动力学参数,分析在高速滑动接触下的弓网运动规律;利用弓网系统仿真平台,研究高速受电弓-接触网结构、参数与受流性能的匹配关系。弓网受流性能试验包括:测量参数,如弓网接触力、弓网间离线火花、接触导线平顺性和接触导线振动性能等;分析试验结果,分析各参数的相互关系以及对高速弓网关系的影响因素,确定合适的高速弓网受流性能各参数的评定标准。

0.2.2 弓网关系研究方法

为研究和解决高速铁路接触网-受电弓系统的受流问题,世界上铁路发达国家的科学家做了大量的工作,创立了高速铁路接触网的受流理论及弓网受流技术,发表了大量的研究论文,为解决高速铁路的弓网受流问题奠定了理论基础。但是,当列车运行速度进入高速领域后,就出现了传统的理论研究方法无法处理的问题,对接触网来说,用传统的建模方法建立的接触网模型不能准确表达接触网的运行状态;接触网仿真计算的边界条件需要通过大量的实验来确定;由于速度的提升,空气动力学对接触网的振动和波动传播产生影响,在隧道内和高架桥上,接触网受空气动力的影响尤为明显;接触线不平顺(如高度差、硬弯和集中质量点等)对弓网受流影响等。对于受电弓来说,受电弓是安装在随时发生运行姿态变化的运动车体上,由于受电弓各部分的重量以及本身铰接连杆系统的惯性,它对动车的运动和接触导线高度的变化都不可能瞬时作出反应;另外,由于运行速度的提升,受电弓的空气动力学性能直接影响到弓网受流性能,所以,接触网和受电弓的性能与受流质量产生密切的关系。

在研究、试验高速铁路的弓网关系时,为适应高速运行的要求,势必要对接触网和受电弓做一些结构和参数上的变更。出于经济上的考虑,尽量少变动接触网的主要设备,保持接触网结构简单,造价适中,安全可靠,并便于维修管理。相对来讲,要把重点放在改进和调整受电弓的性能方面,这样更经济合理。

纵观世界各国研究,一般通过以下三种方法研究高速铁路弓网关系问题:

(1)现场线路试验：在实际的试验线路上设置不同结构或不同技术参数的接触网，通过现场试验和测试，确定合适的接触网型式，同时对受电弓的动态性能进行调整，使弓网受流性能达到满意或符合相关标准的水平。

(2)建立相应的受流模拟实验室或试验线路：通过调节接触网的参数和受电弓的参数，对弓网匹配关系进行模拟实验，如日本铁道综合研究所建立了一段受流模拟试验线路，试验速度可以达到 200 km/h。英国和德国在初期也采取受流模拟办法，收到了一定的效果。

(3)计算机仿真模拟方法：通过计算机仿真计算，得出一定运行条件和技术参数下的弓网受流性能，对弓网受流性能进行预报。

采用建立实验室及试验线路的方法，耗资大，废置率高，试验参数少。

计算机仿真方法直观易行，易于更换运行条件及参数数据。不足之处就是仿真结果有一定的近似性，但对于高速接触网设计之前弓网受流性能的仿真预报、研究高速受流技术是一种主要的途径和手段。高速接触网的设计不可能采用传统的电力牵引系统方法，随着速度的提高，弓网作用变得越来越重要，只有考虑到包括接触网和受电弓在内的各类配套的系统设备，才能获得一个切实可行的设计方案。计算机模型方式是模拟这些部件的相互作用的有效选择，采用的数学模型既能证明各种参数的作用，还可评估不同系统的相互作用。动态模拟的目的是要确定滑板作用在接触导线上的接触压力与时间相关的特性，以及和接触导线抬升的关系。在高速接触网方案设计以及受电弓方案设计时，一般都采用计算机模拟仿真方法，对各种方案进行仿真计算并进行对比，以选择最佳设计方案。

现场线路试验必须具有高速试验的线路、接触网、机车车辆条件，同时还需要功能齐全、测试精确的检测设备。这种研究方法成本比较高，实验场景单一，试验周期长，但是，测试数据反映了弓网关系的真实情况，适合高速弓网关系的试验验证。中国高速铁路的发展过程中，现场线路弓网关系试验研究是一个通用的方法。

0.3　中国铁路弓网关系研究与试验的历程和现状

多年来，我国既有线的电气化铁路速度目标值由 120 km/h，经过逐步提速，特别是第六次大提速，有 6 000 km 线路达到 200 km/h，部分区段达到 250 km/h。如今，中国铁路的高速铁路已形成网络化，京沪高速铁路和京津城际铁路商业运营速度达到 350 km/h，这是目前世界上最高的铁路运营速度，标志着我国铁路站在世界高速铁路领域的高点。经过近些年来的铁路提速改造以及高速铁路建设和运行，牵引供电和接触网技术也获得了飞速发展，我们掌握了 300～350 km/h 高速铁路牵引供电系统和接触网的设计、施工、试验评估等各项技术，全面建立了 350 km/h 的高速铁路技术体系，掌握了高速铁路弓网关系的研究试验方法、评估标准。同时，也锻炼和造就了大批技术人才，为中国铁路迈向更高速度如 400 km/h

打下了坚实的技术基础。

0.3.1 中国铁路弓网专业研究的发展历程

1. 电气化铁路发展初期

1955 年国家确定了铁路电气化的发展方向，需要研究和确定电气化铁道的基础性技术、装备和标准。供电专业的研究人员首先研究确定了我国电气化的电流和电压制式应采用单相、工频、交流 25 kV 的统一供电制式，这使我国从一开始就进入世界电气化先进技术行列。

在我国铁路第一条电气化铁路宝成线宝凤段建成后，紧密结合运营中提出的课题，开展了提高接触网可靠性、牵引网和电力机车过电压和绝缘配合、受流问题、低净空接触网悬挂、钢铝导线、通信干扰与新供电方式、远动技术、继电保护、计算机应用等方面的科研工作，成功研制了适合我国山区电气化铁路低净空隧道内的“人”字悬挂、弹性简单悬挂和拱型支架的接触悬挂，并成功应用于宝成、宝天和鹰厦等多隧道线路区段的电化改造，节省了大量的隧道开挖工程费用。1963 年初，开始研究钢铝导线和铝合金承力索，先后研制出十磷铜稀土钢铝导线、铝覆钢绞线和铝锌合金镀层钢索，当时为国家节约了大量的铜材，也提高了承力索和载流承力索的耐腐蚀指标；先后研制了 EC-1 型分段绝缘器、隧道用半导体釉棒式绝缘子、铜导线用的碳滑板、钢铝导线用的铁基粉末冶金滑板等关键产品。1962 年研制出我国第一辆接触网检测车，并首先用于宝成线的接触网检测，能较精确地测量导线高度、支柱位置、拉出值和离线等参数。

2. 改革开放时期

我国实施改革开放后，我国的电气化铁路迎来了快速发展时期，弓网关系研究为电气化铁路的快速发展做出了重要贡献。

这一时期，先后研制了 JLY-1 型接触导线和受电弓离线检测仪、JGY-1 型接触导线高度测量仪、JZY-1 型接触导线之字值遥测仪、弓网接触压力测量装置、车体动态补偿装置等，装备了多辆接触网试验车，用于运营线路的接触网检测。1994 年开始，研制了自带动力型接触网巡检车，并推广到全国各个铁路局。1996 年开始，研制了国内首台准高速接触网检测车，用于郑武、广深铁路高速试验以及主要干线接触网检测，以后一直用于高速铁路联调联试中的接触网参数检测。

为了满足我国即将建设的准高速铁路需求，1986 年铁道科学研究院在环行线和京秦线进行了重链形悬挂参数的研究，通过大量试验，对当时国内普遍使用的 2.5 t 系列全补偿悬挂接触网和从日本引进的 3 t 重链形悬挂接触网(承力索张力 2 t，接触导线张力 1 t)进行了比较，提出了新 3 t 系列重链形悬挂接触网的方案(即承力索张力 1.5 t，接触网导线张力 1.5 t)。通过试验测量与计算机模拟计算对比，认为新 3 t 系接触网在 140～160 km/h 高速区段使用具有更大的优越性。通过对各种受电弓(国产的四种受电弓和 6K 机车受电弓)的静态、动态特性的试验研究和计算机模拟，受流过程的研究也取得了较多的经验。为选择计算模型和确定接触网各种参数创造了新的条件，也为以后的准高速和高速铁路的建设打下了基础。

此后一个时期，供电专业重点围绕既有线提速和高速铁路开展研究和试验工作，承担了铁道部多项重大和重点课题，如：既有线提速 200 km/h 净空限制区段接触悬挂的研究和试验评定、高速弓网关系研究、高速弓网受流性能试验检测系统的研究、接触网-受电弓受流性能试验方法和评价标准的研究、高速动车组弓网动态参数检测技术研究、受电弓性能及弓网匹配研究、高速铁路供电设备修程修制优化研究等 40 余项科研课题。研究成果均得到应用和推广，为铁路的发展提供了重要的技术支持。

我国先后研制了车载弓网检测装置、动车组弓网受流性能试验测试装置、受电弓空气动力学试验装置、受电弓性能试验台、高速综合检测列车弓网检测系统、变电所参数测试系统、高电压试验室等装备，这些装备均应用于铁路提速、高速铁路建设、动车组试验和运营中，为高速铁路的发展提供了技术支持。如：2001 年进行秦沈客运专线接触网试验、“中华之星”和“先锋号”动车组弓网受流试验，首次进行高速弓网受流试验，速度达 321 km/h；2003～2007 年全国铁路第六次大提速试验，对提速线路的接触网参数进行检测；2006 年进行动车组弓网受流试验检定以及弓网关系试验研究；2008 年开始，以合宁铁路和京津城际铁路为开始进行高速铁路联调联试；2011 年京沪高速铁路先导段试验速度达 486.1 km/h；2007 年开始装备综合检测车弓网检测设备，用于高速铁路的日常检测和联调联试。

铁道科学研究院主持铁路牵引供电专业几十项重要技术标准和规范的制定和修订，如：铁路技术政策、高速铁路供电设备检测监测系统（6C 系统）的技术规范和各装置技术条件、高速铁路联调联试及运行试验技术规范等，为牵引供电专业技术体系的建立做出了重要贡献。设计的 6C 系统和 6C 系统中各个装置的技术条件，获得了国家科技进步二等奖。

我国对弓网关系的研究起步稍晚，但进展很快，对我国几次铁路大提速起到了促进作用，通过弓网耦合动力学的研究可得到更为合理的设计参数。其研究方法主要有三种：

（1）现场实验：现场实验是研究动车组受流特性的有力手段，具有直观性好、可靠性高的优点，但其最大的缺点是花费大量的人力、物力和财力。

（2）用实验比例模型进行动力学实验：利用相似原理做成模拟模型，通过模型进行实验，并利用相似原理将模型实验结果反推到实际的弓网关系中，得到实际的弓网关系性。

（3）理论研究与计算机模拟相结合：这种方法是以计算机技术发展到一定水平为基础，它有着代价小、可靠性较高、模拟次数不受限制的优点，因而为人们广泛采用。

20 世纪 80 年代后，计算机技术和计算方法的发展使更精确地考虑弓网模型成为可能，因此出现了接触网的有限元模型及受电弓的多元模型。随着人们对于弓网耦合特性研究的不断深入，在受电弓主动控制这一方向上也进行了很多研究。

在以往研究的基础上，首先对受电弓的几何参数进行优化；然后建立受电弓的运动微分方程，并对受电弓线性模型的各归算参数进行讨论和优化；最后在此基础上对主动控制受电弓进行讨论。具体研究内容及研究方法如下：

建立了受电弓的数学模型，推导出其非线性运动微分方程，并在此基础上对该非线性模型进行线性化，推导出受电弓的线性化模型，得出受电弓各归算参数的计算公式，并分析了各归算参数与升弓角的关系。

借鉴所建立的接触网模型，建立了受电弓/接触网耦合系统的数学模型，列出了耦合系统的振动方程。利用变刚度来模拟接触网的特性，将其与受电弓的线性化模型相结合，提出了计算量相对较小的受电弓-接触网数学模型。将遗传算法与该数学模型相结合，得到了各归算参数的优化值，并将所得到的受电弓-接触网接触力的结果与原参数的结果进行了比较。

采用线性二次型最优控制策略，对受电弓的主动控制加以研究，通过仿真得到了比较满意的控制效果；并且对控制结果进行了分析，提出了改进的控制器方案。

中国铁路的发展离不开弓网关系的研究，必须更加深入地研究高速铁路弓网关系的理论体系、试验体系及标准体系，以保证中国铁路更快、更好地发展。

0.3.2 弓网关系标志性研究成果

随着中国高速铁路的快速发展，弓网关系的研究和试验越来越重要，在弓网试验研究方面取得了多项重要研究成果，代表性的成果有以下几项：

(1)研制了接触网检测设备，装备了中国铁路全部的高速综合检测车。这些综检车一方面用于高速铁路接触网的日常检测，以保证高速铁路的安全运行；另一方面用于新建高速铁路的联调联试，以保证工程质量及开通运行。

(2)研究开发了弓网受流性能测试技术与设备，并建立了测试项目齐全、评价标准全面的试验技术体系。这些测试技术及相关测试设备用于我国所有高速动车组受电弓性能试验检定、弓网受流试验，也用于高速铁路的综合试验，如：京沪先导段最高速度 486.1 km/h 的高速试验等所有国内高速综合试验。通过对高速动车组受电弓性能的测试以及弓网受流性能试验，保证了动车组受电弓的性能满足高速运行要求。高速综合试验中对弓网系统的监测及性能测试，一方面保证了高速试验列车的运行安全，另一方面对高速接触网及受电弓的性能调整提供了重要的技术支持。

(3)随着中国高速铁路的快速发展，我国获得了巨量的试验数据和场景，积累了丰富的高速弓网关系运行经验，建立了比较全面的关于接触网、受电弓及弓网关系的技术体系，为高速铁路的建设、运行及评价提供了技术支持。如《铁路技术管理规程》《高速铁路设计规范》《高速铁路联调联试及运行试验技术规范》《复兴号动车组技术条件》《高速铁路接触网运行维修规则》《高速铁路供电系统检测系统(6C)》等等。这些重要标准规范的制定均源自高速弓网关系的试验数据。由于对高速弓网关系的研究和试验取得了好的成果，我国相关科研工作者走上国际高铁的大舞台，参加了国际铁路联盟(UIC)、IEC 及 EN 等国际标准化组织，将中国的标准和意见纳入各个国际标准中，扩大了中国铁路的国际影响力，也为中国铁路走出去提供了条件。

(4)掌握受电弓空气动力学性能，建立了弓网受流性能与速度的关系曲线。通过理论分析和试验结果分析，掌握了我国铁路各类高速受电弓的空气动力学性能，掌握了受电弓的弓网受流性能与速度的关系曲线，对于高速受电弓的结构设计、性能调整优化和运营调整提供了技术依据。

(5)掌握接触网主要参数与弓网受流性能的关系，通过对高速铁路接触网的结构和参数研究分析及试验验证，确定了高速接触网主要技术参数对弓网关系的影响，如：接触网的张力组合、接触网的悬挂型式、接触网的弹性均匀性等均对高速弓网受流产生重要的影响。通过课题研究，确定了我国铁路各速度等级接触网的型式和张力组合，为接触网的设计提供了依据。

(6)我国获得了巨量的试验数据和场景，建立了比较全面的关于接触网、受电弓及弓网关系的技术体系。

0.4　国外弓网关系试验研究情况

0.4.1　日法德等国家弓网关系试验和研究情况

在线路试验方面，即在新建的线路上，先修一段线路作为试验区段，如日本东北新干线上的小山试验线是修建新线各项新技术的综合试验基地。试验结束后，这段线路就归入正线。修建东海道新干线时，也用过这样的方法。这样做有两点好处：第一，所取得的数据资料直接用在新修的线路；第二，试验费用可以纳入工程费用，研究试验费得到补偿。有的国家则是开辟专用线，按试验要求装接触网，组织试验列车进行试验，如法国在 Strasbourg-Mulhouse 线路上开辟了专用试验区段，在该区段内安装了 14 种不同型式的接触网，采用不同的张力、不同长度的弹性吊弦索、不同间隔的吊弦、不同的预留弛度和新研制的线岔等，对接触网和受电弓进行研究，先后进行了约 15 年的试验，把取得的成果用在东南线上，运行速度达 270 km/h。英国是在既有线上提高运行速度，力求降低工程造价。在试验基地架设了 3 km 的接触网，用 120 km/h 的运行速度模拟 240 km/h 的运行速度，措施是改变设备重量，调整接触网的物理特性，如把接触导线的张力减小一半，刚度为原来的 1/8，取得了很多明显的成果。此外，在降低建设投资方面，如采用的绝缘限界是目前国际铁路上最小的数值，是相对先进的。在部件材料方面，也通过实际运营试验逐步改进，价格明显降低。德国以其 250 km/h 高速线路采用的 Re250 接触网为基础进行改进试验，以适应 300 km/h 的高速运行，在 1992 年投入使用。意大利的直流线路也于 1992 年开通罗马—米兰 300 km/h 的高铁线路，与欧洲高速铁路网联网。他们都是从线路试验着手，结合各自国家的特点，取得良好的成果。

与接触网有密切联系的牵引动力，最早实现高速化的日本采用的是动力分散制式的多弓受流的动车组。而欧洲各国采用的是动力集中制式的单弓受流，用专门的动车牵引客车。由于动力制式既定之后，线路设备随之而确定，尽管发现技术上和经济上存在问题，但一经确定就不容易改变。

在模拟试验方面，早在 20 世纪 60 年代初，当时的列车运行速度只有 120 km/h。为了进一步提高速度，英国首先建成了士伦动态模拟试验室，用的是缩小比例的接触网和受电弓。这种方法首先要很好的计算出如何把弓网设备按比例缩小，同时试验条件、接触网和受电弓的参数等都做了近似的简化，所以其结果仍然是近似的。以后各国逐渐向实物模拟方向发展，如日本于 1974 年利用直线电机为动力的接触网动态模拟试验线，由于受现场长度只有 500 m 的条件限制，试验线路的实际长度只有 350 m，其中加速区段 110 m，惰行区段（即测试区段）90 m，涡流制动区段 100 m，机械制动区段 50 m。其工作原理是在直线电机组成的平车上，安放受试的受电弓。接触网用 1∶1 任意悬挂方式，只是把接触网高度降低到 2 m，以适应受电弓工作。在接触网测试区段，安装地面布置的传感测试装置，在受电弓的平车上安装动态测试仪器，以有线与无线结合把接触网和受电弓的信号收集到测试室进行数据处理；另外，有控制直线电机的操作室和电源室，能很好地反映接触网和受电弓在各种速度下相互作用的关系。

0.4.2 本书的内容和特色

弓网关系的研究对于铁路科技工作者来说，是一个比较特殊领域，随着中国铁路的快速发展，科技人员尤其是青年技术人员急需了解有关接触网-受电弓受流系统的理论和技术。本书力图全面地论述弓网关系研究的各方面，包括我国铁路研究历程、成果和发展趋势，高速铁路接触网和受电弓的主要技术参数、弓网耦合理论、弓网仿真技术研究、弓网关系试验检测技术、弓网受流性能评价等。另外，还介绍了高速弓网试验的试验数据。本书主要内容基于著者多年来对中国铁路弓网关系的研究成果。著者衷心希望本书能够对从事和关心牵引供电专业的科研和技术人员提供有价值帮助。

第1章　接触网-受电弓系统的主要特性要求

1.1　高速铁路接触网系统的特性要求

高速列车是在接触网下通过受电弓与接触导线的滑动来获取电能的，所以，高速铁路接触网是与速度直接相关的，它必须满足高速列车受流的要求，高速铁路接触网除具有普速下电气化铁路接触网的性能和特点外，由于高速铁路安全性的要求，高速铁路接触网还必须具有很高的安全要求。

1.1.1　高速铁路对接触网基本性能的要求

为适应高速铁路的运营环境，高速铁路接触网应具备以下几个方面的基本性能：

1. 高可靠性的电气性能

高速铁路接触网的一个重要技术指标就是接触网的载流容量，载流容量包括：为适应高速牵引所需的接触网能长期正常工作的工作容量，为适应变电所近端短路的短路容量，某种状态下产生的过负荷容量。

在正常工作环境下，接触网网压应保持在额定范围内，馈线上网点电压不大于 29 kV，供电臂末端电压不低于 20 kV。

具有适当且合理的保护措施，在任何条件下接触网均不对人员和设备构成安全威胁。

高速铁路接触网带电体与非带电体之间具有必要且充分的电气安全距离，具有有效防止人员触电的技术和措施。

2. 良好的机械性能

接触网设备本身应具有很高的运行安全性和可靠性；主要设备和零部件的使用材料应选用强度高、耐腐蚀、电气性能好的材料，在制造结构方面应做到设计合理，制造精良，以确保设备和零件的使用寿命。高速铁路接触网应具备良好的机械强度、疲劳特性和机械安全裕度，在设计条件和使用期限内，不因机械负荷影响接触网的工作状态和机械安全；在正常工作条件下，接触网绞线、线索和其他部件所受的力必须在允许范围以内。所有作用于接触网上的机械荷载必须由支柱和基础承担，接触网设备和零部件的变形不影响供电和受电弓运行安全。

高速铁路接触网应具备良好的波动和振动特性,满足高速集流对其动态特性如波传播速度、多普勒因数、反射因数、动态抬升的基本要求。弓网静态接触压力和动态接触力及其标准偏差均在许可范围内。

3. 良好的环境适应能力

高速铁路接触网是露天高压电气设备,在设计气象条件下,接触网应能全天候不间断供电,且供电质量符合电力牵引的运营要求,阳光、辐射、风、冰、雷电等对接触网机电性能的影响不会影响到高速铁路的正常运营,在设计条件和使用期限内,不会因温度、湿度、雨雪、风霜、冰雾、雷电造成接触网设备的损坏,也不会因这些因素影响接触网机电性能的正常发挥。

4. 稳定的几何参数

接触网设计和安装的主要几何参数应适应高速铁路的运营要求。接触网与运营安全性直接相关的几何参数有:拉出值、导线高度、定位器坡度、线岔位置、锚段关节。高速铁路接触网的几何参数以轨道线路中心线和轨道平面为基准测量的,轨道线路的位置、曲线半径、外轨超高、竖曲线半径、线路坡度及其变化率、钢轨不平顺度等参数的变化会直接造成接触网几何参数的变化。线路参数和接触网参数必须协调一致,同步调整;高速铁路接触网所有设备的安装均应满足铁路限界和绝缘安全要求,并应与四周环境协调。

5. 合理的供电分段

高速铁路接触网应具有合理的供电分段,能灵活、安全地供电和断电,尽量缩小供电事故影响范围,又便于检修和抢修,便于运营管理。

6. 良好的受流性能

在接触网方面,跨距间各点的弹性应均匀;不同温度时,跨内各点接触导线离钢轨水平面的高度变化应较小。接触网与弓网受流性能相关的参数有:承力索和接触导线的张力;吊弦间距;接触导线预留弛度;跨距;结构高度;锚段长度。

1.1.2 高速铁路接触网的接触悬挂形式

接触悬挂形式是指接触网的基本结构形式,它反映了接触网的空间结构和几何尺寸。不同的悬挂形式,在工程造价、受流性能、安全性能上均有差别,另外,对接触网的设计、施工和运营维护也有不同的要求。

对高速铁路接触网悬挂形式的要求是:受流性能满足高速铁路的运营要求,安全可靠,结构简单,维修方便,工程造价低。

世界上高速铁路发达的主要国家如日本、德国、法国的高速铁路接触网悬挂形式是在不断改进中发展起来的。主要有简单链形悬挂、弹性链形悬挂、复链形悬挂。各国对这三种悬挂形式有不同的认识和侧重,根据各自的国情发展自己的悬挂形式。日本的高速线路如东海道新干线、山阳新干线、东北新干线、上越新干线均采用复链形悬挂。近几年来,日本高速铁路又采用了简单链形悬挂。法国的巴黎—里昂的东南新干线采用弹性链形悬挂，巴黎—勒芒/图尔的大西洋新干线采用接触导线带预留弛度的简单链形悬挂。德国比较重视接触网的标准化工作，先后制定了 Re75、Re100、Re160、Re200、Re250、Re330 几种标准化悬挂形式，行车速度低于 160 km/h 的线路采用简单链形悬挂，在 160 km/h 及以上的线路采用弹性链形悬挂。下面分别论述简单链形悬挂、弹性链形悬挂、复链形悬挂三种形式的结构和技术性能。

1. 简单链形悬挂

简单链形悬挂结构形式如图 1-1 所示。

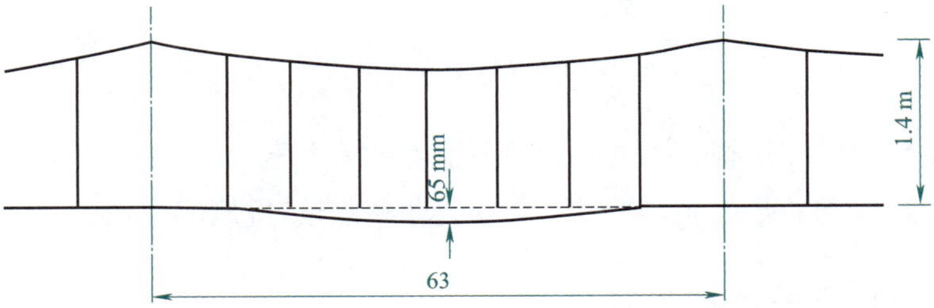

图 1-1　带预留弛度的简单链形悬挂示意图

性能特点：结构简单，安全可靠，安装调整维修方便，适应于高速受流。

定位点处弹性小，跨中弹性大，造成受电弓在跨中抬升量大，跨中采用预留弛度，受电弓在跨中的抬升量可降低；定位点处易形成相对硬点，磨耗大。如果选择结构形式合理、性能优良的定位器，则可消除这方面的不足。

2. 弹性链形悬挂

弹性链形悬挂的结构形式图如图 1-2 所示。

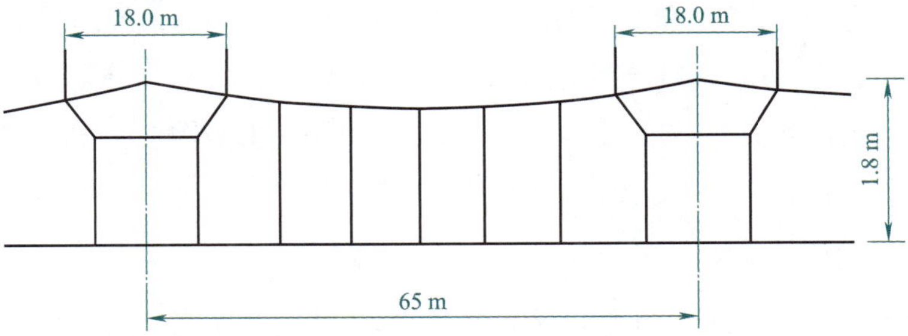

图 1-2　弹性链形悬挂示意图

在结构上，相对于简单链形悬挂在定位点处装设弹性吊索，主要有两种形式：π 型和 Y 型。弹性吊索的材质一般与承力索相同，其线胀系数与承力索相匹配。

性能特点：结构比较简单，改善了定位点处的弹性，使得定位点处的弹性与跨中的弹性趋于一致，整个接触网的弹性均匀，受流性能好。其缺点是弹性吊索调整维修比较复杂，定位点处导线抬升量大，对定位器的安装坡度要求也较严格。

3. 复链形悬挂

复链形悬挂结构形式如图 1-3 所示。

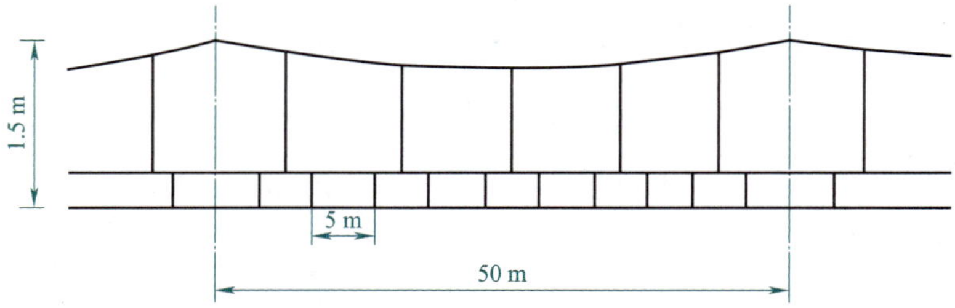

图 1-3 复链形悬挂示意图

在结构上，承力索和接触导线之间加了一根辅助承力索。

性能特点：接触网的张力大，弹性均匀，安装调整复杂，抗风能力强。

1.1.3 接触悬挂主要技术参数

1. 接触导线高度

由于高速铁路一般不运营超限货物列车，接触网的导线高度低，在 5 300～5 600 mm 之间。

2. 拉出值

高速铁路中，由于列车速度的提高，动车组和受电弓的横向摆动量的增大及受电弓滑板宽度的缩小，接触导线的拉出值一般都小于普速电气化铁路接触导线的拉出值。如：客运专线接触导线的拉出值均为 200～300 mm，其中，直线区段为 200 mm，曲线区段为 300 mm。

3. 定位器坡度

高速行驶时，受电弓弓头和上下部框架受空气抬升力的影响，最终结果是增大了受电弓对接触导线的抬升力，导致接触导线的动态抬升量增大，接触导线上下振动剧烈，定位器抬升量增大。如果定位器坡度不足，定位器根部或支持器将撞击受电弓滑板，危及行车安全，因此，接触网定位器坡度较大或采用新型结构的定位器。

4. 接触导线的张力

提高接触导线的张力，可以增大波形传播速度，改善受流性能。同时增加了接触网的稳定性。导线张力的确定受导线的拉断力、接触网的安全系数等因素影响。

5. 承力索的张力

受接触网的稳定性、载流容量、结构高度、支柱容量等因素影响，提高承力索的张力可以增加接触网的稳定性，但对弓网受流性能影响不大。减少承力索的张力，有利于减少反射系数，承力索的张力受接触网的结构高度的限制，也就是在一定的结构高度上，要保持跨内最短吊弦的长度。

接触导线张力是影响受流性能的重要参数，增加接触导线的张力可以改善以下与受流性能相关的参数：(1)降低弹性；(2)降低弹性差异程度；(3)增加波动传播速度；(4)增加多普勒系数；(5)降低反射系数；(6)降低增强因数。

表 1-1 是国外三种高速铁路接触网的接触悬挂形式的主要技术参数。

表 1-1　国外三种接触悬挂形式的主要技术参数

名　称	法国 TGV	德国 Re330	日本 HC
悬挂形式	简单链形悬挂	弹性链形悬挂	复链形悬挂
运营速度/(km·h^{-1})	300	330	275
接触导线材质	Cu150	Ris120	Cu170
接触导线密度/(kg·m^{-1})	1.33	1.07	1.51
接触导线张力/kN	20	24/27	14.7
导线预留弛度/%	1.0	0	0
承力索材质	青铜 70	青铜 65	ST180+TJ150
承力索张力/kN	14	45/48	24.5+14.7
承力索密度/(kg·m^{-1})	0.623	0.58	1.45+1.377
波动传播速度(km·h^{-1})	441	539/572	355
无量纲速度	0.68	0.58～0.65	0.77
多普勒系数	0.19	0.21～0.27	0.13
反射系数	0.36	0.48/0.47	0.58
增强因数	1.92	1.75～2.19	4.46
跨中弹性/(mm·N^{-1})	0.53	0.36	0.29
弹性不均匀系数/%	41.2	<10	<10
跨距/m	63	65	50

表 1-2 是京津、武广、郑西高速铁路接触网的接触悬挂参数。

表 1-2　国内几条高铁线路接触悬挂的参数

线路名称	京津城际	武广高铁	郑西高铁
跨距 l/m	48	48	48
承力索型号	JTMH120	JTMH120	JTMH120
接触导线型号	CTMH120	CTMH150	CTMH150
承力索单位长度质量/(kg·m^{-1})	1.065	1.065	1.065
接触导线单位长度质量/(kg·m^{-1})	1.082	1.350	1.350
承力索张力 T_c/kN	21.0	21.0	23.0
接触导线张力 T_j/kN	27.0	30.0	28.5
结构高度/m	1.6	1.6	1.6

续上表

线路名称	京津城际	武广高铁	郑西高铁
弹性吊索长度/m	—	18.0	18.0
弹性吊索张力/kN	—	3.5	3.5
吊弦数量/个	5	5	5
拉出值 a/m	0.30	0.25	0.25

1.1.4 高速铁路接触网的主要技术参数

1. 接触导线高度

接触导线高度指接触导线距钢轨面的高度。它的确定受多方面因素制约，如车辆限界、绝缘距离、车辆和线路振动、施工误差等。一般地，高速铁路接触导线的高度比常规电气化铁路的接触导线低，这主要因为：①高速铁路一般无超级超限列车通过，车辆限界为4 800 mm；②可以减少列车空气阻力及空气动态力对受电弓的影响。我国高速铁路接触导线的高度一般在 5 300 mm 左右。

2. 结构高度

结构高度指定位点处承力索距接触导线的距离。它由所确定的最短吊弦长度决定。吊弦长时，当承力索和导线材质不同时，因温度变化引起的吊弦斜度小，使锚段内的张力差小，从而以有利于改善弓网受流特性；长吊弦的另一个优点是高速行车引起的导线振动时，吊弦弯度小，可以减少疲劳，延长使用寿命。我国接触网的结构高度为 1.4～1.6 m。

3. 跨距及拉出值

跨距及拉出值取决于线路曲线半径、最大风速和经济因素等。

考虑安全因素及对受电弓滑板的磨耗，我国高速铁路一般在保证跨中导线及定位点在最大风速下均不超过距受电弓中心 300 mm 的条件下，确定跨距长度和拉出值的大小。

4. 锚段长度

锚段长度的确定主要考虑接触导线和承力索的张力增量不宜超过 10%，且张力补偿器工作在有效工作范围内。高速铁路接触网的锚段长度与常规电气化铁路基本一样。

5. 绝缘距离

绝缘距离参照电气化铁路接触网的绝缘配合标准。

6. 吊弦分布和间距

吊弦间距指一跨内两相邻吊弦之间的距离。吊弦间距对接触网的受流性能有一定的影响，改变吊弦间距可以调整接触网的弹性均匀度。但是，如果吊弦过密，将影响接触导线的波动速度，而对弹性改善效果不大。确定吊弦间距时，既要考虑改善接触网的弹性，又要考虑经济因素。

吊弦分布有等距分布、对数分布、正弦分布等几种形式，为了设计、施工和维护的方便，吊弦分布一般采用最简单的等距分布。

7. 接触导线预留弛度

接触导线预留弛度，指在接触导线安装时，使接触导线在跨内保持一定的弛度，以减少受电弓在跨中对接触导线的抬升量，改善弓网的振动。对高速铁路接触网，简单链形悬挂设预留弛度，弹性链形悬挂一般不设预留弛度。

8. 锚段关节

锚段关节是接触网的张力的机械转换关节，是接触网的薄弱环节，其设计和安装质量对受流影响较大。高速铁路接触网一般采用两种形式的锚段关节：

(1)非绝缘锚段关节采用三跨锚段关节；

(2)绝缘锚段关节采用五跨锚段关节。

安装处理上，尽量缩短接触导线工作支和非工作支同时接触受电弓滑板的长度，提高非工作支的坡度。

1.1.5　接触网线材

接触网线材是指接触网的主要设备和零部件。

1. 接触导线

接触导线是接触网中直接与机车受电弓作摩擦运动传递电能的线材，它对接触网-受电弓系统的受流性能的好坏产生至关重要的作用，受流系统的许多性能指标直接由接触导线决定，如波动传播速度、接触导线的抬升量、接触导线的磨耗、安全系数。

高速铁路对接触导线的基本要求如下：机械强度高；导电性能好；良好的耐磨及耐腐蚀性能及高温软化特性；使用寿命长；摩擦性能与受电弓滑板相匹配。

随着运行速度的提高，为了提高抗拉强度，增大波动传播速度、耐磨性，国外有关国家对高速铁路的接触导线都趋向于研制铜合金接触导线。

铜合金接触导线是在铜中加入其他金属元素，如镁、银，采用合金方法制成的。

2. 承力索

承力索是接触网承载接触导线，并传输电流的线材。承力索的选用应符合下列条件：承力索的线胀系数与接触导线相匹配；机械强度高；耐疲劳、耐腐蚀性能好，耐温特性好；导电率高。

我国电气化铁路接触网的承力索正线一般采用 100 mm^2 和 70 mm^2 的镀锌铜绞线，有关部门研究开发出铜合金承力索，并推荐在高速铁路中使用。增加承力索的张力可以增强接触网的稳定性。

3. 弹性吊索

弹性吊索用于弹性链形悬挂。弹性吊索一般选用截面积为 35 mm^2 的青铜绞线，张力为 2.8～3.5 kN。

1.1.6 接触悬挂的零部件

接触网接触悬挂的零部件，包括腕臂和定位装置、弹性吊索、吊弦和吊弦线夹、中心锚结、张力补偿装置等。这些零部件直接安装在接触网的不同部位，它们的状态和重量影响接触网的弹性、集中质量分布和平顺性，对弓网受流性能产生直接的影响。因此，在接触网设计和施工运维等各个阶段，必须对接触悬挂的零部件进行设计选型和精细调整。下面分别介绍几种主要零部件的特性和要求。

图 1-4 接触网线路图

1.1.6.1 腕臂和定位装置

腕臂和定位装置由平腕臂、斜腕臂、定位管、定位器、支持器、定位线夹、定位环等零部件组成，起接触网的支撑和定位作用，将接触悬挂定位在设计的空间范围内，如图 1-5 所示。

1. 腕臂

高速铁路接触网采用刚性腕臂支持结构，由平腕臂和斜腕臂组成稳定三角形结构，具有整体稳定性和抗风能力，提高了接触网的稳定性和安全性。

腕臂结构应设计简单、稳定，转动灵活，腕臂结构的任何部位不得发生塑性变形和滑移。计算载荷要考虑承力索悬挂点处和定位器的最大水平工作荷重和垂直工作荷重，此外，还应

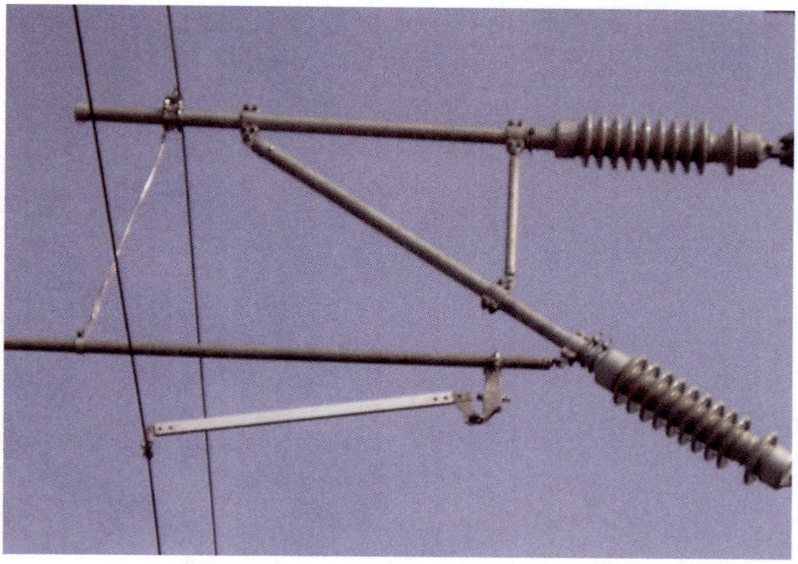

图 1-5　腕臂和定位装置图

充分考虑附加荷载和动荷载的影响。材质上一般采用钢腕臂和铝合金腕臂。

2. 定位装置

定位装置包括定位器、定位管、支持器、定位线夹、定位防风拉线和定位管防风支撑，这些零部件对接触导线起定位和支持作用。定位装置在运行中承受水平和垂直两个方向的荷载，水平荷载包括拉出值引起的水平力和曲线力，垂直荷载为定位器自重及接触导线重量。安装位置要求：接触导线拉出值和定位器的坡度符合技术规定；定位点处的接触导线高度符合接触导线平顺性要求，符合受电弓动态包络线的限界要求。

定位器：是接触悬挂中的关键部件，作用是完成接触导线定位功能，其受力状况、坡度、限位间隙以及电气连接与弓网受流质量和运营安全直接相关，定位器的选用要考虑接触网悬挂方式、线路运行速度、接触网弹性、受电弓型号及动态包络线。定位器在机械结构上，必须满足接触导线温度偏移，保证高速受电弓安全通过及接触导线抬高等要求。

对定位器的技术要求：

(1)能保证接触导线的高度和拉出值符合设计要求；

(2)不影响接触导线沿线路方向的移动；

(3)结构简单，安装方便，不形成接触悬挂硬点，不影响受电弓高速通过；

(4)定位器坡度合理；

(5)材质一般采用铝合金材料，重量轻，耐腐蚀；具有较高的强度；环路电阻小，不形成电损坏。

定位器坡度理论计算式见式(1-1)，其理论计算如图 1-6 所示。

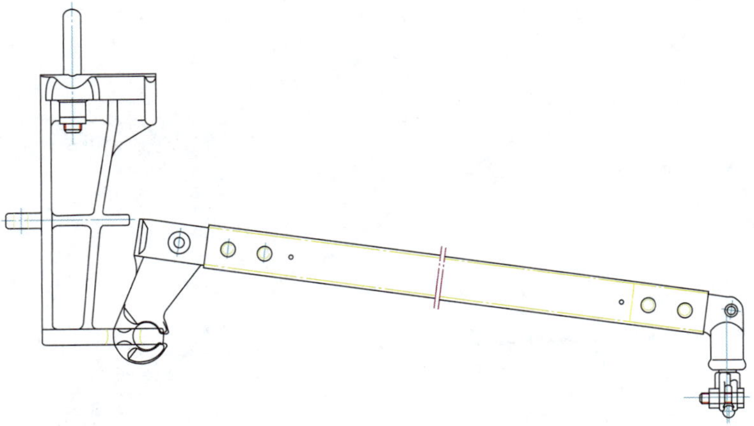

图 1-6　定位器坡度理论计算用图

$$\tan\alpha=\frac{\frac{1}{2}G_1+\frac{1}{2}g_j(e_1+e_2)\times 9.81+G_2}{P} \tag{1-1}$$

式中　G_1——定位器自重，kN；

G_2——定位线夹自重，kN；

g_j——接触导线单位长度重量，kN·m^{-1}；

e_1,e_2——定位器左右第一吊弦至定位器的距离，m；

P——接触导线补偿张力在此处的水平分力，kN。

理论上，定位器只承受接触导线补偿张力的水平分力，即之字力。实际上，由于定位器存在坡度，定位器在垂直方向也会存在力的分量，该力的存在除平衡定位器附近接触导线重量外，必须保证定位线夹的接触导线非常平顺。否则，将在定位点处形成硬点，对高速通过的受电弓带来安全隐患。

定位装置在电气导流方面上的要求：定位线夹与接触导线之间应连接贴切，无相对滑动。当定位线夹与接触导线材质不同时，二者之间应涂电力脂。为防止绝缘子闪络电流或短路电流流过支持和定位结构时烧损支持和定位零件，确保支持和定位零件的短路稳定性，应在支持和定位装置的几个主要机械连接点上加装固定电连接。安装电连接时，应在连接零件之间均匀涂抹电力脂，以防止异种金属间的电化学腐蚀。

定位管：设置定位管的目的是为了便于调节定位器的位置，增加定位装置安装的灵活性和弹性，必要时可通过调节定位管在斜腕臂上的安装位置在一定范围内调节接触导线安装高度。平腕臂、斜腕臂、定位管应处于同一垂直面内，它们在水平面的投影应与线路中心垂直，其偏移量应符合腕臂安装曲线的要求。定位管应有一定坡度，大小在 20～150 mm/m 之间，正定位时定位管抬头，反定位时定位管低头。

1.1.6.2　弹性吊索

速度小于 250 km/h 时，定位管吊线与弹性吊索相连。受电弓通过定位点处时，接触导线和定位器被抬升，与弹性吊索相连的吊线被减载，导致弹性吊索因减载而上升，与弹性吊索相连的定位管吊线又把定位管拉升，从而“动态”加大定位管与定位器之间的夹角，同时也“动态”加大限位定位器的限位间隙。

速度大于 250 km/h 时，定位管吊线与弹性吊索不相连。因为 250 km/h 及以上高速铁路的接触导线和定位器抬升比小于 250 km/h 的线路接触网大，为防止定位管吊线从定位钩中脱落，定位管吊线设计为与承力索相连。

1.1.6.3　张力补偿装置

张力补偿装置是调整承力索、接触导线张力，使它们保持恒定的自动装置，是接触网的关键部件。高速铁路接触网一般有两种方式的自动张力补偿装置：①滑轮组自动补偿装置；②棘轮补偿装置。对张力补偿装置的要求是：传动效率高，达到 97%以上；安全可靠；耐腐蚀性能好，少维修，寿命长；有断线制动装置。

承力索终端锚固线夹和接触导线终端锚固线夹：这两种零件是接触网的主要受力部件，是保障接触网安全的关键零件。结构上，有锥套式螺纹胀紧结构和楔形胀紧式结构两种。材质上，整体铝青铜；紧固件采用不锈钢。工作张力：应满足 20～27 kN。

高速接触网的电连接类零件：

电连接是保证接触网各导线之间及各股道之间电流畅通的部件。对它的要求是：电连接线夹与接触导线或承力索间的接触电阻小，整体电连接导电性能好。结构上，连接可靠，重量轻，耐腐蚀。材质上，用纯铜和铝青铜。

1.1.6.4　吊弦和吊弦线夹

吊弦和吊弦线夹是接触网的悬吊类零件，在接触网中既调节接触导线弛度，又可分流，属于面广量大的零件。正确选用悬吊类零件将有效地保证接触网的受流性能，还能减少其维修工作量。在高速铁路接触网中，一般采用整体吊弦设计时，计算出每跨中每根吊弦的长度。在预配工厂将吊弦线夹和吊弦制成一体后，到现场直接安装。

对吊弦及吊弦线夹的要求：重量轻，体积小，耐腐蚀，安全可靠。材质上，吊弦采用青铜绞线；吊弦线夹采用铝青铜。

1.1.7　高速铁路接触网的线岔和锚段关节

1.1.7.1　线　　岔

线岔是两股道接触网交叉处的装置，直接影响着受电弓的运行安全，是高速铁路接触网设计和安装中需要特别解决好的环节，以保证正线高速行车的受流质量，做到离线率低，硬点小，导线抬高量满足要求。

线岔安装简单，维修调整方便。

高速铁路接触网的线岔应满足下列要求：满足正线高速行车，避免钻弓、打弓；正线进渡线或渡线进正线时，保证受电弓平稳过渡。

由于增大接触导线抬升量和提高受流性能的要求，普速电气化铁路接触网的直接交叉式线岔已不能适应高速的要求，接触网的线岔一般采用无交叉线岔。

1. 交叉线岔

交叉线岔由两根交叉接触导线、一根限制导杆及定位线夹等零件组成。限制导杆是一根长 1 700～2 500 mm 的铝合金管或纯铜管，两端通过定位线夹或固定线夹安装在下位接触导线上，将两支独立的接触导线约束在一起，使两接触导线在受电弓抬升力作用下能同步升降，保证受电弓从不同线路方向顺利通过线岔，如图 1-7 所示。

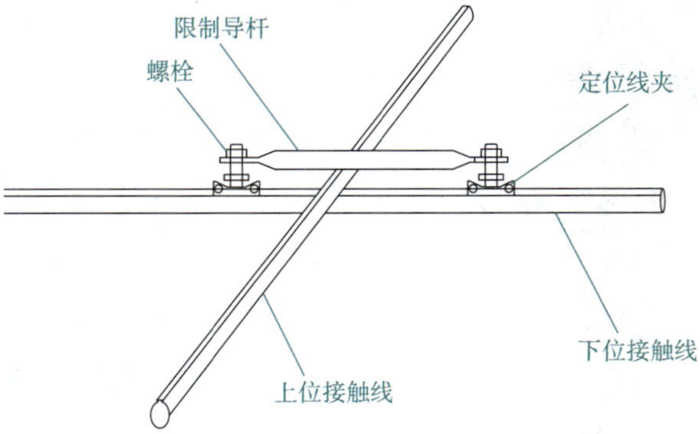

图 1-7　交叉线岔结构示意图

限制导杆的长度取决于道岔号的大小和线岔距中心锚结的距离。道岔号越大，两接触导线的夹角就越小，限位管的长度就越长；线岔越远离中心锚结，接触导线的移动范围就越大，限位管的长度就越长。

两支接触导线的上下位置是依据线路情况和线岔距中心锚结的远近确定的。当正线接触悬挂与侧线接触悬挂相交时，正线接触导线在下位，侧线接触导线在上位；当两侧线接触悬挂相交时，距下锚装置近的一组悬挂在上方，距下锚装置远的一组悬挂位于下方。

交叉线岔的平面布置与道岔型号、受电弓滑板的有效工作宽度、受电弓的最大抬升量和最大摆动量有关。平面布置的主要内容是：确定线岔交叉点位置，确定道岔定位柱的位置，确定接触导线无线夹区位置，确定两支接触导线的抬升量。如图 1-8 所示。

2. 无交叉线岔

无交叉线岔是高速铁路接触网最复杂也是技术要求最高的断面。无交叉线岔设计的基本理念是通过接触网拉出值、高度布置，正线通过线岔的受电弓只接触正线接触导线，不与侧线接触导线接触，从而使高速通过的动车组受电弓在线岔处获得与区间正线一样的弓网关系，满足高速运行要求。当然，高速铁路无交叉线岔还要满足动车组受电弓以较低速度从正线到侧线以及从侧线到正线通过时的安全要求。

设计无交叉线岔的基本原则：

(1)侧线接触悬挂应尽量远离正线，使正线受电弓能在最大抬升及最大摆动的情况下高

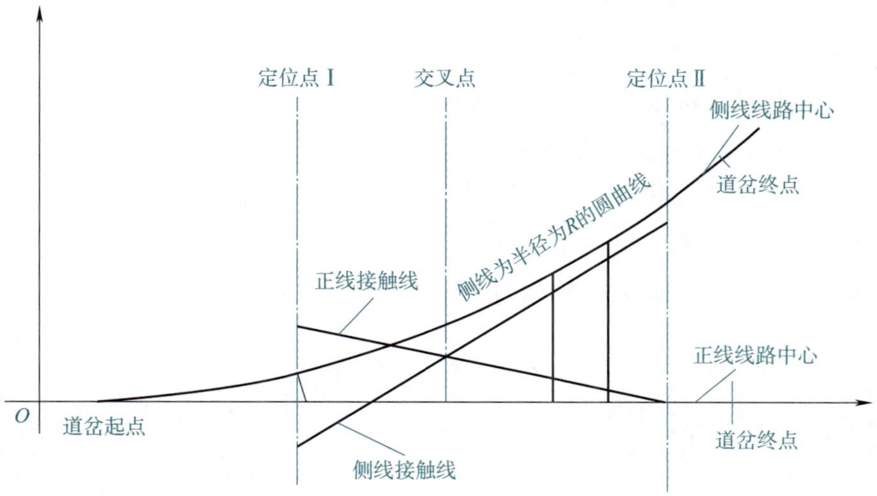

图 1-8　交叉点位置确定示意图

速、安全滑过正线接触导线，而不碰触侧线接触导线。

(2)正线接触悬挂宜靠向侧线，使受电弓能在正线接触导线与侧线接触导线间安全平稳转换。

(3)侧线接触悬挂立面按一定坡度布置。站线非工作支接触导线应尽量抬高，工作支接触导线(特别是始触区至过渡点)应适当降低，以保证正线受电弓顺利通过及侧线受电弓在正线、侧线间顺利过渡转换。

无交叉线岔的平面布置如图 1-9 所示。

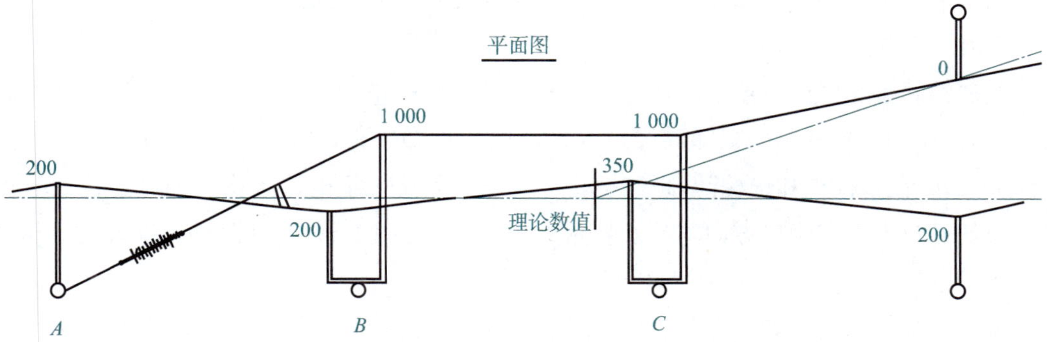

图 1-9　京沪高铁正线 18 号道岔处接触网无交叉线岔平面示意图

当列车从正线高速通过时，受电弓沿正线接触悬挂高速平滑地通过线岔区域，与侧线接触悬挂不发生任何联系。

无交叉线岔的最大特点是将受电弓过渡区设置在跨距中部，通过两组悬挂的空间位置配合，不管是正线进侧线或是侧线进正线，两接触导线均是从受电弓的正上方进入受电弓滑板的有效工作范围，从而能适应更高速度要求。

1.1.7.2 锚段和锚段关节

为了实现接触网的机械分段和电气分段，安装张力补偿装置或其他辅助电气设备，提高接触网供电灵活性，缩小事故范围，保证吊弦及定位器的偏移不超出规定值，必须将接触悬挂分成若干一定长度且机电相对独立的段落，这种段落称作锚段。

锚段是接触网的基本机电单元，一个锚段包括若干个跨距、一个中心锚结、两端下锚装置以及与相邻锚段衔接的锚段关节，如图 1-10 所示。

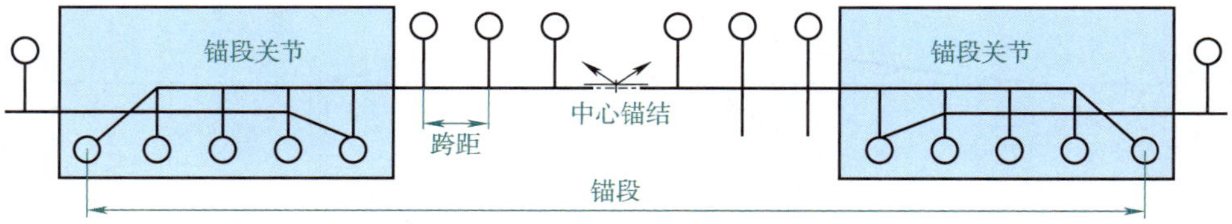

图 1-10　锚段结构示意图

锚段长度取决于接触网的实际工作环境（如最高温度、最低温度、最大风速、线路状况）和接触网的机械特性（如线索张力差、补偿装置的形式及有效工作范围、锚段关节内两组悬挂间的绝缘间隙允许偏差）。

锚段关节是指锚段与锚段之间的衔接部分，如图 1-10 中的阴影部分所示。

根据锚段与锚段之间的电气关系，锚段关节可分为绝缘锚段关节和非绝缘锚段关节。非绝缘锚段关节仅起机械分段的作用，组成锚段关节的两组悬挂彼此间通过电连接直接从电气上连通，空气间隙较小；绝缘锚段关节既起机械分段的作用，也起电气分段的作用，组成锚段关节的两组悬挂彼此间通过隔离开关实现电气通断，空气绝缘间隙应满足 27.5 kV（按 35 kV 电压等级控制）的绝缘要求。

高速铁路接触网中大量采用四跨非绝缘锚段关节，如图 1-11 所示。在四跨非绝缘锚段关节中，位于两转换柱间的接触导线在水平面内的投影平行，线间距 200 mm，施工允许误差±20 mm；在转换柱和锚柱间，距转换柱 10 m 处，各用一组电连接将两锚段连接；无论锚段关节的开口方向和闭口方向均不安装隔离开关；其他技术条件与四跨绝缘锚段关节相似。如图 1-11 所示。

五跨绝缘锚段关节如图 1-12 所示，位于转换柱间的接触导线在水平面内的投影平行，线间距为 450 mm；在 ZJS1 和 ZJS2 处，两组悬挂的垂直距离为 500 mm，下锚支接触导线的绝缘子（或绝缘杆）的下裙边高于工作支接触导线 200 mm 以上；在 ZJS3 和 ZJS4 处，非支接触导线比工作支接触导线高 150 mm，非支承力索比工作支承力索高 500 mm；两接触导线的等高点位于中心跨中点，此处导高比标准导高高 0～40 mm；下锚柱处，绝缘子串距定位滑轮中心的距离不得小于 800 mm；下锚支接触导线应高于工作支接触导线 500 mm 以上；在 ZJS1 和 ZJS2 内侧，下锚支承力索和接触导线各加设一硅橡胶棒式绝缘子；下锚柱处加装

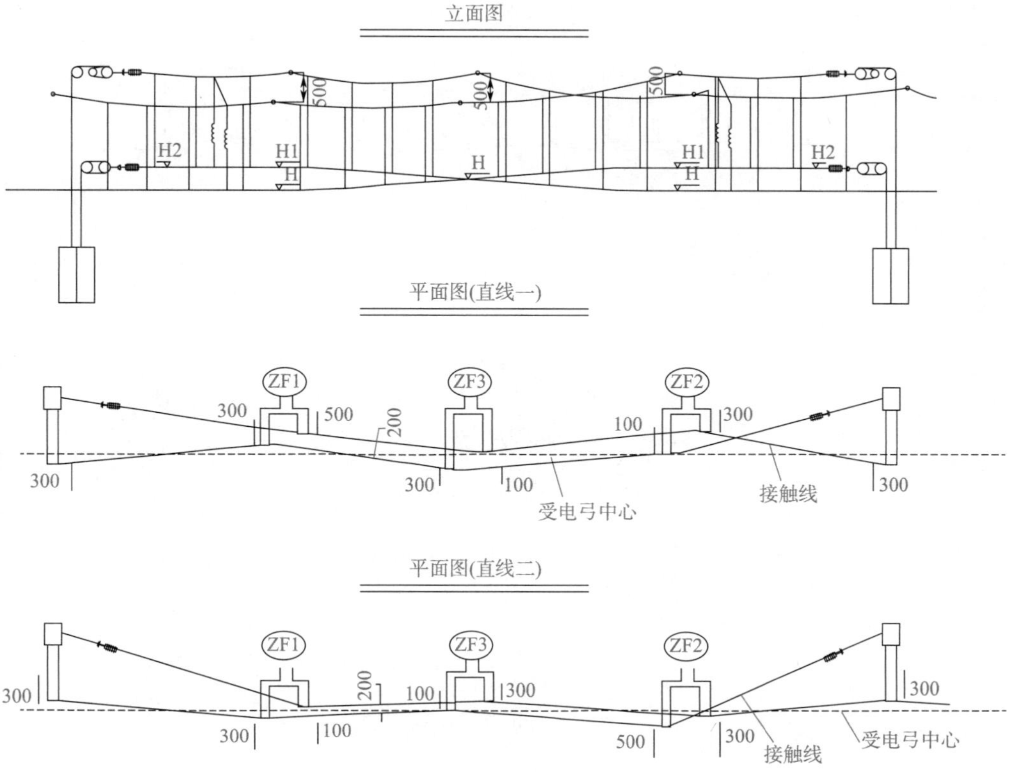

图 1-11　四跨非绝缘锚段关节结构示意图

一组悬式绝缘子串；在锚段关节的开口端，ZJS1 上安装隔离开关，其内外侧 4 m 处加装两组电连接；在锚段关节闭口端，ZJS2 外侧 10 m 处加装一组电连接；正线下锚支偏角不大于 4°，困难时不大于 6°；站线下锚支偏角不大于 6°，困难时不大于 8°；直线区段，工作支拉出值为 300 mm；下锚支的拉出值分别为 150 mm 和 750 mm；曲线区段拉出值应经计算确定。值得注意的是 ZJS3 和 ZJS4 处定位器的受力状态。

五跨非绝缘锚段关节的技术要求除线间距为 200 mm、无隔离开关外，其他技术条件与绝缘锚段关节基本相同。

锚段关节是接触网的薄弱环，是接触悬挂机电分段和受电弓转换过渡的主要结构形式，无论设计、施工、运营都应高度重视其机电性能。

高速铁路接触网的分相装置：

高速铁路接触网的分相装置一般采用绝缘锚段关节组成中性段方式，即六跨或八跨分相关节，来满足高速接触网-受电弓系统的性能要求。

动车组通过分相锚段关节的方式一般有两种：

(1)地面开关切换方式：当动车组受电弓在分相的中性段之前和刚进入中性段时，由一相供电，然后在中性段断电 0.25～0.35 s 后切换到另一相。其优点是动车组无操作，停电

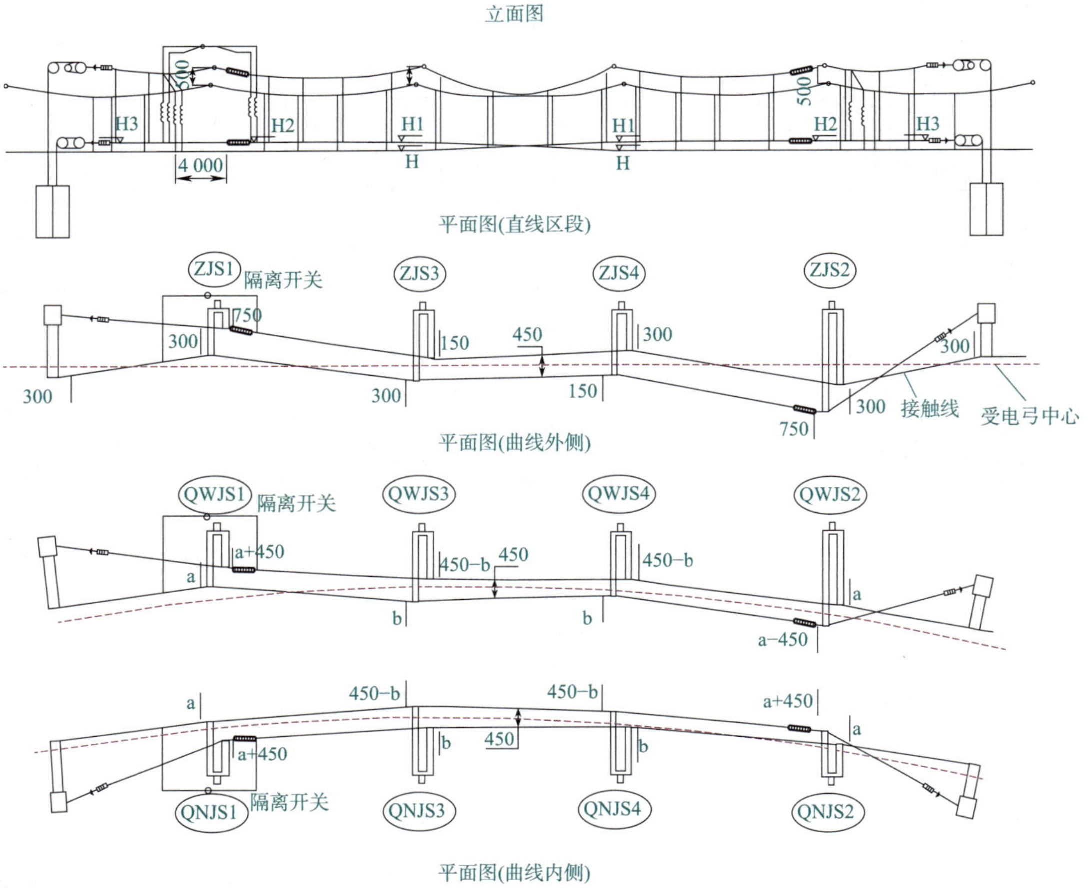

图 1-12　五跨绝缘锚段关节平面布置示意图

时间短暂,冲击及失速小,但设备复杂,切换过程容易产生很高的过电压。

(2)动车组切换方式:当动车组通过分相中性段时,动车组接收地面上的信号,控制动车组主断路器断开,断电不降弓通过中性段;动车组通过中性区后,动车组又接收到地面信号,控制动车组主断路器合闸受电,完成动车组过分相的全过程。这种方式结构简单,地面设备非常简单,投资小。

1.1.8　接触网的静态特性

接触网的静态特性是指与弓网受流相关的接触网性能,包括接触网的弹性、弹性差异系数。

1.1.8.1　接触网弹性

接触悬挂作为一个整体来说,它具有弹性,当在接触导线的下方施加一个向上的力时,接触导线的抬升量的大小是表达接触网弹性的一项重要指标。接触网弹性直接影响高速铁路的弓网受流性能，为了保证弓网运行安全，接触导线的抬升量不能超过标准规定值，如受电弓动态包络线的垂直抬升量限值为 150 mm，同时高速接触网的弹性均匀性直接影响弓网关系。

接触网的静态弹性：在单位抬升力作用下，接触导线所产生的抬升量称为接触网的静态弹性，见式(1-2)。

$$e_x=\frac{\Delta h}{P} \tag{1-2}$$

式中　e_x——接触悬挂某处的静态弹性，mm/N；

Δh——在受电弓抬升力作用下，接触导线产生的抬升量，mm；

P——受电弓作用于接触导线上的抬升力，N。

确定弹性的方法有三种：弹性计算法、静态测量法及动态实测法。动态实测法无法事先预见接触悬挂的弹性性能，因此，弹性计算法在高速铁路接触网的接触悬挂的性能计算中就显得必要。

实际上，接触网的静态弹性与受电弓的抬升力或弓网接触力的大小没有关系，因为它是接触导线在垂直面内的位移与力的比值，是单位力作用下所产生的位移，它主要取决于接触悬挂的结构特征和接触悬挂的补偿张力。

理论推导可知，跨距内某处的悬挂弹性为

$$e_x=\frac{x\cdot(l-x)}{l\cdot(T_j+T_c)} \tag{1-3}$$

式中　l——跨距，m；

T_j——接触导线张力，kN；

T_c——承力索张力，kN。

由式(1-3)可知，跨中弹性最大化

$$e_m=\frac{l}{k(T_j+T_c)} \tag{1-4}$$

式中　k——经验系数，简单链形悬挂取 4.0，弹性链形悬挂取 3.5。

但由式(1-3)计算出的定位点弹性为“0”，这与实际情况完全不符。为此，下面介绍一种“等效弹性系数电阻法”。

将跨距为 l 的接触悬挂视作两端固定的一根单弦，弦的综合张力(接触悬挂各线索张力之和)为 T，在距左端定位点为 x 的点上施加一垂直向上的抬升力 P，在抬升力 P 作用下，悬挂在该点产生向上的抬升 y，如图 1-13 所示。

由图可知，$P:T=y:x$，由此可得：

$$P=\frac{yT}{x} \tag{1-5}$$

悬挂弹性的大小对受电弓的平稳运行和接触网使用寿命都有重要影响。弹性过大，势

必引起接触网振动加剧，影响集流的稳定性和受电弓的追随性；势必造成受电弓抬升过大，

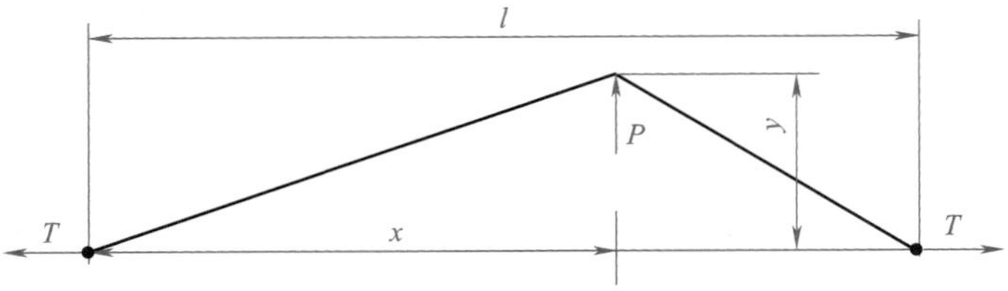

图 1-13　单弦法求弹性系数用图

导致受电弓碰打定位装置，引起弓网事故；势必造成接触导线产生较大弯曲，使接触导线易于疲劳，使用寿命缩短。相反，弹性过小则会增大滑板和接触导线的机械磨耗，使受电弓产生高频振动，同样影响弓网的运行平稳性和使用寿命。因此，悬挂弹性是反映接触悬挂结构性能好坏的重要指标之一。

使接触导线抬升的受电弓接触力随速度的提高而增加，为了使接触导线的抬升量最小，应降低接触网的弹性。可以采取以下措施来降低接触网弹性：

(1)在接触导线和承力索上的拉伸张力尽可能越高越好；

(2)跨距长度的选择从经济可行性基础上越短越好。

衡量接触悬挂弹性好坏的标准有：弹性的大小和均匀程度。前者取决于接触悬挂张力组合(承力索张力和接触导线张力)的量值，后者取决于悬挂结构、悬挂类型和附在接触导线上的集中荷载的集中程度。

1.1.8.2　弹性差异系数

以相同的抬升力作用于一跨中的接触导线的不同点时，接触导线所产生的抬升量是不相同的，定位点的抬升和跨中的抬升不同，吊弦处的抬升和两吊弦间的抬升也不相同，也就是说，接触悬挂的弹性是不均匀的，这种不均匀可用弹性差异系数来反映。

弹性差异系数综合反映了统计区段内接触悬挂的弹性分布情况。弹性差异过大，会使受电弓产生一个附加的上下方向的振动惯性，影响弓网接触力和集流稳定性。因此，接触悬挂应有较小而且均匀的弹性。

要改善接触网和受电弓的受流性能，接触网应有均匀的弹性，这种均匀的弹性既表现在每个单独跨距内，又表现在两个相邻的跨距之间。可以通过下列措施来改进接触网的弹性均匀性：

(1)安装弹性吊索；

(2)安装附加承力索；

(3)选择适合拉伸负载的弛度值；

(4)增加接触导线的拉伸张力；

(5)减少跨距长度；

(6)设置相近的跨距长度。

弹性差异系数 ε:反映一跨内跨中弹性和定位点弹性的差异程度

$$\varepsilon=\frac{E_{\max}-E_{\min}}{E_{\max}+E_{\min}}\times 100\% \tag{1-12}$$

式中　$E_{\max}$——一跨内最大弹性;

$E_{\min}$——一跨内最小弹性。

1.1.9　接触网的动态特性

接触网的动态特性包括固有振动特性、波动传播特性和自振动特性等三方面内容。为了接触网的高速适应性以及获得经济合理的系统性能,高速铁路接触网设计应充分考虑接触网的动态特性,接触网的动态特性也是弓网关系的重要因素。

接触网的振动特性是指接触网的各阶振动固有频率、模态振型以及阻尼特性。计算和测试接触网的振动特性,是研究弓网高速受流性能的基础,是为了防止接触网工作时发生共振,也是为其他特性的研究打下基础。

在受电弓抬升力作用下,接触悬挂将产生受迫振动。对受迫振动的接触导线动态响应进行计算和测试,一方面是为了将接触网的振动幅度控制在允许范围内,保证弓网的运行安全;另一方面也是为了研究接触网的固有振动特性,包括振动频率、衰减系数、阻尼特性,在设计接触网时寻求最佳的结构和参数、选择最佳的设备和器材,以便在受电弓相同的抬升力作用下接触悬挂的振动平稳,振幅最小。

接触网的自振动是指在一定的外部激励(如风)作用下,接触网产生持续稳定的振动,也称为舞动。如果接触网发生自振动,如接触网线索的舞动,接触网长时间处于一种不稳定的状态,对于弓网运行和接触网的安全都是不利的,应尽量避免接触网的自振动。

接触网的波动传播特性是指振动波在接触悬挂上传播的种种特性。接触悬挂总体上讲是一个悬索系统,具有悬索的性能,在受到受电弓的抬升力的作用下,会产生变形,变形的程度取决于弓网作用力的大小和方向以及接触悬挂的相关参数,这种变形形成振动波沿接触悬挂向前传播,具有波动传播的各种特性。接触网的理论研究始于 20 世纪 50 年代,各国在建设电气化铁路时,存在提高速度和提高运行质量的需求,建立了接触网振动和波动传播理论,基本聚焦在接触网的振动微分方程和波动方程式及其解法两方面。下面重点分析接触悬挂的振动特性和波动传播特性。

1.1.9.1　接触悬挂的振动特性

弓网系统具有弹性和惯性,受电弓向具有弹性的接触网施加抬升力时,接触线会偏离其原始位置,产生的回复力又促使弓网系统返回平衡位置。具有惯性的弓网系统在返回平衡位置的过程中积累了动能,从而使系统越过平衡位置向另一侧运动。弹性和惯性的相互影响导致弓网系统产生振动。

振动沿接触网传播形成波动，在振动波的传播过程中，虽然波形沿接触网由近及远地传播着，但参与波动的质点只是在自己的平衡位置附近作上下振动，并没有随之远离，质点的振动方向与波的传播方向相垂直，这种波称为横波。波动是接触网整体表现的运动状态，对于接触网的任何单个质点，只能说该质点是否振动，并无波动可言。

1.1.9.2 接触悬挂的自振动特性

接触悬挂持续稳定的振动称作导线的自振动（“跳舞”或者跳动）。当接触导线在风的作用下（多数情况风速 6～10 m/s），且风向与导线走向接近直角时，才会发生接触悬挂的自振动。在没有森林、建筑物和其他遮蔽的空旷地带的区段，常见这种自振动。覆有冰霜的导线，由于改变了导线正常的截面形状，故这时常常要发生自振动。导线的振动频率接近于接触悬挂的自振频率 0.65～1.0 Hz。除了基频振动外，还有 2 倍与 3 倍频率的振动，同时在某些吊弦间距上还会有频率为 2.5～4.0 Hz 的振动。接触悬挂振动的振幅往往很高，这种振动具有稳定、持续的特点，并且只有在气象条件发生变化的情况下（如：风停或风向改变，覆冰脱落或被清除，等）才能停止振动。接触悬挂在短时间的停振之后（如列车通过该区段时），会以同样的频率与强度重新恢复这种振动。经受自振的区段长度，变化范围很大，有可能达到几十公里长。自振的持续时间可能会达到一个昼夜以上。

维持振动的力是振动本身产生的，此时，自振系统本身能控制从外界来的能量，多余的能量将进一步促进振动。只有当输入的能量等于克服振动系统阻力所消耗的能量时，才会达到平衡状态。在系统达到能量平衡之后，就会建立起一定的振幅，只要外界条件不发生变化，也就能始终保持这一振幅。导线的自振会严重破坏电化区段的运行条件。在强自振的情况下，因为受电弓无法跟随链形悬挂的振动而不能保证受流，此外，自振还会使导线与支持装置发生事故。所以，接触悬挂的自振动特性也是接触网重要的动特性，对于接触网的运行稳定性、接触网零部件的设计制造具有重要的参考依据。

1.1.9.3 接触悬挂的波动传播特性

影响受流质量的一个至关重要的因素是振动波的传播速度，当列车以较低速度运行时，其弓网脱开的现象不严重，受流质量能够得到保证。但是，随着列车运行速度的提高，受电弓高速运行，受电弓就给接触悬挂一个外界抬升力，接触导线在受电弓抬升力作用后产生的沿接触线传播的初始波，这个波按接触悬挂的固有频率所形成的波动速度沿接触线向受电弓前后两方向传播。随着时间的推移，振动波的幅值在衰减；另外，从这种振动波的传播中可以知道，在有多个受电弓同时在线路上运行时，后续受电弓在遇到前弓形成的振动波时，会产生对受流不利的影响。

提到波动传播，我们都会联想到海浪及平静水面上的扩展波纹。另外，手持长带子的一端抖动就会看到长带子弯成波浪状的样子向前推进；我们听到的声音是物体发生振动在空气中或沿物体传播；等等。

架空式接触网链形悬挂一般能处理受电弓上下方向位移的横波，但也存在运行方向位移传播的纵波。在受电弓作用下形成的波沿接触导线向两个方向传播，描述这种传播情形可用“波动传播速度”“增强因数”“反射因数”“多普勒系数”“无量纲系数”等性能指标来描述。

下面解释接触网各动态特性参数的含义。

(1)波动传播速度 c：由于受电弓抬升力的作用，引起接触导线的振动，该点的振动传播速度称为波动传播速度。c 与接触导线张力 T 和线密度 ρ 的关系如下：

$$c=3.6\sqrt{\frac{T}{\rho}} \tag{1-7}$$

式中　c——接触导线波动速度，km/h；

T——接触导线补偿张力，N；

ρ——接触导线线密度，kg/m。

波动传播速度是接触网理论的重要概念，是指两端加有张力的线索，在静止条件下对其施加一个垂直向上的冲击力后，线索振动横波沿线索传播的速度。在弓网动态系统中，一个决定性因素是接触导线上推动力推动波传播的速度，推动力是由受电弓产生，传播速度比车速快。

波动传播速度是弓网系统电能传输的物理限量，它决定了接触网的高速受流特性，改善弓网高速受流质量的重要技术措施之一就是提高接触导线的波动传播速度。要提高波动传播速度可以通过以下两种方式：一是接触导线和承力索张力的增加；二是降低接触导线和承力索单位长度的质量。

(2)无量纲速度 β：列车运行速度 v 与波动传播速度 c 之比，即：$\beta=v/c$。当列车速度越接近 c，即 β 接近于 1 时，弓网振动越剧烈。

(3)多普勒系数 α：是无量纲速度的另一种表达式：$\alpha=(c-v)/(c+v)$。

多普勒系数反映了波动传播速度和车速的关系，其值越高越好，它随着波动传播速度增加而增加。

(4)反射因数：指接触网的振动波在非均质点被反射，这些非均匀质点如吊弦线夹、接头线夹等。反射因数 r 用下式表示：

$$r=\frac{\sqrt{\rho_j \times F_j}}{\sqrt{\rho_c \times F_c}+\sqrt{\rho_j \times F_j}} \tag{1-8}$$

式中　ρ_j, F_j——接触导线的线密度和接触导线的张力；

ρ_c, F_c——承力索的线密度和承力索的张力。

为了降低受电弓的干扰推动力的反作用，降低反射因数很重要。通常通过增加以下因素来降低反射因数：接触线的张力；接触导线线密度。通过降低以下因素来降低反射因数：承力索的张力；承力索线密度。

(5)增强因数:接触网的振动波在非均质处被反射,被反射回的波形与该物体相向运动,并被继续向前运动的物体以输入能量的方式再次反射回去,波的能量被增强。增强因数 γ 用式(1-9)表示。

$$\gamma=\frac{r}{\alpha} \tag{1-9}$$

增强因数是反射因数与多普勒系数的比率,反映了在接触网和受电弓之间的动态行为对弓网作用力的反射增强作用,其值应越小越好。反射因数要降低,多普勒系数要增加,因此接触导线上张力的增加是通常的方法。

1.1.9.3 接触网的波动传播原理

1. 列车运行速度与波动传播速度的关系

列车运行速度 v 与接触线波动传播速度 c 的接近程度不同,接触导线的弯曲程度也就不同,如图 1-14 所示。

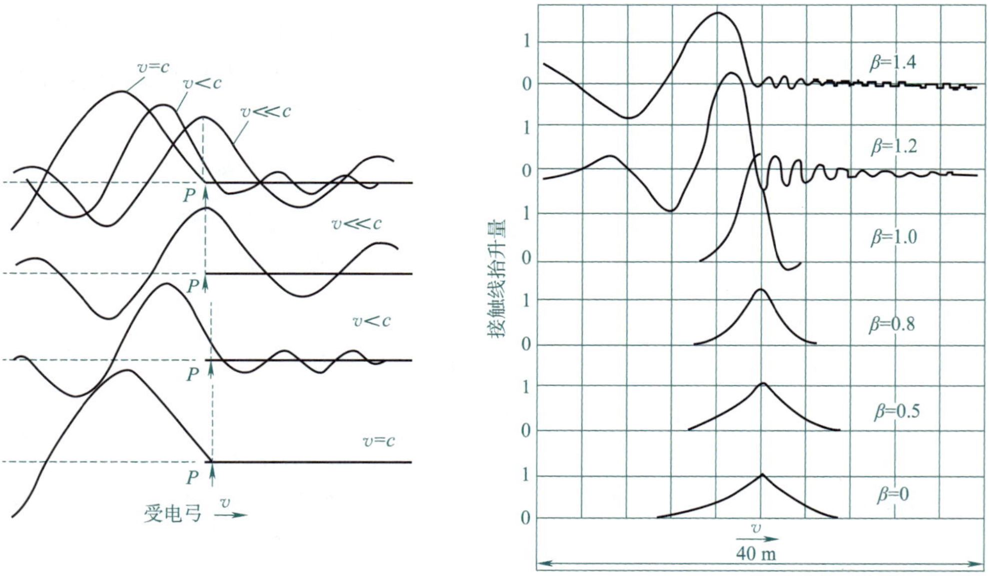

图 1-14　不同运行速度下接触线振动和抬升

当 $v \ll c$ 时,波在受电弓的前后没有较为明显的改变,只是由于阻尼作用,受电弓前方的振幅有一定程度的衰减,抬升力对接触线应力和弓网接触质量几乎不产生影响;当 $v<c$ 且 v 趋近于 c 时,波在受电弓的前方有明显的衰减,此时,受电弓抬升力对接触导线弯曲应力及弓网接触质量均产生一定影响;当 $v=c$ 时,即受电弓的移动速度与波的传播速度相同,此时,接触导线在受电弓处产生严重弯曲,受电弓前方的接触导线几乎变成一条直线,后方的接触导线则产生严重弯曲,受电弓抬升力对弓网接触质量和接触导线应力均带来极为不利的影响。

基于上述结论，接触导线波动传播速度被一致认为是电气列车运行速度的极限值，列车实际最高运行速度与波动传播速度的关系可表示为

$$v_{\max} \leqslant \beta \cdot c \tag{1-10}$$

式中　$v_{\max}$——列车最高运行速度，km/h；

β——无量纲速度或者叫波速利用系数。

大量运行实践表明，电气列车最高运行速度 $v_{\max}$ 不超过波动传播速度的 70%（即 $\beta \leqslant 0.7$）时，受电弓与接触网可以实现安全接触。因此，为保证高速弓网系统的稳定运行，需要适当提高接触导线的波动传播速度，具体措施就是采用轻型且具有高抗拉强度的接触导线，增大接触导线补偿张力。

2. 垂向冲击力沿带张力接触导线的传播

研究接触网和受电弓相互作用的标准，就是研究弓网作用力以波的形式沿接触导线传播的特性。将接触导线当成没有抗弯刚度而只有张力的一根绳，就可以建立一个具有变化过程的有效模型。为了研究受电弓沿接触导线移动引起的局部垂直运动，假定接触导线纵向应力为 σ、密度为 γ，截面面积为 A，其刚度忽略不计，作用力的平衡图如图 1-15。当对接触导线施加一个纵向作用力 $T=\sigma A$ 时，接触线产生垂向位移，每个线段 ds（$ds \approx dx$）长度内产生一个恢复力 F_y。

$$F_y = T\sin(\alpha + d\alpha) - T\sin\alpha \approx T d\alpha \tag{1-11}$$

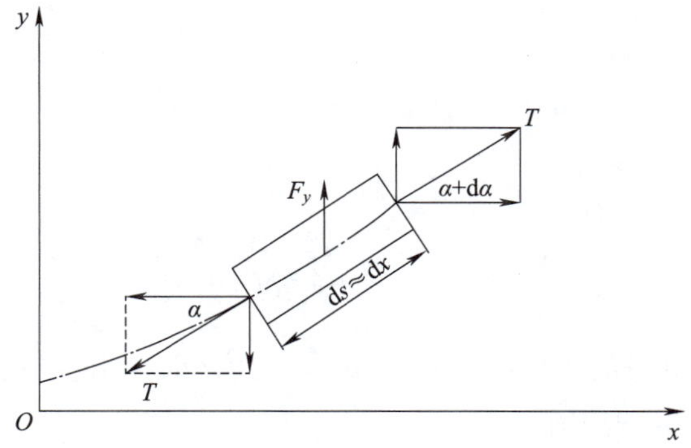

图 1-15　作用在接触导线单元力的平衡图

在 α 和 $\tan\alpha$ 约相等的条件下，可得出 $d\alpha \approx dx \cdot (\partial^2 y/\partial x^2)$，则

$$F_y = T d\alpha = T dx\left(\frac{\partial^2 y}{\partial x^2}\right) = \sigma A dx\left(\frac{\partial^2 y}{\partial x^2}\right) \tag{1-12}$$

长度 dx 接触导数的质量为 $dm=\gamma A dx$，由牛顿第二定律，长度 dx 线质量单元的运动方程为

$$F_y = dm \cdot a = dm\left(\frac{\partial^2 y}{\partial t^2}\right) = rA dx\left(\frac{\partial^2 y}{\partial t^2}\right) \tag{1-13}$$

由式(1-12)、式(1-13)得

$$\frac{\partial^2 y}{\partial x^2} - \frac{\gamma}{\sigma} \cdot \frac{\partial^2 y}{\partial t^2} = 0 \tag{1-14}$$

式(1-14)为力学中表示张力线或绳索的波动方程。求解得出以下函数：

$$y=f(x\pm c_p\cdot t) \tag{1-15}$$

式中，$c_p=\sqrt{\sigma/\gamma}=\sqrt{T/\rho}$

3. 受电弓抬升力作用在接触导线上并移动时的接触线特性

受电弓以恒力作用于接触导线上并按一定速度 v 沿接触导线运行，如图 1-16、图 1-17 所示。

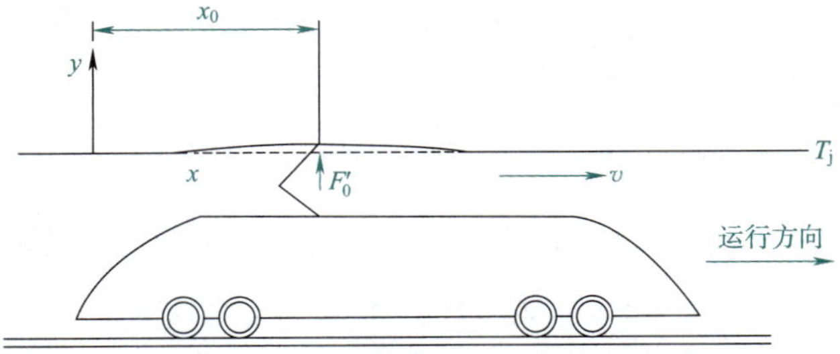

图 1-16　运行的受电弓沿接触线运行

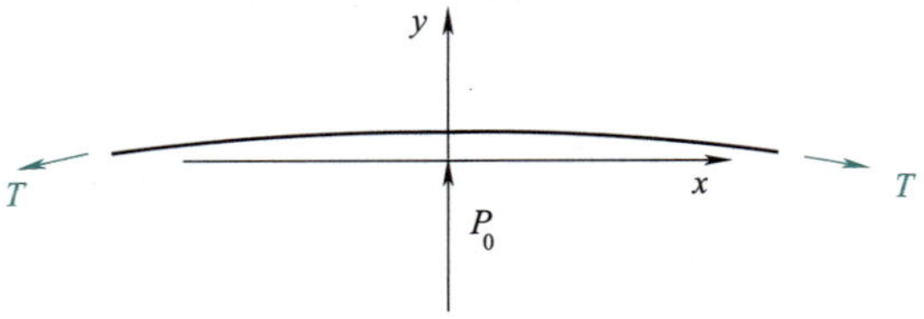

图 1-17　运行的受电弓与接触导线的作用图

接触导线的运动方程表示为

$$\frac{\partial^2 y}{\partial t^2}=c_p^2\times\frac{\partial^2 y}{\partial x^2}+\frac{P_0}{\gamma}\delta(x-x_0) \tag{1-16}$$

设时间 $t=0$ 时，受电弓滑板位于 $x=0$ 的点，那么，t 时刻滑板的位置为$x_0=vt$。

$\delta(x-x_0)$转换为傅里叶级数：

$$\delta(x-x_0)=\sum_{n=1}^{\infty}\frac{2}{l}\sin\frac{n\pi x}{l}\sin\frac{n\pi vt}{l} \tag{1-17}$$

接触导线的运动方程变为

$$\frac{\partial^2 y}{\partial t^2}=c_p^2\cdot\frac{\partial^2 y}{\partial x^2}+\frac{2P_0}{\gamma l}\sum_{n=1}^{\infty}\sin\frac{n\pi x}{l}\sin\frac{n\pi vt}{l} \tag{1-18}$$

此方程的解为

$$y(x,t)=\frac{2p_0 l}{\gamma\pi^2(c_p^2-v^2)}\cdot\sum_{n=1}^{\infty}\frac{1}{n^2}\sin\frac{n\pi x}{l}\left(\sin\frac{n\pi vt}{l}-\frac{v}{c_p}sin\frac{n\pi c_p t}{l}\right) \tag{1-19}$$

从这个解中可知，当列车速度 v 等于波动传播速度c_p时，函数就发生谐振，接触线的抬升趋于极限，弓网不可能正常从接触导线上取流。

4. 接触悬挂集中质量对波动传播的影响

沿接触导线传播的横波遇到障碍物(如集中质量、定位器、吊弦等)时会产生反射现象。集中质量点的反射如图 1-18 所示。

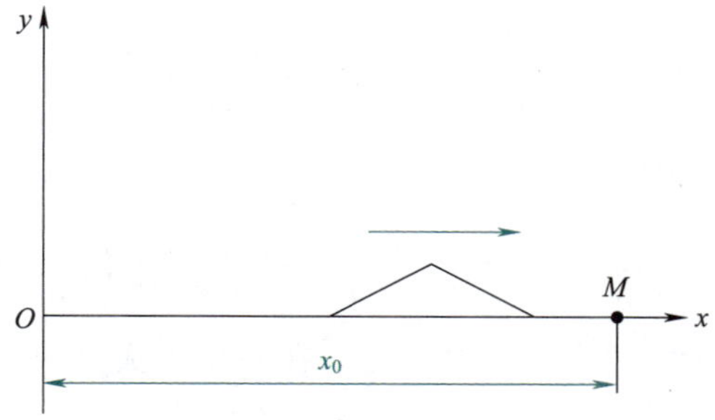

图 1-18　波遇到集中质量

在图 1-18 中,集中质量 M 刚性地固定在接触线的 $x=x_0$ 处,沿着接触导线传播的横波在 x_0 处遇到 M 出现反射和透射,一部分波通过 M 后继续前进,一部分波则被反射,波动能量引起 M 振动,振幅用 $y_0(t)$ 表示。

集中质量 M 的左侧振波的波幅为 $f_1(x_0-c_pt)$,右侧振波为 $f_2(x_0+c_pt)$,则

$$y_0(t)=y(x_0,t)=f_1(x_0-c_pt)+f_1(x_0+c_pt) \tag{1-20}$$

上述波动变化相当于一个反作用力作用于 M,该反作用力为

$$P(t)=-2m_jc\dot{y}_0=-(2t/c_p)\cdot\dot{y}_0 \tag{1-21}$$

式中,m_j 是接触导线的单位长度质量。此反作用力由于弹性关系反作用到 M 上,作为这一反作用力的结果,在接触线上反射波被激发,反射波与到达波相反。理论分析可知,此时的反射因数

$$r=-\mu\omega(\mathrm{j}+\mu\omega)/(1+\mu^2\omega^2) \tag{1-22}$$

式中,$\mu=M/2mc$;ω 为振动频率。

在悬挂质量和波动传播速度确定不变的情况下,频率越小,反射越小;频率越高,反射越强;当频率趋于无穷大时,此时的反射因数为-1,集中质量犹如一个固定点将接触导线固定,入射波到达此点将被全部反射回去。当频率一定时,降低集中质量点的质量、提高接触导线波动传播速度有利于减小波的反射。

5. 吊弦对波动传播的反射

承力索和接触导线之间通过多根吊弦相互连接,设接触导线和承力索的张力分别为 T_j 和 T_c,单位质量分别为m_j和m_c,吊弦的质量为 M,接触导线传播的波为$y_0(t-x/c_j)$。该波从左侧入射位于 $x=0$ 的吊弦,入射波使吊弦垂直移动 $y(t)$,使静止的承力索具有反作用力 $P_c=-2m_cc_c$,接触线上的力$P_j=-2m_jc_j(\dot{y}-\dot{y}_0)$,吊弦的惯性力$-M\ddot{y}$。

式中,$c_c=\sqrt{T_c/m_c}$为承力索的波传播速度;$c_j=\sqrt{T_j/m_j}$为接触线的波传播速度;M 为

吊弦的质量。

接触悬挂的运动方程可表达为

$$2(m_c c_c+m_j c_j)\dot{y}+M\ddot{y}=2m_j c_j \dot{y}_0 \tag{1-23}$$

如果入射波为正弦波$y_0(t)=y_{0m}e^{j\omega}$，则上式的解为

$$y(t)=\frac{2m_j c_j}{2(m_c c_c+m_j c_j)+M_j\omega}\cdot y_{0m}e^{j\omega t} \tag{1-24}$$

沿接触导线上的反射波为

$$y_r(t)=y(t)-y_0(t)=\frac{-(2m_c c_c+M_j\omega)}{2(m_c c_c+m_j c_j)+M_j\omega}\cdot y_{0m}e^{j\omega t} \tag{1-25}$$

由于吊弦的质量(包括两端线夹在内)很小，在频率不太高时可以忽略$M_j\bar{\omega}$，此时，振动波的反射因数为

$$r=-\frac{y_r}{y_0}=\frac{m_c c_c}{m_c c_c+m_j c_j}=\frac{\sqrt{T_c c_c}}{\sqrt{T_c m_c}+\sqrt{T_j m_j}} \tag{1-26}$$

吊弦通常使用细而软的导线制作，承受相邻吊弦间接触导线重量一半的负载且被拉紧。如果吊弦被接触导线传播而抬高，则吊弦所承担的负载减小。如果吊弦的合力为负值，吊弦就变松弛。设吊弦间距为 l，重力加速度为 g，吊弦承受的重力为 $m_j g l_a$，则吊弦松弛的条件是

$$2m_j c_j \dot{y}_0 \geqslant m_j g l/r \tag{1-27}$$

可见，反射因数越小，吊弦因接触线振动而变松的可能性就越小。

反射系数是接触网的质量特性。当承力索的单位长度质量和张力低于接触线的单位长度质量和张力时，反射系数就小。

6. 多普勒系数

波除了反射现象外，还存在多普勒现象，即在运动的波源前面，波会被压缩，波长变短，频率变高；在运动的波源后面，波长变长，频率变低。波源的速度越高，所产生的多普勒效应就越大。

由于多普勒现象，受电弓沿接触网高速运行时，高速运行的受电弓(观测者)、弓网振动(波源)和振动着的接触悬挂(振动波)之间形成了非常复杂的振动状态。

接触网的静态无源质量或其他非均匀质点(质量集中点)处引起的横波的反射不会导致振幅增加。但当横波遇到吊弦或定位器时产生的反射在受电弓接近横波处就会使振幅增大。

假设受电弓以速度 v 沿接触线滑行，作用在滑板和接触线间的接触力因为某些干扰而增大 ΔP_0，这种接触力增量的效应会被线性地叠加到接触线和受电弓的其他运动分量上，相应的运动方程为

$$\dot{y}_0=\Delta P_0/2m_j c \tag{1-28}$$

根据移动源的多普勒效应，该波前沿的斜率为

$$y'_0=\dot{y}_0/(c-v) \tag{1-29}$$

在下一个吊弦点，波前产生反射系数小于 1 的反射，反射波以斜率$\dot{y}_r=r\cdot y'_0$朝着受电弓前进，并迫使受电弓的垂直运动速度为

$$\dot{y}_1=y'_r\cdot(c+v)=\dot{y}_0\cdot r\cdot(c+v)/(c-v) \tag{1-30}$$

由于反射波遇到了类似移动接收器的受电弓，其系数$(c+v)$被这个移动的接收器所吸收，导致弓网接触力出现跳跃式升高：

$$\Delta P_1=2m_jc\cdot\dot{y}_1=\Delta P_0\cdot\frac{r}{\alpha} \tag{1-31}$$

式(1-31)中，α 即为多普勒系数，其理论计算式为：

$$\alpha=(c+v)/(c-v) \tag{1-32}$$

如果 $r/\alpha>1$，接触力发生跳跃，ΔP_1 就大于原来接触力跳跃，如图 1-19 所示。前已介绍，r/α 可定义为增强因数或者叫放大系数，即

$$\gamma=r/\alpha \tag{1-33}$$

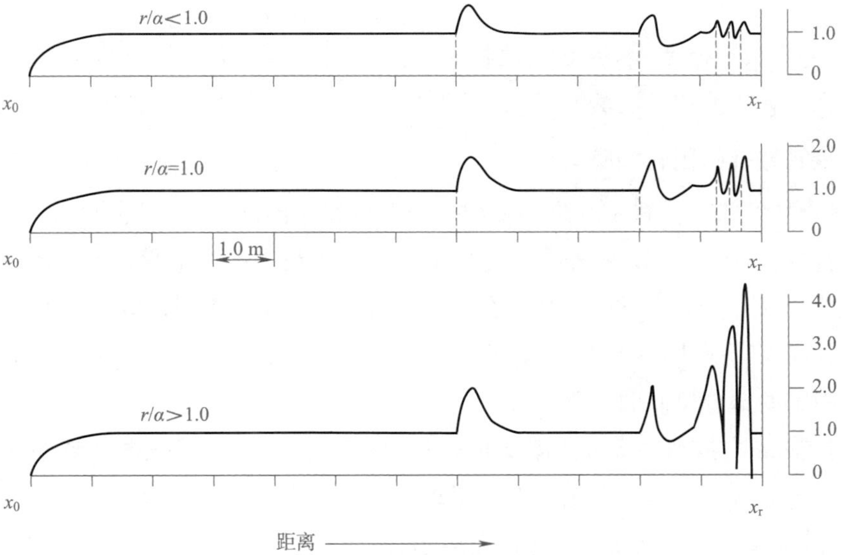

图 1-19　放大系数对弓网相互作用的影响

在图 1-19 中，x_r点为非均匀点，具有质量 M_e 的受电弓以速度 v 驶向此点，假设受电弓虽与接触导线接触，但二者之间没有力的相互作用，当受电弓达到 x_0 点时突然施加抬升力 P_0 并抬高接触导线，由此产生的振动横波入射 x_r 点且被全部反射，反射波前沿迎着受电弓相向运动，并由此受电弓以能量输入方式再次反射回去，直至达到 x_r 点，此过程不断重复。由图 1-19 可知，如果放大系数 $r/\alpha>1$，每一个连续力的增加都大于初始力，系统的振幅在受电弓到达 x_r 之前不断增加。相反，如果 $r/\alpha<1$，则连续力变化就会减弱，接触导线的振动逐渐变缓和。如果 $r/\alpha=1$，则振幅既不增大，也不会减小，接触力也维持不变。

当然,以上结论是一种理论研究的观点,通过分析世界主要高速铁路接触网的放大系数可知,在实际工程中大多将放大系数控制要 2.0 附近,这一方面基于弓网振动形成的波动及其反射情况十分复杂;另一方面,如果将放大系数控制在 1.0,则限定速度将很低,造成工程投资的浪费。例如,接触网使用 JTMH120+CTMH150 的线索组合和 21 kN+30 kN 的张力组合,计算出的 c=536.7 km/h,r=0.426。放大系数 $\gamma=1$ 时的限定速度 v_α=216.0 km/h,该值远低于 350 km/h 的设计速度。在 v=350 km/h 时,可以计算出 α=0.210、r=2.209。

由前面可知,多普勒系数是运行速度 v 的函数,如果将放大系数 $r=1$ 时的运行速度定义为限定速度 v_α,则 v 低于 v_α 时,连续力振幅不增大。则

$$\frac{r(c+v_\alpha)}{c-v_\alpha}=1 \tag{1-34}$$

化简后

$$v_\alpha=c(1-r)/(1+r) \tag{1-35}$$

将式(1-26)代入式(1-35),得

$$v_\alpha=c/(1+2\sqrt{T_c m_c/T_j m_j}) \tag{1-36}$$

如果想提高限定速度 v_α,就必须选择相应的接触线和承力索的单位长度质量和张力。当然,在选择接触线的相关参数时,还必须考虑这个动态性能参数的综合效应。

1.1.9.4 接触悬挂的固有频率

在接触悬挂的跨中位置及其附近施加一个垂直方向的冲击 $F=F\delta(t)$,1 s 内悬挂的振动次数称为振动频率,用 Hz 来表示。用很小的力产生很大振幅的振动频率称为接触网的固有(或自然)频率。如用 1 Hz 的频率在接触网跨中位置施加振动时,接触网的振动形状如图 1-20 所示,在定位点处不产生振动,而在跨中位置产生最大振幅。当接触网的一部分向上移动时,周围的部分反而向下移动。

接触网在 5 s 内振动一次可能需要非常大的外部激振力,如果把振动频率提高到 1 Hz 左右,用很小的力就可以得到振幅较大的振动。如果进一步提高频率,又需要较大的外力。这说明接触悬挂是一个低频系统,且其频率不只是一个具体数据,而是一个频谱。也就是说,链形悬挂是一个具有多自由度的振动系统,此系统存在大量的固有频率。对于由相等跨距组成的链形悬挂,存在着对称和反对称两种振动方式,前者是每两个镜像位置上的接触导线质点在同相中振动,后者则在反相中振动。若为对称振动方式,振动波腹(振幅最大的点)位于对称轴上;若为反对称振动方式,振动波节(振幅为 0 的点)位于对称轴上;若是跨数为偶数的链形悬挂,对称轴在定位点处。如图 1-20 所示。

对于反对称振动方式,基波波长等于跨距的 2 倍,如果把振动理解为静止的波,其固有频率为

$$f_1=\frac{\bar{c}}{2l}=\frac{\sqrt{(T_c+T_j)/(m_c+m_j)}}{2l} \tag{1-37}$$

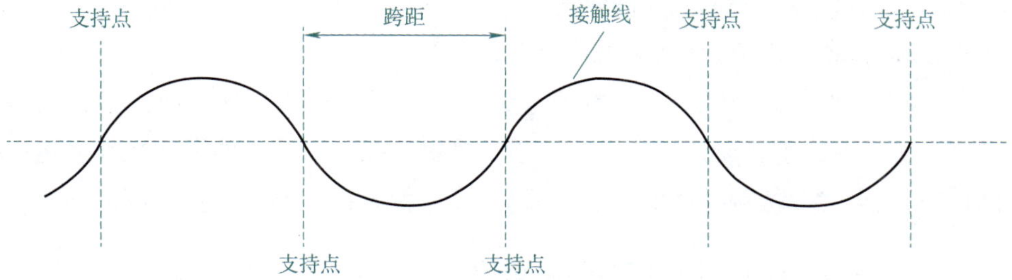

图 1-20　接触线受到激振时的形状

式中　$\overline{c}$——链形悬挂的平均波动传播速度。

对于对称振动方式，第一吊弦的那一段还应考虑在内，其固有频率为

$$f_2=\frac{\overline{c}}{2l+l_1}=\frac{\sqrt{(T_c+T_j)/(m_c+m_j)}}{2l+l_1} \tag{1-38}$$

式中　l_1——距离定位点最近的两个吊弦的间距。

对于这种简化模式，一次谐波的频率是固有频率的两倍，其他的频率应根据各自的振动方式确定。

多普勒系数和放大系数均为电气列车运行速度的函数，当列车运行速度接近接触导线的波动传播速度时，放大系数逐渐倾向于无限大，接触导线出现严重挠曲。由于这个原因，列车不可能在接近波动传播速度的速度下运行。

1.1.10　高速铁路接触网系统应具备的关键要点

1.1.10.1　接触网悬挂方式

接触网悬挂方式：宜取弹性链形悬挂或加大张力的简单链形悬挂；

接触导线的张力：不小于 25 kN，承力索的张力与之匹配；

接触导线的线材：宜取合金铜导线；

接触导线的坡度：设计速度为 250 km/h 时不大于 1‰，设计速度大于 250 km/h 时为 0；

接触网零部件：采用轻型合金材料；

分相：采用关节方式或地面转换方式，列车过分相不断电；

线岔：采用交叉和无交叉两种方式；

对高速铁路接触网的总体要求是：弹性均匀；可靠性高；具有很高的平顺性。

1.1.10.2　高速铁路接触网质量控制

对高速铁路接触网质量控制主要从以下几个方面来控制：

(1)设计决定接触网的基本性能，如：接触网弹性、线索张力、几何参数、断面结构(关节、分相、线岔等断面)等参数和性能。

(2)接触网建成后，主要从接触网几何参数和接触导线平顺性来检测和评价。

接触网几何参数拉出值、高度必须符合设计文件要求。

接触导线平顺性是高速铁路接触网的重要指标，它关乎高速铁路弓网受流质量和运行安全的参数，也是区别于普速铁路的一个标志。接触导线平顺性用两个参数来表达：硬点和一跨内高差。硬点代表接触导线的短波不平顺；高差代表接触导线的长波不平顺。

1.1.11 不同速度等级高速铁路接触网的主要参数

接触网标准体系主要按照接触网速度等级划分，根据不同线路和不同速度等级划分接触网标准。目前我国接触网速度主要包括300～350 km/h的高速铁路和200～250 km/h的客货共线双层集装箱线路、普速铁路以及货运专线等。接触网标准体系中涵盖的接触网参数主要包括接触网悬挂类型、接触网张力组合、跨距、分相、接触网线材等。

国内200 km/h的线路大部分是开行双层集装箱列车的线路，接触导线高度一般为6 450 mm，在这样的线路上既要开行高速动车组，又要开行双层集装箱列车，要适合各种列车和货运电力机车。国内300 km/h及以上速度等级的高速铁路，接触网的高度一般为5 300 mm。下面为几条高速铁路的接触网主要参数。

1.1.11.1 200 km/h 速度等级接触网

1. 合宁(合肥至南京)铁路

(1)正线接触网悬挂类型：全补偿弹性链形悬挂。

(2)正线接触网线材及张力组合：

接触导线：线材型号——CTSH150；张力——25 kN。

承力索：线材型号——JTMH120；张力——20 kN。

(3)接触网高度及结构高度：此线客货混运，开行双层集装箱，接触导线最低点高度为6 330 mm；结构高度一般为1 600 mm。

2. 合武(合肥至武汉)铁路

(1)正线接触网悬挂类型：全补偿弹性链形悬挂。

(2)正线接触网线材及张力组合：

接触导线：线材型号——CTS150；张力——25 kN。

承力索：线材型号——JTMH120；张力——20 kN。

(3)接触导线高度及结构高度：此线路客货混运，开行双层集装箱，接触导线最低点高度为6 330 mm；结构高度一般为1 600 mm。

3. 石太(石家庄至太原)客运专线

(1)正线接触网悬挂类型：全补偿简单链形悬挂。

(2)正线接触网线材及张力组合：

接触导线：线材型号——CTS-150；张力——25 kN。

承力索：线材型号——JTM-120；张力——15 kN。

(3)接触导线高度及结构高度：

客运专线正线的接触网悬挂点高度为 6 450 mm。

结构高度一般为 1 600 mm，双线隧道内接触网结构高度一般为 1 400 mm。在净空受限的跨线建筑物处和单线隧道内最小结构高度一般不小于 1 100 mm；既有枢纽内结构高度一般不小于 600 mm。

4. 温福(温州至福州)铁路

(1)正线接触网悬挂类型：全补偿简单链形悬挂。

(2)正线接触网线材及张力组合：

接触导线：线材型号——CTS150；张力——25 kN。

承力索：线材型号——JTMH120；张力——20 kN。

(3)接触导线高度及结构高度：

正线的接触网悬挂点高度：6 450 mm；结构高度一般为 1 600 mm。

1.1.11.2　350 km/h 速度等级高速铁路接触网

1. 京津(北京至天津)城际铁路

(1)接触网悬挂类型：正线全线采用简单链形悬挂。

(2)接触网材质及张力组合：正线接触网线采用镁铜合金 120 mm^2，额定张力 27 kN；站线采用 120 mm^2 铜银合金接触导线，张力为 15 kN。

承力索材质和张力：正线采用青铜合金绞线 120 mm^2，额定张力 21 kN；站线采用青铜合金线 70 mm^2，张力为 15 kN。

(3)接触网高度及结构高度：

接触导线悬挂点高度：5 300 mm；接触导线最低点高度：5 150 mm。

结构高度：1 600 mm。

2. 京广高速铁路(武汉至广州南段)

(1)接触网悬挂类型：正线接触网悬挂为全补偿弹性链形悬挂。

(2)接触网材质及张力组合：

正线接触网线采用截面为 150 mm^2 的铜合金接触导线；张力 28.5～30 kN。

正线承力索采用采用截面为 120 mm^2 的镁铜合金绞线；张力 23～21 kN。

(3)接触网高度及结构高速：

接触导线高度：正线接触导线悬挂点距轨面的高度一般为 5 300 mm。

结构高度：一般为 1 600 mm。

3. 郑西(郑州至西安)高速铁路

(1)接触网悬挂类型:全补偿弹性链形悬挂。

(2)接触网材质及张力组合:

正线采用铜合金 CTMH-150+JTMH-120 导线组合,28.5+23 kN 张力组合;联络线采用 CTSH-120+JTMH-95 导线组合,15 kN+15 kN 张力组合;站线采用 CTSH-120+JTMH-95 导线组合,15 kN+15 kN 张力组合。全线采用铜合金载流型整体吊弦 JTMH10;弹性吊索采用 JTMH35。

(3)接触网高度及结构高度:

正线、联络线导线悬挂点高度为 5 300 mm;正线接触网结构高度一般为 1 600 mm,以满足最短吊弦不小于 800 mm 为控制条件。正线区段标准跨距取 50~55 m,隧道内最大一般不大于 50 m;桥上跨距一般为 50 m,困难时局部最大跨距可为 60 m。相邻跨距之差不应大于 10 m。

4. 沪宁(上海至南京)高速铁路

(1)接触网悬挂类型:全补偿弹性链形悬挂。

(2)接触网材质及张力组合:

正线采用截面为 150 mm^2 的铜合金接触导线,张力 28.5 kN;正线承力索采用截面为 120 mm^2 的镁铜合金绞线,张力 23 kN。

(3)接触网高度及结构高度:

正线接触导线悬挂点高度为 5 300 mm;接触网结构高度一般为 1 600 mm;正线区段标准跨距一般为 50 m,最大跨距 55 m。

5. 沪杭(上海至杭州)客运专线

(1)接触网悬挂模型:

SIFCAT350 全补偿弹性链形悬挂系统。

(2)接触网材质及张力组合:

正线采用 120 mm^2 截面的高强度铜镁合金绞线承力索和 150 mm^2 截面的高强度铜镁合金接触导线构成的组合方案。

(3)接触网高度及结构高度:

正线接触导线悬挂点高度为 5 300 mm;接触网结构高度一般为 1 600 mm。正线区段标准跨距取 50~55 m,弹性链形悬挂区段最大跨距 60 m。

1.1.11.3 380 km/h 速度等级高速铁路接触网京沪高速铁路先导试验段

(1)接触网悬挂类型:正线接触网悬挂为全补偿弹性链形悬挂。

(2)接触网材质及张力:

正线采用截面为 150 mm^2 的铜合金接触导线,张力 31.5 kN、33 kN、36 kN、40 kN。

接触导线选择普通镁铜合金线、高强镁铜合金线、超细晶粒强化镁铜合金线、高强高导接触导线四种。

正线承力索采用截面为 120 mm^2 的镁铜合金绞线，张力 23～21 kN。

(3)接触线高度：

接触导线高度：正线接触导线悬挂点距轨面的高度一般为 5 300 mm，最低点高度不小于 5 150 mm。

(4)结构高度：一般为 1 600 mm。

(5)侧面限界：正线有砟轨道区段一般为 3 100 mm，无砟轨道区段一般为 3 000 mm(桥上均为 3 000 mm)，其余线路一般不小于 3 000 mm。

(6)支柱跨距：一般不大于 60 m，且相邻跨距之差一般不大于 10 m。

(7)锚段长度：正线一般不超过 1 400 m，联络线一般不超过 1 600 m，站线一般不超过1 700 m。

1.2　高速受电弓的特性要求

受电弓是安装在电力机车/动车组的车顶上，通过接触网获取电能的装置。受电弓结构有多种形式，按照臂杆的形式可分为单臂受电弓和双臂受电弓。目前，中国铁路使用的高速铁路受电弓为单臂受电弓，如图 1-21 所示。

图 1-21　单臂受电弓结构图

单臂受电弓由弓头、框架、底架和传动机构四部分组成。底架支持框架，通过绝缘子固定在车顶上，框架通过升弓弹簧支持弓头。从机构学分析，整个框架是两个四连杆机构，传动机构作用于框架的下臂杆来实现升降弓动作。

1.2.1　国外受电弓研究概况

法国和英国是较早进行受电弓研究的国家。他们通过现场实验，即利用受流特性试验车在选择好的试验线上进行弓网之间的接触压力、离线率、导线抬高值、接触网的弹性系数等参数的现场实际测量，并对实验数据进行分析处理，以确定弓网之间的特性。经过大量实验，他们得到了大量有价值的数据，建立了弓-网耦合特性数据库。目前世界铁路高速行车的最高试验速度为法国 TGV-A 创造：513.5 km/h。其高速铁路受电弓技术处于世界领先水平，被法国人视为骄傲。基于受电弓特性与受流质量的关系，法国 TGV 采用了轻型两级式（单臂）受电弓，静抬升力为 80 N。

日本由于其行车环境非常复杂，很早就对受电弓技术进行了研究。20 世纪 50 年代，日本藤井教授和柴田教授最早建立了集总质量的弓网耦合系统模型。该模型主要考虑了接触网与受电弓之间的强制性、质量和阻尼的关系，但也忽略了很多重要因素的影响，如接触导线的弛度、吊弦、承力索，以及接触导线和承力索的抗弯刚度和张力的影响。20 世纪 70 年代，江原信郎、真锅克士建立的理论模型具有广泛的代表性。其特点如下：

（1）分布质量按集总质量考虑；

（2）吊弦为连接导线和承力索之间不变形的梁；

（3）吊弦与导线张力及承力索的各个连接点的位移无曲折变形，无质量，只传递张力；

（4）接触网的阻尼与相邻质点的速度成正比；

（5）受电弓采用一元或二元模型，一元模型主要用于分析接触网的低频振动，二元模型主要用于受电弓的优化设计。

经过努力，日本国铁机车运行速度提高很快。日本对受电弓的改进主要是抓住了衡量受电弓好坏的主要指标之一离线率。对受电弓的改进始终都是为了降低离线率。使离线率减小的重点是减小受电弓顶部的归算质量。当前日本国铁采用 PS 系列及 AM18 型受电弓，弓头质量为 7～10 kg，滑板采用粉末冶金材料。

1.2.2 高速受电弓性能要求

受电弓和接触网是一对相互作用的振动系统和摩擦耦件，要获得良好的受流性能，除了接触网具有良好的性能外，还必须有受流性能好的受电弓来匹配。受电弓作为一个弹性机构，通过自身结构保持与接触导线一定的压力，在运行过程中，还受到空气动态力的作用，使其在运动中的振动变得非常复杂。综合高速铁路使用的受电弓，它具有如下特点：

（1）跟随性：弓网受流过程是在受电弓滑板沿接触导线紧密接触的高速运行过程中完成的，由于接触导线的高度是变化的，同时接触悬挂的弹性也是沿线路方向随时变化的，这就要求受电弓必须具有很好的跟随性，是受电弓最基本也是最重要的性能。受电弓的跟随性表现为静态跟随性和动态跟随性。静态跟随性是指在受电弓的工作高度范围内受电弓的抬升力能保持基本恒定；动态跟随性是指在高速受流过程中，为了保持受电弓和接触网的良好接触，必须控制弓网作用力的变化范围，当接触导线高度、运行速度和弓网动态振动下，弓网接触力均能保持相对恒定性。

(2)导流性:具有良好的导流性,接触点的最大电流为 1 000 A。

(3)摩擦性:接触线和滑板匹配,在保证可靠受流下,有比较长的寿命、较小的磨耗和磨损速率。

(4)减阻性:本体结构和安装底座的气动阻力尽可能小。

(5)低噪声:气动噪声和电弧噪声尽可能小。

(6)弹性和阻尼:良好的弹性和阻尼,采用压缩空气驱动。

(7)横向稳定性:具有良好的气动力模型和气流调整装置,以改善受电弓的气动力稳定性,保证弓头位置稳定。

(8)具有紧急降弓控制(ADD)系统:当接触网损坏受电弓滑板时,受电弓自动快速降弓。

(9)不同速度等级,合理匹配各个杆件质量、刚度和强度的关系。

1.2.3　受电弓的静态特性

受电弓的静态特性是指受电弓在静止状态下作上下均匀缓慢运动时所表现出的机械特性,其特性曲线如图 1-22 所示。

1. 静态压力特性曲线

车辆处于静止状态时,弓头向上施加在接触网上的平均垂直作用力,称为静态接触力。静态接触力通常以受电弓有效工作范围内的连续测量的升弓接触力和降弓接触力值的平均值表示。

在受电弓上下、均匀、缓慢运动时,弓网接触力相对于受电弓弓头高度变化的曲线叫做静态压力特性曲线。该曲线是表征受电弓稳定性能的重要曲线,实践证明:在受电弓有效工作高度范围内,静态压力的波动范围及受电弓上升和下降时的静态压力之差越小越好,如图 1-22 所示。

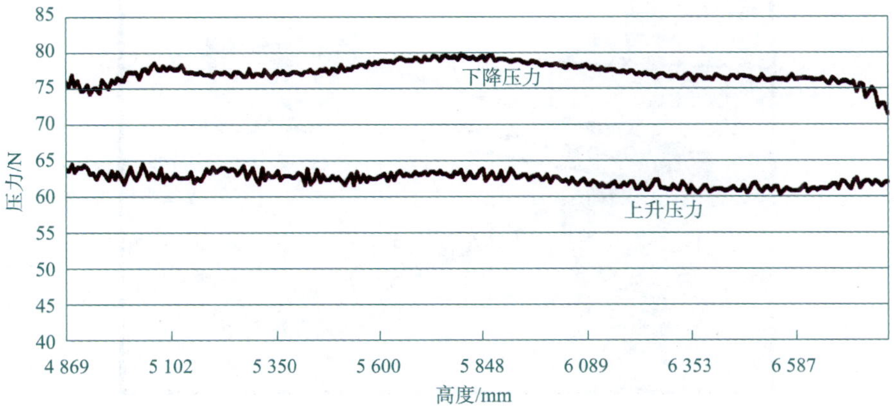

图 1-22　受电弓静态特性曲线实测线

2. 同高度压力差

为获得最稳定的工作条件，在受电弓整个工作范围内上升和下降的接触力应均等。但受电弓各铰接处的摩擦力会导致上下运动之间存在压力差。

同高度压力差是指受电弓上升和下降到同一高度时的接触力之差，图 1-22 为升降弓压力差曲线。该值的大小表征了受电弓各运动铰接部分的摩擦力大小，该力始终与受电弓运行方向相反，起到维持受电弓运行状态的作用。当弓头下行时，该力向上补偿接触力的降低；当弓头上行时，该力向下，补偿接触力的增加。同高度压力差应大小适中，该值取决于受电弓升弓机构的稳定性。

3. 同向压力差

同向压力差是指在受电弓工作高度范围内，受电弓上升或下降时的最大静态接触力差。该值的大小表征了受电弓的总体调整水平，如图 1-23 所示。

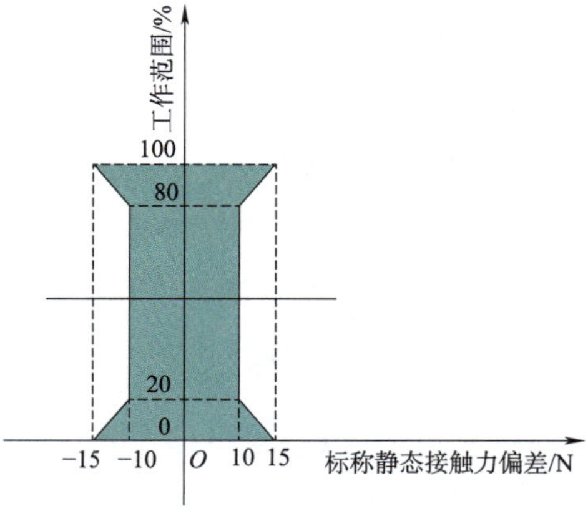

图 1-23 受电弓静态接触力允差(涂色区域)

1.2.4 受电弓的动态特性

受电弓是一个具有质量模块、弹性系数、阻尼系数的弹性系统，其动态特性包含了固有特性、动力响应等方面内容。单臂受电弓由于结构不对称，在运行中的动态性能具有方向性，我们定义受电弓的两个方向：开口方向和闭口方向，如图 1-24、图 1-25 所示。

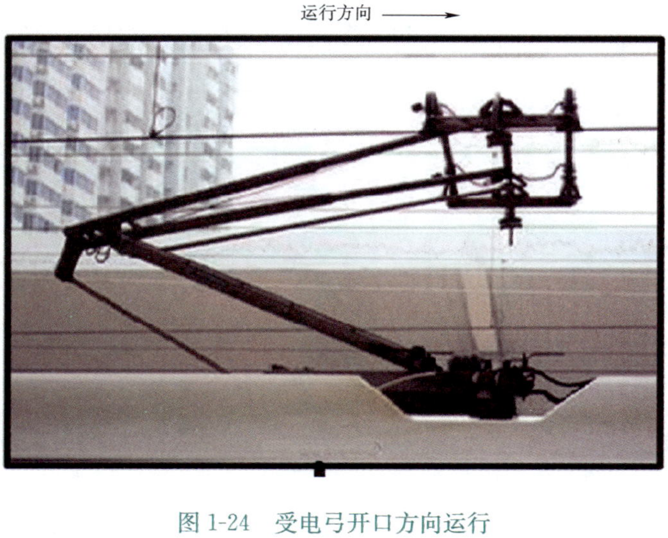

图 1-24 受电弓开口方向运行

运行方向 ——→

图 1-25　受电弓闭口方向运行

各阶固有频率、模态振型以及阻尼属于受电弓的固有特性。在外部激励的作用下，受电弓将产生受迫振动，振动使受电弓的结构承受动应力，动应力越大，受电弓部件受损的可能性就越高。如果振动引起弓头的振幅过大，受电弓也将无法正常工作。计算受电弓受到激励作用下动力响应的目的，一方面是为了将振动控制在允许范围之内；另一方面是为了寻求最佳的机械结构，使受电弓在相同激励作用下的振动最小。

通常以动态视在质量函数描述受电弓的动态特性。为此，对受电弓施以不同频率的正弦激振力，并测量同一频率下的振动加速度，输入参数与输出参数之比为视在质量，比值的大小与频率相关。在 0～70 Hz 的频率范围内，视在质量与频率的关系曲线就是受电弓的动态视在质量函数。动态视在质量函数的目标应是无强烈峰值的平缓曲线。受电弓对激振力的反作用越小，意味着与频率相关的视在质量在共振点与反共振点之间的动力学响应就越显著。

表征受电弓动态特性的一个主要技术指标是弓网接触力，它是受电弓高速运行时施加在接触导线上的力。该力与接触网施加在受电弓上的力大小相等、方向相反，将弓网两个机械子系统耦合在一起。该力稳定，则弓网接触稳定；该力波动越大，则弓网接触状态越差。

受电弓承受的空气动力分量是指在列车保持一定的速度匀速运行时，受电弓弓头垂直方向保持静止且不与接触导线接触时测得的空气动力垂直分力，表明受电弓运动过程中所受到的气流作用。列车运行速度越高，气流引起的空气动力作用越明显，空气动力在垂直方向的分力就越大。

受电弓所受的空气阻力与空气动力分量有本质的不同，它是由与运行方向相反的气流施加在受电弓上的，空气阻力主要产生在弓头上。

单臂受电弓的空气动力分量和空气阻力取决于铰链关节是引前还是拖曳，其工作性能和使用方向有关。胶济线试验表明:(1)被测受电弓处于开口方向运行,速度 200 km/h 以下,弓网离线火花为断续火花,平均约 110 m 一次,弓网接触力较小;当试验速度超过 210 km/h 时,弓网发生连续的离线火花。(2)被测受电弓处于闭口方向运行,速度 200 km/h 以下时,弓网离线火花为断续火花,平均约 300 m 一次,弓网集流状态正常;速度 200 km/h 以上时弓网火花次数没有明显增加,弓网接触力比较稳定。为均衡两个运行方向的空气动力的性能差异,高速运行时,需要在弓头上安装空气动力学翼板。

受电弓处于运行状态时,还存在上下方向的惯性力 P_d,该力与接触悬挂质量和受电弓归算质量有关。

受电弓归算质量是指将受电弓可动部件(如滑板、托架、框架等)的实际质量利用动能相等原理归算到受电弓工作高度(弓线接触点),使整个受电弓具有与滑板相同加速度的质量。该质量所产生的动能与整个受电弓所产生的实际动能相等。受电弓归算质量不是一个常数,它随受电弓的升弓高度变化而变化。研究表明:受电弓框架各部件在整个受电弓框架的归算质量中的贡献值随高度略有变化,但变化不大;影响受电弓框架归算质量的主要部件是上臂杆,它在整个归算质量中所占份额接近 80%;平衡杆的质量在整个框架的归算质量中的份额比推杆大,原因是其随上框架运动;滑板对受电弓归算质量的贡献是 100%。因此,要降低受电弓的归算质量必须想法降低上臂杆和滑板的重量。

实践和研究表明:受电弓的归算质量越小,受电弓的跟随特性就越好,适应接触网的能力也就越强,受电弓的动态振幅也就越小。

受电弓和接触悬挂以一定的加速度运动时,振动加速度的数值和方向随时变化,因此,受电弓接触力在整个跨距内是变化的,如图 1-26 所示。

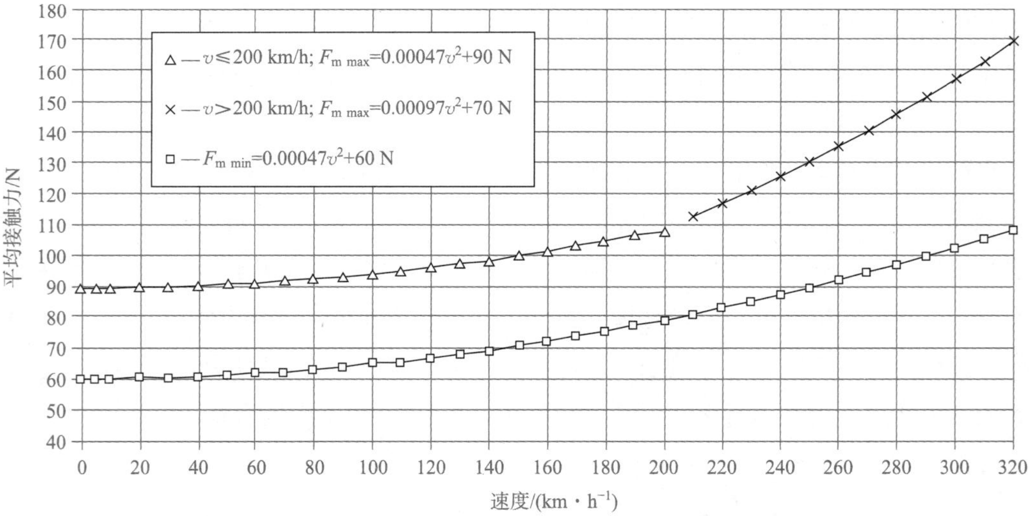

图 1-26　受电弓平均接触力随速度变化的标准值

1.2.5　中国高速动车组受电弓

受电弓是安装在动车组车顶上的受流设备，当它升起受流时，其构件和弓头要受到车顶高速气流的影响，进而影响受电弓的弓网受流性能。一般地，高速受电弓的上下臂杆及弓头在设计制造时考虑了空气动力学性能，同时，在受电弓的弓头上加装空气导流装置，以调节改善受电弓的空气动力性能。

250 km/h 速度等级动车组主要包括 CRH1、CRH2、CRH5 型动车组，其中 CRH2 型动车组又分为 CRH2A、CRH2B、CRH2E 三种类型，CRH1、CRH2A、CRH5 三种动车组车顶布置两台受电弓，采用单弓受流方式。CRH2B、CRH2E 型动车组车顶布置四台受电弓，采用双弓受流方式。动车组受电弓型号均为 DSA250。

DSA250 型受电弓主要技术参数见表 1-3。

表 1-3　动车组 DSA250 型受电弓主要技术参数

技术参数	参数值或内容	备　　注
额定运行速度/(km·h^{-1})	250	
受电弓结构型式	单臂弓	
滑板材料	整体碳滑板	
驱动方式	压缩空气	
升弓保持方式	空气弹簧	
静态接触压力/N	70(可调)	
最大升弓高度/mm	3 000	包括支持绝缘子高度
最高工作高度/mm	2 800	
最低工作高度/mm	888	
落弓高度/mm	588	
弓头最大长度/mm	1 950	
弓头有效宽度/mm	1 250	
两滑板距离/mm	580	
受电弓保护装置	带有自动紧急降弓系统	

双列动车组重联运行时，两架受电弓的间距为 200～215 m 左右。

350 km/h 速度等级动车组 CRH2 型技术平台主要包括 CRH2C、CRH380A、CRH380AL 三种。其中，CRH2C、CRH380A 动车组受电弓型号为西门子 SSS400＋；CRH380AL 动车组受电弓型号为 DSA380(图 1-25)，CRH2C、CRH380A 两种动车组车顶布置两台受电弓，采用单弓受流方式。CRH380AL 动车组车顶布置四台受电弓，采用双弓受流方式。350 km/h 速度等级动车组 CRH3 型技术平台主要包括 CRH3C、CRH380B、CRH380BL、CRH380CL 四种。其中，CRH3C 动车组受电弓型号为西门子 SSS400＋；CRH380B、CRH380BL、CRH380CL 动车组受电弓型号为法维莱 CX。CRH3C、CRH380B

两种动车组车顶布置两台受电弓，采用单弓受流方式。CRH380BL、CRH380CL 两种动车组车顶布置四台受电弓，采用双弓受流方式。

DSA380 型受电弓如图 1-27 所示，主要技术参数见表 1-4。

表 1-4　DSA380 型受电弓主要技术参数

技术参数	参数值或内容	备　注
最大运营速度/($km \cdot h^{-1}$)	380	
试验速度/($km \cdot h^{-1}$)	420	
受电弓结构型式	单臂双滑板	
滑板材料	整体碳滑板	
额定电压/kV	25	
最大电流/A	1 000	
静态接触压力/N	70(可调)	
驱动方式	压缩空气	
升弓保持方式	空气弹簧	
最大升弓高度/mm	2 600	
弓头最大长度/mm	1950	
滑板长度/mm	1 060	
两滑板距离/mm	580	
受电弓保护装置	带有自动紧急降弓系统	
受电弓控制模式	带主动控制电子单元	

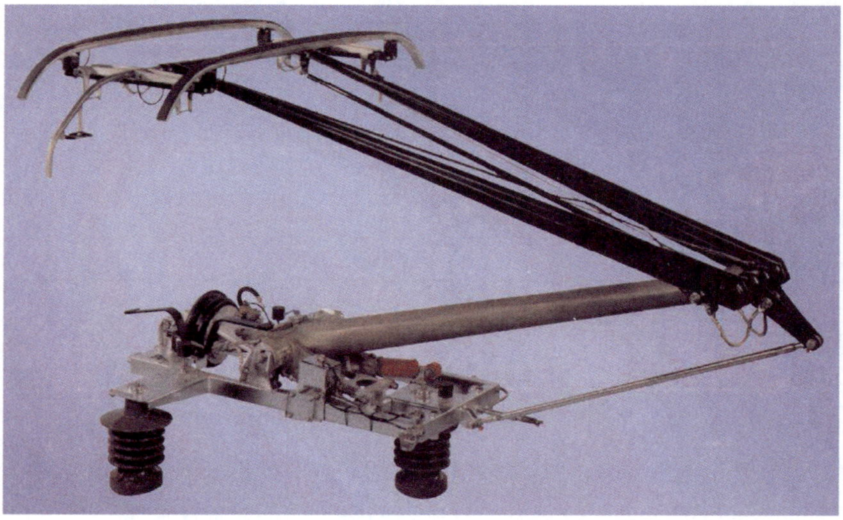

图 1-27　DSA380 型受电弓产品图

CX 型受电弓如图 1-28 所示，主要技术参数见表 1-5。

表 1-5　法维莱 CX 型受电弓主要技术参数

技术参数	参数值或内容	备　注
最大运营速度/($km \cdot h^{-1}$)	380	
试验速度/($km \cdot h^{-1}$)	420	
受电弓结构型式	单臂单滑板	
滑板材料	整体碳滑板	
额定电压/kV	25	
最大电流/A	1 000	
静态接触压力/N	70(可调)	
驱动方式	压缩空气	
升弓保持方式	空气弹簧	
最大升弓高度/mm	2 600	
弓头最大长度/mm	1 950	
滑板长度/mm	1 050	
滑板宽度/mm	55	
受电弓保护装置	带有自动紧急降弓系统	
受电弓控制模式	带主动控制电子单元	

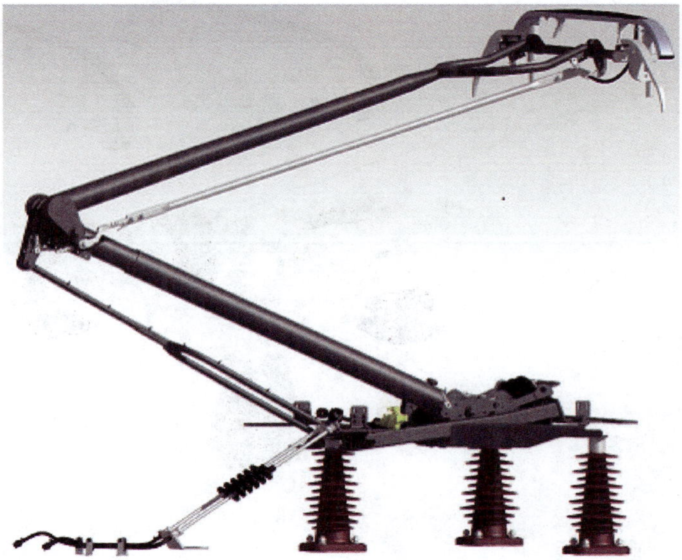

图 1-28　CX 型受电弓产品图

SSS400 型受电弓如图 1-29 所示，主要技术参数见表 1-6。

表 1-6　SSS400 型受电弓主要技术参数

技术参数	参数值或内容	备　　注
额定运行速度/(km·h^{-1})	400	
受电弓结构型式	单臂弓	
滑板材料	整体碳滑板	
驱动方式	压缩空气	
升弓保持方式	空气弹簧	
静态接触压力/N	70(可调)	
最大升弓高度/mm	2 800	
最高工作高度/mm	2 500	
落弓折叠高度/mm	615	包括绝缘子
弓头最大长度/mm	1 950	
滑板长度/mm	1 573	
两滑板距离/mm	597	
受电弓保护装置	带有自动紧急降弓系统	

受电弓性能控制方式，可分为被动控制式和主动控制式两种。

如果受电弓的性能只靠受电弓的结构和导流装置来调节控制，称为被动控制式。如再加入电子控制方式，来控制受电弓的抬升力性能，称为主动控制式。

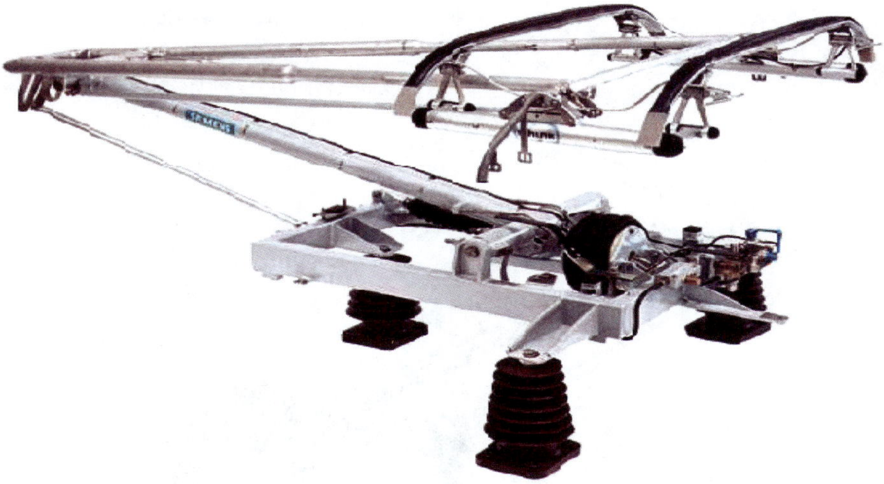

图 1-29　SSS400 型受电弓产品图

1.3　弓网耦合特性

接触网-受电弓受流系统的受流过程是受电弓在接触网下，在机车速度运动中完成的，受流过程是一个动态过程，这一动态过程包括了多种机械运动形式和电气状态变化：受电弓相对于接触导线的滑动摩擦；受电弓上下振动；受电弓由于动车组横向摆动而形成的横向振动；接触网上下振动，并形成横波沿导线向前传播；受电弓和接触导线之间发生的水平和垂直方向撞击；弓网离线发生电弧，受电弓受流中，电流发生剧烈变化；等等。所以，弓网受流过程是一个复杂的机械电气过程。随着动车组运行速度的提高，上述各种运动加剧，维持弓网之间的良好接触性能愈加困难，受流质量也随之下降。当动车组速度超过受流系统的允许范围时，受流质量将严重恶化，影响列车取流和正常运行。在高速条件下，受流系统的性能与常规电气化铁路的受流质量是不同的，系统所需解决的问题也不尽相同，所以，弓网受流技术是高速铁路的关键技术之一。

1.3.1　非约束耦合

受电弓和接触网作为电气化轨道交通中一对至关重要的部件，接触网沿轨道上方架设，接触导线高度在不同的点(如密位点和跨中)及不同的区段(如隧道内外)高度是不同的。受电弓依靠自身的压缩空气驱动弓体伸展，使弓头上的滑板与接触导线底面接触。滑板和接触导线是相对自由的，双方没有约束结构和机制，是一个非约束的耦合系统。

二者建立的耦合空间几何域系关系，保证了彼此在相对独立可分离的情况下又能可靠匹配，并进行电流的传导工作。但这种耦合关系并非强耦合，具体表现为在一定弱耦合工况时弓网仍可低质量进行工作，甚至在一些特殊因素的影响下弓网可表现为分离态之后进行重新耦合。虽然这种可分离对运行设备、列车运行以及运输效率造成一定影响，但只要在工作态分离后可瞬间重新耦合，危害程度不会像轮轨那样造成严重后果。

接触导线和受电弓滑板是弓网耦合的核心和设计初衷，其他附属部件的设计均为二者的可靠接触提供物理支撑和安全保障。受电弓的几何外形越小，对线路的结构限界要求就越低；反之，结构限界要求就越高。

中国高速铁路受电弓弓头的几何外形遵循 UIC608 附 4a 规定，弓头总长度为 1 950 mm，有效工作长度为 1 450 mm，如图 1-30 所示。

为了达到二者耦合关系良好的工作态，受电弓的工作高度、滑板工作宽度、始触区与接触导线的高度、拉出值、无线夹区等几何参数应在设计速度范围内在相互合理可靠空间域尺寸匹配。具体表现为：在设计环境条件和允许机械偏差下，工作支接触导线和受电弓在水平方向上的相对位移不得导致接触导线脱离受电弓弓头的有效工作区域；在设计环境条件和允许机械偏差下，接触导线的架设高度及其变化率符合相应运行速度要求。

1.3.2　高速滑动摩擦

在保证弓网非约束耦合的基础上，基于归属为运动的特性，受电弓与接触网同时需要保持一定质量的高速滑动，以便完成不同物理位置时列车电能的传输。列车静止不动时，弓网

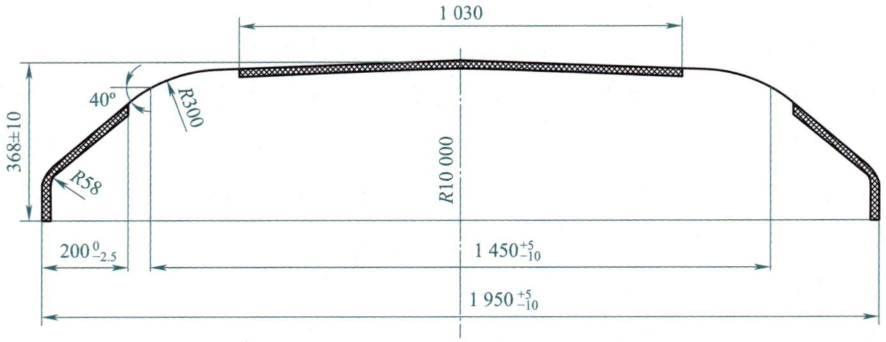

图 1-30　受电弓弓头轮廓图(单位:mm)

系统表现为固定电连接,研究核心点位接触电阻、接触温升和接触材料匹配等。当列车运行时,弓网系统具有高速滑动电连接的特点,在满足基本电连接接触基础上,弓网运动决定了弓网之间还存在摩擦磨损,同时,由于高速运行时二者为非封闭系统导致的空气动力性能更加剧了这种滑动摩擦的困难性。

滑板与接触导线是滑动摩擦关系,要保持可靠接触受流,必须满足:

①弓网接触力随速度而变化;

②接触导线具有平顺性;

③接触网系统具有弹性均匀性;

④接触导线和滑板磨耗匹配。

受电弓滑板材料与接触导线的材料匹配是弓网材料耦合的主要研究内容,弓网材料耦合必须考虑两大方面的问题:①在高速运行状态下和静止(低速)条件下,滑板和接触导线的允许载流量和发热量;②接触导线与滑板间的材料磨损特性。

1.3.2.1　滑板和接触导线的允许载流量和发热量

接触导线和滑板材料及其耦合应能承载牵引电流及其他附加电流引起的长期发热而不会产生物理性能的改变。因此,接触导线和滑板材料均应具有优良的抗熔化性能、高导电和导热性能。

试验和运营表明:动车组在静止或低速情况下升弓取流以满足动车组生活设施(照明、空调、电茶炉)用电时,通过弓网接触电阻的电流产生的焦耳热会使接触点局部区域的温度升高,滑板和接触导线(尤其是接触导线)在温度超过一定值后机械强度会明显下降。此时,AC 25 kV 弓网系统通过每块碳系滑板的电流最好不超过 40 A,两块碳系滑板的最大允许载流量为 100 A。当动车组高速运行时,AC 25 kV 弓网系统采用的碳系滑板的允许工作电流的上限值为每块滑板 500～700 A,双滑板的受电弓的允许工作电流上限值约为 1 400 A。当所需牵引电流超过这一数值时,必须增加取流受电弓的数量。

由于铜和铜合金具有良好的导电性,抗拉力、硬度及高温软化特性和抗腐蚀能力均较其他金属材料更符合电气化铁路接触网的需求，因此，弓网材料耦合问题的解决更多地落在了受电弓滑板材料上，具有质量轻、导电性和导热性良好、熔点高、抗冲击、与铜系接触导线具有良好互润性的材料是滑板材料的首选。

金属滑板具有较好的导电性能，接触电阻也较低，但会在接触导线和自身表面形成一种类似于细锉的粗糙表面，使接触导线和滑板均迅速磨损，且金属滑板比同体积的碳滑板重得多，会对受电弓的动态性能产生不利影响，对弓网接触力的动态范围有负作用。但对于直流电气化铁路，由于电压低、电流大，为避免接触点过热，有时不得不采用金属滑板。

碳没有任何粗糙成分磨损接触导线，已被证明是特别适合铜系接触导线的滑板材料，碳的自润滑性能和耐电弧性能良好，能满足高速铁路弓网系统的动态需求和延长弓网系统使用寿命的要求。因此，碳滑板是高速铁路弓网系统的首选滑板。但碳滑板的电阻率较高，滑板和接触导线的接触电阻偏大，在相同电流的情况下其发热量大大高于金属滑板，因此，使用碳滑板时需特别提防静态接触温升对接触导线的热侵蚀，避免引起接触导线的局部温度超过允许限度。另外，碳滑板的机械强度偏低，产生机械碰撞时容易破碎。因此，使用碳滑板的受电弓通常需安装自动降弓装置。

1.3.2.2　接触导线与滑板间的材料磨损特性

磨损是由于物体表面相对运动而导致其相互作用，表面的物质不断地消失。它是摩擦效应的一种表现和结果。

一般情况下，机械零件表面的磨损方式主要决定于以下三个因素：

(1)零件所处的运动学和动力学状态，零件表面的几何形貌和装配质量；

(2)零件所处的环境，主要包括温度、气氛组成以及摩擦界面的润滑介质；

(3)零件材料，包括材料成分、组织、一对摩擦副材料的差别、摩擦表面和内部的差别，以及表面材料在磨损过程中的变化等。

以上三个因素在磨损过程中还会相互发生影响，对磨损的方式起作用。

在一般的情况下，有许多变数对磨损发生影响，因此可以把磨损作为一个系统工程来进行研究。

在有关参数中，即使某一个参数有少量的变化也会引起摩擦、磨损、噪声、振动等变化。提高环境温度或者由于摩擦表面温度明显提高都会使磨损率发生变化。表面制备状况对磨损有很大影响。通常，粗糙的表面会使配合面产生过量研磨磨损，当表面粗糙而且硬度很高时，将会造成严重的磨损。这里举出了三个因素对磨损的影响，而实际情况要复杂得多。

经验和试验表明：滑板和接触导线的物理特性和物理结构不能太相似，否则，二者会发生严重的黏着磨耗。

所谓黏着磨耗是指当摩擦面发生相对滑动时，黏着点在剪应力作用下变形以致断裂，使材料从一个表面迁移到另一个表面的磨损现象。当一对摩擦副的两个摩擦表面的显微凸起端部相互接触时，即使法向负载很小，但因为凸起端部实际接触的面积很小，所以接触应力很大，当接触应力大到足以使凸起端部的材料发生塑性变形，而且接触表面非常干净，彼此又具有很好的适应性，那么在摩擦界面上很可能形成黏着点，这些黏着点在剪应力作用下就会产生黏着磨耗。通常，金属的这种迁移是由较软的摩擦面迁移到较硬的摩擦面上。根据磨损试验后对摩擦面进行金相检验发现，迁移的金属往往呈颗粒状黏附在表面。这是反复的滑动摩擦使黏着点扩大并在剪应力作用下在黏着点后根部开裂，进而形成磨粒的结果。

黏着磨损过程十分复杂，上述文字只是对复杂现象作了简单的描述。影响黏着磨损的主要因素有：

(1)摩擦表面的洁净程度。摩擦表面愈干净愈可能发生表面的黏着，促使黏着磨损的发生。因此，为避免金属滑板与接触导线间发生黏着磨损，应当尽可能在滑板上使用固体润滑剂。

(2)摩擦表面的成分和组织。为避免金属滑板与接触导线间发生黏着磨损，接触导线和滑板这对摩擦副的材料应当是形成固溶体倾向最小的两种材料。要满足这个要求，应当选用不同的晶体结构材料，或者同时要求摩擦副表面易于形成金属间化合物。因为金属间化合物具有良好的抗黏着磨损性能。

弓网材料匹配主要研究接触导线材料和滑板材料的机电磨耗与弓网接触点最大允许电流之间的适应性能。滑板应满足弓网系统的机械及电气要求，通常要求滑板接触电阻小、熔点高、导热性良好、质量小、机械强度高、弹性好、与铜或铜合金接触导线之间的摩擦因数小、便于实现轻量化和标准化等。目前，中国电气化铁路使用的滑板可分为纯金属滑板、粉末冶金滑板、纯碳滑板及浸金属碳滑板等。

由于铜和铜合金具有较高的导电性、张力、硬度，以及承受温度变化和抗腐蚀的能力，电解铜和铜合金已成为全球使用的接触导线材料。银或镁的合金添加剂能进一步改善接触导线的机械和热性能，这些性能对高速铁路接触网至关重要。

钢、铜合金、石墨和金属碳等滑板材料与接触导线的相互作用原理明显不同，碳和石墨带来光滑的表面，没有任何粗糙成分磨损接触导线。铜和钢形成的一种粗糙表面类似于一把细锉，这种粗糙程度起的研磨作用会使接触导线和滑板均迅速磨损。

碳滑板已被证明特别适用于铜及铜合金接触导线。碳滑板自润滑性能及耐电弧性能好，能满足高铁弓网系统的动态需求和延长弓网系统使用寿命的要求，但导电性能差，需要提防静态接触温升对接触导线的热侵蚀，避免引起接触导线的局部温升超过容许限度。

金属滑板比同样体积的碳滑板要重得多，会对受电弓的动态性能产生不利影响，对弓网接触力的动态范围有不利作用。直流电气化铁路电压低，动车组取流量大，为避免接触点过热，通常不得不使用金属滑板。

实践经验表明，金属滑板引起的接触导线磨损率几乎是碳滑板的10倍。如果碳滑板和金属滑板在同一接触导线上混合运行，会形成不同的接触导线表面结构，使接触导线和碳滑板的磨损率明显加剧。出于这种原因，适合欧洲高速铁路的互操作性技术规范规定用碳做受电弓滑板材料。

在某些电气化线路上，接触网使用钢铝接触导线或铝包钢接触导线，当这类接触导线钢的成分与滑板滑动接触时，常引起滑板的严重磨损。运行在此类型接触导线区段的受电弓宜采用铁基粉末冶金滑板。

影响接触导线寿命的因素很多，但滑板对接触导线的机械磨耗是最基本的。接触导线的造价比较高，更换起来也比较麻烦。因此，对接触导线的磨耗大小往往成为选择滑板材质的重要依据，具有低磨耗和自润滑性能是人们对滑板的自然要求。

磨损使接触导线截面积减小，不仅使载流量下降，还会增加局部抗拉应力。确定是否达到磨损限度的标准是在磨损最严重的点上测量其截面积。若接触导线磨损均匀，则使用寿命较长。其基本要求取决于架空接触网和受电弓之间最良好的相互作用，而良好的相互作用又是由设计、运行速度以及精确安装和充分维护决定的。

受电弓滑板与接触导线相对滑动时的接触区域，是由一些分散的微小接触点构成的。这些接触点不仅支撑载荷，而且承受摩擦功和电流流过接触电阻所引起的热流。因而电流收缩及机械载荷的高度集中会产生高密度的焦耳热。随着热量的积累，接触点温度升高，材料性能改变，当其不能继续支撑接触载荷时，接触点遭受破坏，直到另一个合适的“冷”接触点重新支撑载荷为止，如此构成了滑动集流接触条件下的磨损行为。

弓网系统的滑动接触磨耗，大致可以分为机械磨耗、化学磨耗和电气损耗三种。机械磨耗通常又可分为黏结磨耗、硬粒磨耗和疲劳磨耗。如图1-31所示。

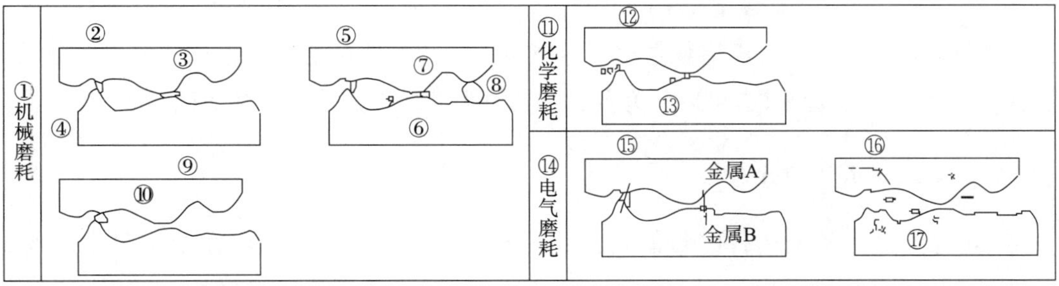

图1-31　集流磨耗机理的分类

①—机械磨耗；②—黏结磨耗；③—移动；④—黏结；⑤—硬粒磨耗；⑥—二元磨耗；⑦—三元磨耗；⑧—夹在中间的硬质粒子；⑨—疲劳磨耗；⑩—疲劳破坏；⑪—化学磨耗；⑫—腐蚀磨耗；⑬—腐蚀、氧化；⑭—电气磨耗；⑮—金属离子移动；⑯—电弧熔损；⑰—电弧

(1)机械磨耗

黏结磨耗。黏结亦称发热黏结，是凸部之间原子相互结合的产物。同种金属之间的“均

质黏结”是最为常见的现象。材料越硬,黏结磨耗未必越少。因为凸部之间相互结合后,剪切力破坏弱的凸部,如进一步发展,另一方凸部多起来,相互之间达到一定限度,即使是强的凸部也会破坏而生成独立的粒子,这些粒子夹在滑动面之间,又可能在凸部再度破坏。如此反复循环,最终排出。黏结磨耗使双方磨耗,对于滑板-接触导线摩擦副,滑板有磨耗,接触导线也必定有磨耗。由此可见,同种金属或相近金属材料不可作为滑板-接触导线的材料匹配,否则极易引起黏结磨耗。

硬粒磨耗。与金属难起黏结作用的碳基滑板的磨耗主要是硬粒磨耗。在与铜基滑板混用时,接触导线变得很粗糙,从而增大了磨耗。

疲劳磨耗。疲劳磨耗是指凸部在反复剪切力的作用下产生疲劳裂纹,最后导致凸部微粒脱落而引起的磨耗。弓网集流系统由于温升的原因而频繁发生软化,疲劳磨耗的问题不严重。

通过以上分析可以看出,为避免出现黏结磨损,与铜系接触导线性能相近的金属材料不可作为滑板材料。为避免出现硬粒磨耗,在同一线路区段运行的受电弓应统一使用相同材质的滑板。

(2)化学磨耗

化学磨耗又称腐蚀磨耗,即在腐蚀环境下溶解、生锈等而又在滑动中加速了损耗。

(3)电气损耗

电气损耗是指电离子转移和电弧熔损。电离子转移是金属离子沿着电流方向移动而成为产生“均质黏结”的黏结磨耗的加速因素。从金属电刷的实验例子可以推断,电气列车在牵引工况下,接触导线的铜离子向滑板方向移动,而在再生工况下,则是滑板的成分向接触导线方向移动。

电弧熔损是指因电弧熔化而引起的损耗。在弓网滑动电接触情况下,电气损耗通常称为“电气性磨耗”,即通电时的磨耗量比不通电时大。初步估算电弧熔损仅占电弧引起的磨耗的16%,就磨耗机理来说,可以认为金属系列滑板磨耗多数是由黏结磨耗引起的。

1.3.3 大流量通流电接触

接触网受电弓系统运行的目的是为高速运行的列车输送电能,在牵引供电系统的电气回路中,接触网、受电弓是牵引网导电回路中的一部分,弓网接触点是回路中的一个续流点,在弓网高速滑动接触情况下,通过耦合连接向列车传输大电流并满足电流的持续性要求。

高速列车所需要的牵引电流是普通列车牵引电流的两倍甚至更大。随着列车速度的提升,牵引电流加大,同时因为受电弓与滑板接触,从微观上看是点与点的接触,大电流通过接触点传输到受电弓。弓网高速受流过程中,如果两者不能保持良好的接触,增加接触电阻,容易造成受电弓滑板与接触导线之间过热。有时受电弓滑板和接触导线的接触点会产生局部短期温升，甚至会超出接触导线材质的熔化温度。在高温作用下接触导线抗拉强度降低和受电弓滑板磨损增加限制牵引供电系统的容量。目前允许流经接触导线和受电弓滑板结合处的最大可控制电流大约为 2 000 A。

图 1-32 为动车组以 240～250 km/h 在线路试验运行时的接触网网流变化值，表明动车组加速运行区段，受电弓取流量明显增加；因为两次运行过程中速度控制难以完全保持一样，加上接触网电分相前后速度控制差异和动车组过分相前后惰行与加速位置不同，以及在坡度较大的相同区段加速和惰行操作差异等原因造成同区段下受电弓取流量有明显差异。但动车运行状态接近时相同区段受电弓取流量还是能表现出明显的一致的变化趋势，数据数值及变化趋势重复性较好。

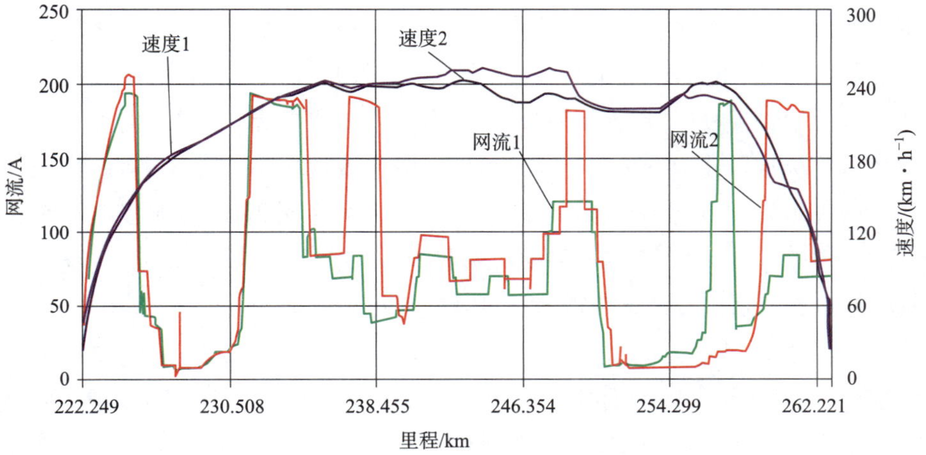

图 1-32　高速动车组高速运行过程中受电弓取流变化曲线

由于负荷电流较大，接触网温度升高会加快，接触导线永久性伸长并降低抗拉强度，在选择接触导线质和截面设计时应给予考虑。图 1-33、图 1-34 给出弓网高速运行时正常取流过程中接触点温度监测图像和温度变化曲线。

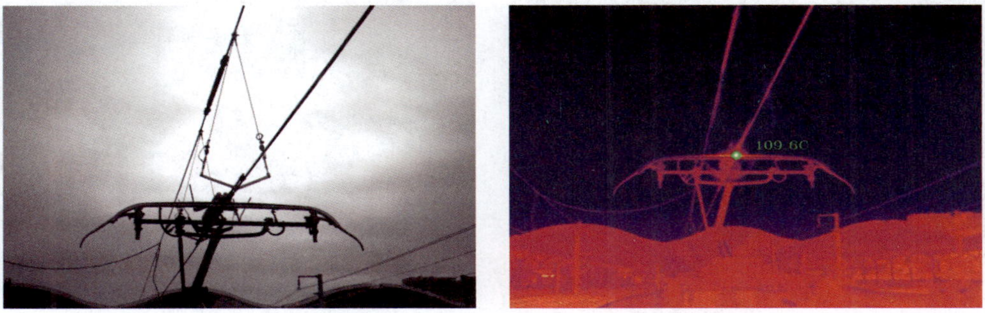

图 1-33　高速动车组受电弓运行过程接触点温度监测

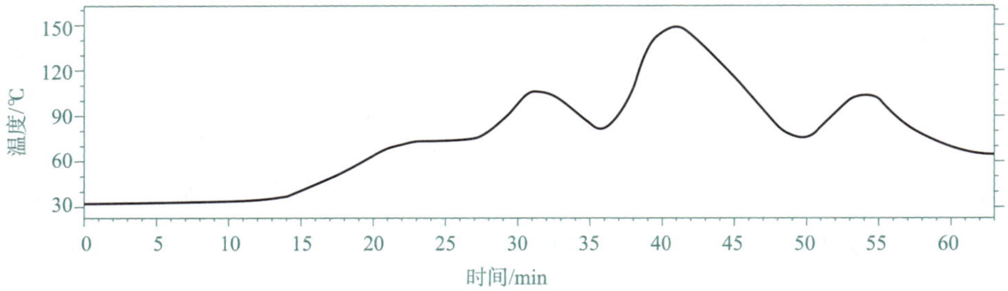

图 1-34　受电弓高速运行过程中正常情况下接触点温度变化曲线

随着电流的进一步增大，弓网之间的电气磨损开始起作用，使磨损率提高。高速滑动接触中摩擦因数的波动和电流之间存在微观瞬态联系。滑动速度增大，接触导线和滑板的磨损加剧，之间摩擦因数增大，并可能引发接触不稳定、非持续性等问题。比较明显的现象就是两者接触过程中，接触局部出现间隙，两者存在一定的电位差，引起放电，产生弓网燃弧。因为受电弓沿着接触导线滑行是一种非约束的接触状态，在弓网高速运行时，滑板和接触导线之间如果失去压力，会发生滑板离线现象，产生更大的弓网燃弧，造成接触导线和滑板电流腐蚀。这一现象在多滑板、多受电弓受流引起运行阻力、增大噪声并引起接触网扰动时，高速滑动接触中的摩擦因数波动和电流波动就变得更加复杂了。

图 1-35 给出国内某电力机车受电弓滑板表面磨耗。滑板表面磨耗较粗糙，边缘有小的磕碰掉块现象，而且边缘可以看到排列着很多弓网燃弧灼蚀出的黑色小点；滑板底座有明显的焊点。这都是弓网接触不稳定，弓网燃弧电蚀接触导线后铜导线熔化飞溅到滑板底座上的。

(a) 某电力机车受电弓滑板磨损情况

(b) 某电力机车受电弓滑板底座焊点情况

图 1-35　电力机车受电弓滑板表面磨耗情况

高速动车组高速运行时，大电流下弓网接触不稳定会带来严重后果。图 1-36 高速动车组受电弓滑板表面被弓网燃弧灼蚀，在弓网滑动摩擦过程中会加剧滑板磨损，在长期运行中，引起弓网接触进一步恶化，严重时影响受流质量。图 1-36 和图 1-37 为某试验电力机车弓网燃弧灼蚀接触导线和滑板的情况。较大的弓网燃弧同样会电蚀接触导线和接触网设备，严重时降低接触网局部平顺性、弹性甚至寿命，从而影响弓网受流质量。

图 1-36　某高速动车组受电弓滑板表面被弓网燃弧灼蚀

图 1-37　弓网燃弧灼蚀接触导线

1.3.4　机械运动

1. 受电弓弓头的上下振动

因为受电弓沿着接触导线滑行是一种非约束的接触状态，受电弓滑板不仅可能脱离接触导线而发生离线现象，而且动车组在钢轨上运行时，处于持续摆动和颠簸状态，受电弓也会随之上下左右运动。在弓网关系方面，架空柔性接触网和受电弓是两个相互影响的振动系统。受流过程中，接触网和受电弓在机械和电气上紧密相关，两者的运动状态也相互影响，只要其中之一出现问题，都会破坏正常的运行状态。受电弓无论在竖直方向和水平方向都会不停地运动，因此动车组在高速运行时，受电弓的最大动态抬升量和最大动态摆动量就构成了受电弓动态包络线的范围。在接触网设计与施工中，必须要求受电弓动态包络线范围内不得有任何障碍物，否则很可能发生严重的弓网事故。受电弓的左右摆动和上下振动量与列车的行驶速度、线路状况、动车组、受电弓性能、接触网性能和接触导线高度诸多因素有关。

受电弓横向摆动量，与接触导线、受电弓、轨道、车辆性能等多种因素有关。为了制定受电弓动态包络线标准，即便于铁路车辆设计者检查弓头运动空间是否符合基础设施限界要求，必须掌握动车组运行过程中的实际受电弓动态包络线。这可以通过仿真计算和实测积累数据两种方法来实现。对受电弓动态包络线的影响因素进行研究，有利于研究受电弓动态包络线合理限值和可行的检测方法。

2. 受电弓弓头横向摆动

运行中的列车车辆是具有弹簧悬挂装置的多自由度的振动系统，在实际线路上运行时，会产生复杂的振动现象。振动理论的研究和实践表明，这种复杂的振动是由若干基本形式的振动组合的结果，即车体是一个由沉浮、横摆、侧滚、伸缩、摇头、点头共六个自由度的运动系统。

车辆引起的受电弓工作高度处横向摆动：

从图 1-38 看出受电弓横向摆动量与悬挂滚动量有关。悬挂滚动量与转向架组的特性有关，车辆在运行过程中，转向架会上下、左右振动，振动会传导给车体以及受电弓。车辆在静止或运行过程中车体与转向架之间有弹簧连接，车体会产生摆动和横向位移，引起受电弓产生摆动和横向位移。因此，在推导受电弓横向摆动量时，需要考虑这一动态量的最大限值；在标准制定、仿真和实测时，需要考虑车辆摆动对测量结果的影响。

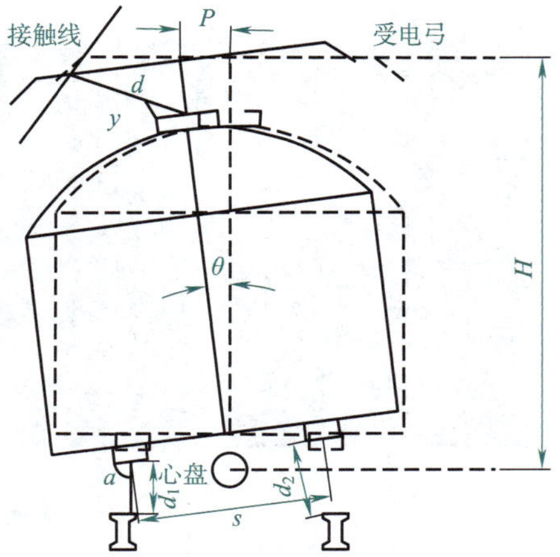

图 1-38　车辆发生侧滚示意图

从各种车辆的受电弓中心的运动学位移和曲线半径 250 m 及 1 000 m 的接触网高度之间的关系可以看出，接触网高度（受电弓工作高度）是主要影响受电弓横向摆动量的因素。另一个重要的因素是轨道的曲线半径。曲线半径越小，外轨超高越大，车辆倾斜角度大，运行过程中在离心力的作用下，车体将向左或右产生横向偏移量。理论上，在车辆和轨道设计时，考虑到车辆在轨道以设计速度运行时，车体底面会保持在与轨道平行的状态。轨道的移动和轨道安装公差也会使静态下受电弓中心线与轨道中心线有一定偏移，车辆运动过程、车辆平稳性变差的话，也会造成车辆摆动，改变受电弓横向摆动。

3. 接触网振动

接触悬挂在受电弓激振后形成行波，在接触网上传播，有许多参数可以来描述这一波动的特性，如波动传播速度、增强因数、反射因数、多普勒系数、无量纲系数。

接触网波动传播理论的建立是基于将接触网看作是弦链线，但实际状态下的接触网与弦链线有很大的区别。接触网沿线路布置，每 50 m 左右有腕臂支撑结构进行支撑和定位，在这一断面有承力索线夹和定位器分别对承力索和接触导线进行定位约束。一跨内约有 7～9 根吊弦将接触导线吊在承力索上。接触网上还有电连接线夹、中心锚结线夹等集中点，所以接触网是一个多约束点和多集中质量点的线索悬挂结构。弦链线的振动传播理论速度公式不能直接用于接触网运行速度判断和设计校核上。

1.3.5　电气状态变化

1. 动车组牵引大电流通过接触导线和受电弓滑板接触面，电流发生剧烈变化

由于动车组牵引功率在不同的线路条件（坡道、弯道、站场）和运行工况（加速、恒速、惰行、制动、停车）时剧烈变化，常常会在很短时间内由零变到满负荷或者相反，而且这种波动及其发生时间都是随机的。图 1-39 为一段时间内的负荷电流分布图。从图 1-39 中可以看出，牵引负荷电流具有波动性和随机性，接触导线和受电弓滑板接触面流过的电流越大，牵引电流就越大，可达几百安培。

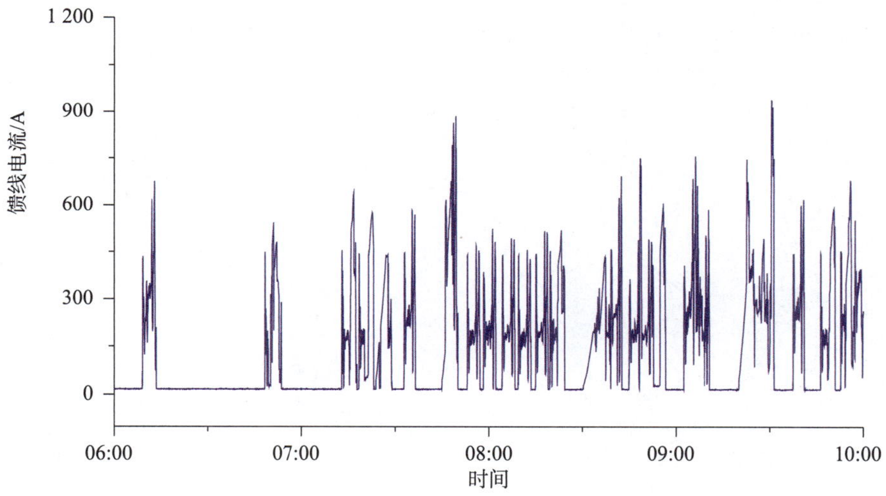

图 1-39　某高速铁路一段时间内的负荷电流

2. 弓网间发生弓网燃弧，产生电弧电压，同时对周围环境产生电磁及噪声干扰

接触导线和受电弓滑板在做高速滑动摩擦运动时，接触面流过高达几百安培的牵引电流。由于弓网之间是非约束性的滑动摩擦，弓网之间随时可发生脱离，当弓网离线时，弓网间的空气间隙被击穿，使空气电离，形成电流的通路，牵引电流得以维持，同时也就发生了弓网间燃弧。弓网燃弧是在高速运动中产生的，电弧被拉长，电弧的强度和持续时间是随机的，也是不可能模拟的。

弓网电弧作为一种高温等离子体，会对受电弓滑板和接触线造成严重烧灼侵蚀。此外，弓网电弧会辐射出高强度的电磁辐射，干扰动车组内的电气设备及沿线的通信设备的正常工作。

3. 动车组主电气回路产生过电压

动车组在运行中负荷开关断开或闭合时产生操作过电压，例如：每通过一个电分相，动车组的负荷开关就要断开和闭合一次，可能引起动车组网侧电压瞬时升高或波动，干扰影响动车组运行。

1.3.6 弓网动态匹配的因素

1.3.6.1 接触网几何参数匹配

弓网几何参数的匹配是确保弓网安全运行的基本条件。

接触网是受电弓的一个滑行通道，接触网的布置要满足受电弓弓头运行动态轮廓的要求，在弓网几何参数匹配方面表现在受电弓动态包络线以及接触线的横向偏位和纵向高度。

对于受电弓来说，中国铁路受电弓弓头的几何外形遵循 UIC608 附录 4a 规定，弓头总长度为 1 950 mm。受电弓弓头轮廓如图 1-40 所示。

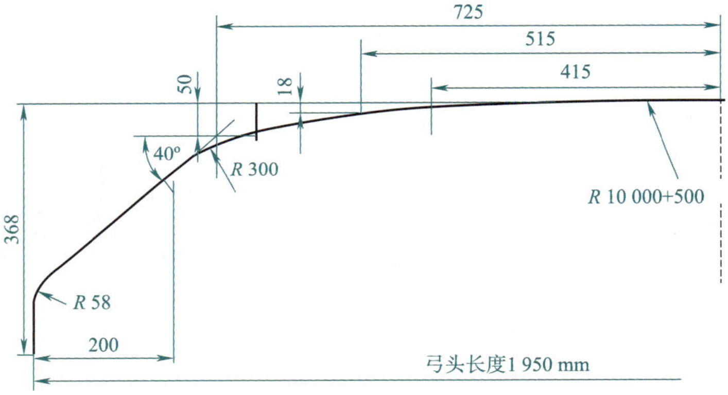

图 1-40　受电弓弓头轮廓图

接触线在线路上方的几何特征值可用相对于轨道平面的横向与垂向两个方向的参数表征。垂向特征值主要有接触线高度、接触线坡度、接触导线在定位点处的抬升等；横向特征值主要有接触导线拉出值、侧风作用下的横向偏移值等。

表征弓网几何关系的横向参数：拉出值、线岔（特别是无交叉线岔）和锚段关节处两支接触导线的水平间距；征弓网关系的纵向参数：接触导线的距轨面高度、接触导线坡度、相邻吊弦处接触导线高差、一跨内接触导线高度差、定位器坡度、锚段关节处两支接触导线的垂直间距等。

横向参数应确保任何情况下有一支接触导线在弓头的工作范围内。垂向参数确保受电弓在其工作高度内与接触导线良好接触，平稳受流。

接触网的设计要考虑受电弓的弓网轮廓、工作高度、动态包络线等主要参数。受电弓的弓头轮廓尺寸和形状，无论是处于静态还是处于动态，都要严格执行标准要求，受电弓在线路的实际工作高度要处于其有效工作高度范围内。

1.3.6.2　上部限界匹配

动车组运行时，处于持续摆动和颠簸状态，受电弓也会随之上下左右运动。动车组在高速运行时，受电弓的最大动态抬升量和最大动态摆动量就构成了受电弓动态包络线的范围。在接触网设计与施工中，必须要求受电弓动态包络线范围内不得有任何障碍物，否则很可能发生严重的弓网事故。为保证受电弓高速运行时不与接触网发生碰撞，产生打碰弓事故，必须确保接触网本身的线索或零件以及线路四周的其他物件不得侵入受电弓动态包络线内。

所谓受电弓动态包络线是指受电弓以线路最大设计速度运行时，弓头上所有点的运行轨迹构成的曲线簇的横断面的外包线，或者说，与弓头上所有点的运行轨迹构成的曲线簇的每条线至少有一点相切的那条曲线被称为受电弓的动态包络线。如图 1-41 所示。《高速铁路接触网运行维修规则》(TG/GD 124－2015)第九十七条对受电弓动态包络线的定义是："受电弓动态包络线是指运行中的受电弓在最大抬升及摆动时可能达到的最大轮廓线。"

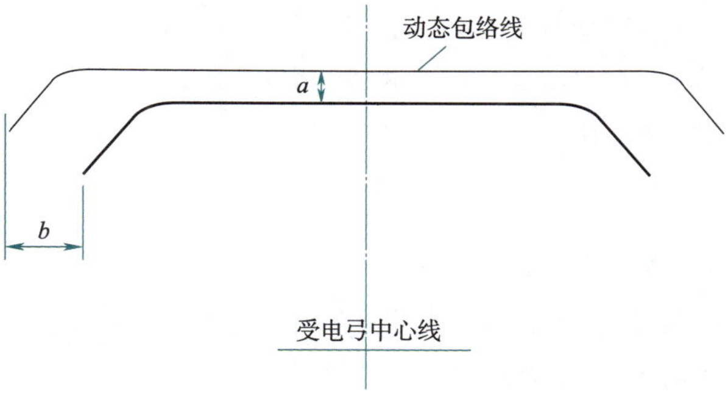

图 1-41　受电弓动态包络线示意图

a——设计规定的受电弓动态抬升量；*b*——设计规定的受电弓横向摆动量

受电弓动态包络线实际规划了受电弓高速运行时的空间位置，避免了受电弓运行空间上的障碍。因此，接触网的设计应充分考虑：受电弓的实际位置与设计位置的偏差；机车车辆的左右晃动及轨道偏差。

《高速铁路设计规范》(TB 10621—2014)中的 11.5 规定："受电弓的横向摆动量宜按直线区段 250 mm、曲线区段 350 mm 设计，动态最大抬升量不应小于 150 mm。"

1.3.6.3　弓网动态特性匹配

弓网动态特性匹配是高速弓网关系最主要的特性，良好的弓网动态特性匹配保证了高速铁路弓网受流，这也是研究高速铁路弓网关系的重点。体现弓网动态特性的因素如下：

1. 接触网

接触网的弹性及其均匀性、振动和阻尼特性、波动传播性能、承力索和接触线的张力组合、接触网特殊断面(锚段关节、线岔、中心锚结)的结构和性能、接触导线的平顺性、接触导线的高度定位器的性能等接触悬挂参数均影响接触网的动态性能。

2. 受电弓

不同速度下弓网匹配的状态是不同的。在时速 120 km 以下的普速线路,弓网匹配关系容易维持,在运行中重点关注弓网几何参数的安全匹配。随着速度的提高,受电弓的抬升力受空气动力影响越来越严重,弓网振动加剧,要维持良好的弓网匹配关系,必须研究各种速度下的接触网和受电动态匹配特性。

受电弓的运行数量不同,弓网受流匹配关系也是不同的。中国铁路有单弓和双弓运行两种情况。中国铁路的动车组有 8 辆编组和 16 辆编组两种基本编组形式。8 辆编组为一个标准列,配置两架受电弓,运行中一架受电弓升起受流,另一架受电弓备用,这种运行工况为单弓受流工况;16 辆编组的动车组,配置 4 架受电弓,运行中升起两架受电弓受流,另外两架受电弓备用,受电弓为双弓运行。还有一种运行工况是两列 8 辆编组的动车组重联运行,受电弓也是双弓运行。单弓和双弓运行工况下,弓网受流性能在高速条件下区别较大,简单分析是,双弓运行时,前弓引起了接触悬挂的振动和波动传播,对后弓的运行带来了不利影响,同样条件下后弓的弓网关系变得恶劣。双弓受流是高速铁路弓网关系研究和试验的重点。

1.3.6.4 双弓运行时的弓网匹配

前面论述了中国铁路动车组单弓和双弓运行工况,在双弓运行工况下,首先要做到两架受电弓间距与接触网分相关节的匹配。

中国高速铁路接触网电分相采用带中性段的绝缘锚段关节形式,即六跨或八跨分相关节,中性段长度小于 190 m。要求动车组双弓间距大于 200 m。

弓间距与接触网分相关节的匹配关系如图 1-42、图 1-43 所示。双弓间距与分相关节长度的匹配的目的是避免当双弓运行时,两架受电弓的滑板同时搭接分相关节的重叠部分,使 A 相和 B 相短路。

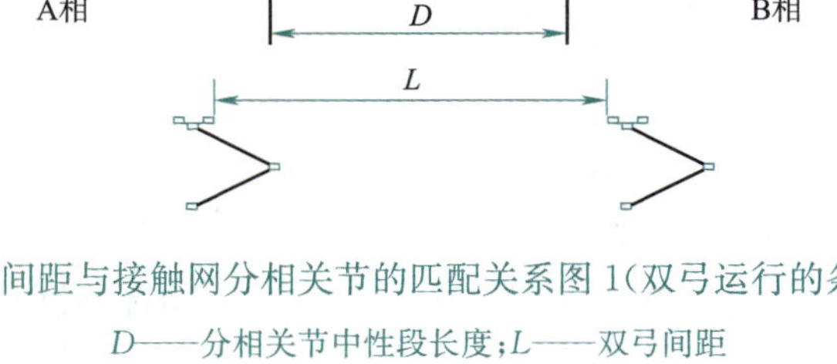

图 1-42 弓间距与接触网分相关节的匹配关系图 1(双弓运行的条件:$L>D$)

D——分相关节中性段长度;L——双弓间距

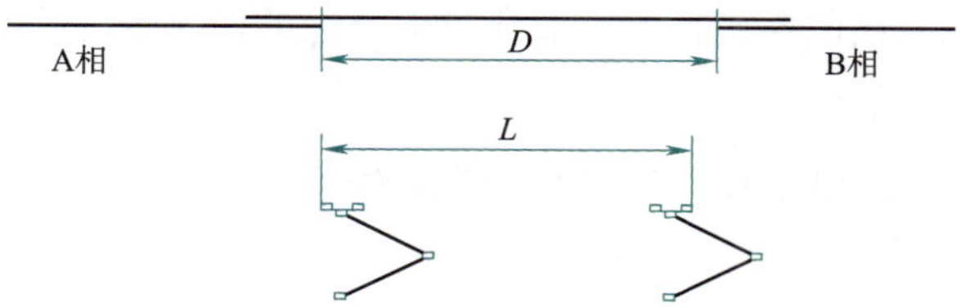

图 1-43　弓间距与接触网分相关节的匹配关系图 2(双弓运行的条件：$L<D$)

1.3.7　高速弓网关系表达参数

我们针对接触网和受电弓的各个方面来研究高速铁路弓网关系，前面几节论述了弓网耦合的多种特性，那么，准确表达弓网关系有哪些参数呢？经过中国铁路十几年来高速铁路试验的实践，以下几个参数是表达高速弓网关系的主要参数：

1. 弓网接触力

弓网接触力是弓网耦合的基本参数。因为接触导线和受电弓滑板之间的运动是滑动摩擦方式，要保持它们之间正常的滑动接触，必须保持一定的接触力，相当于物理学所说的"正压力"。不同的运行速度有不同的弓网接触力标准。弓网接触力是一个随机动态参数，用统计学的方法来计算和表达，有弓网接触力的平均值、最大值、最小值、标准差。通过这些参数，可以判断弓网运行状态是否平稳良好。

2. 弓网燃弧

弓网燃弧是表达弓网受流质量的参数，也是弓网关系的结果性参数。接触网的设计和施工以及受电弓的制造和选型，最终目的是使弓网良好匹配，弓网之间尽量无燃弧。表达燃弧的参数为：一次燃弧最大时间、燃弧率、燃弧次数。这些参数表达了弓网受流质量。

3. 硬点

硬点是指受电弓滑板在运行过程中受到的冲击加速度最大值，它表达了接触导线的平顺性和受电弓的运行安全性。

4. 接触导线最大抬升量

接触导线抬升量是接触导线的运行安全参数，它表达了受电弓对接触导线的垂直抬升的距离，用来评判是否超出定位器的极限抬高量。接触线抬升量与接触线的弹性和弓网抬升力直接相关。

1.3.8　受电弓滑板和接触导线的材料匹配

受电弓滑板安装在动车组、电力机车的车顶上，在车辆运行时，受电弓滑板与架空接触线持续保持接触并滑动摩擦，以吸取电流供机车车辆稳定运行。因此，受电弓滑板是机车车辆的主要易损易耗件之一，滑板材料须同时具备良好的导电性和耐磨性。对于受电弓滑板，其在运行时,来自接触网线的振动冲击和离线电弧烧蚀的情况较为恶劣,滑板还应具备足够的机械强度和耐热耐电弧性能。

接触导线与滑板摩擦匹配:受电弓滑板与接触导线滑动接触并吸取电流供电力机车、动车组使用,滑板-接触导线既导电又存在滑动摩擦,是一对典型的载流摩擦副。

电气磨损主要以电热磨损和电弧侵蚀为主。电热磨损是滑板与接触导线耦合凸点在电流经过时显著发热而上升至高温,甚至可以直接将接触处材料软化或熔化,破坏了摩擦副。电弧侵蚀包括电火花和离线电弧,电火花产生的热量较小,主要在碳滑板磨损表面形成细小烧蚀麻点;而离线电弧瞬间产生的高温可以达到数千摄氏度,高温会导致碳条材料直接被气化或与空气发生氧化反应,在弧根处形成烧蚀坑,直径可以达到几毫米。在经过反复多次的灼烧升温和降温的过程,碳滑板的摩擦表面还会形成热应力裂纹。电弧同时还会对接触网铜或铜合金导线产生熔融,长期偏高的燃弧率也会加剧导线的磨耗,在滑板侧面也可以看到导线熔融后飞溅的附着物。

不管是电热磨损还是电弧侵蚀,最终结果都是引起碳滑板的直接损失,并使滑板摩擦表面轮廓变得更加粗糙、疏松,进一步恶化其接触性能。图 1-36 为电弧侵蚀后的滑板表面形貌。

接触导线和受电弓的寿命由以下因素决定:

(1)受电弓作用在接触导线上的接触压力;

(2)受电弓和滑板的材料属性;

(3)通过接触点的电流量;

(4)车辆运行速度。

第 2 章 高速弓网耦合理论

2.1 高速弓网受流理论概述

受流理论的研究，就是把接触网和受电弓相互作用过程用数学方法来解析。目前进行理论分析的方法：①把接触网当作弹性系数周期性变化的弦线，求解受电弓的动态特性和各种接触悬挂与受电弓的变化特性；②把接触网当作两个支点间的弦线，以一定的抬升力运动的一个模型，求解接触网的振动，从而改进接触网装置，以便有利于受流；③把接触导线当作弹性支架的梁模型，求接触导线的弯曲应力；④考虑接触网在风作用下，空气阻力对接触网及受电弓的影响。为此，要对每根吊弦点、硬点及定位点的现象进行分析，所以问题相当复杂。随着列车运行速度的进一步提高和使用多弓受流，使问题更为复杂，有些问题甚至无法处理，这就使多年来形成的完整的理论和数学推导面临新的挑战。

通过建立力学偏微分方程组，用数学逼近方法求方程组的解析解，这种模型的解析法在一段时期内被人们看作是很有发展前途的。但是，由于偏微分方程越来越复杂，几乎不可能通过解析法获得解析解。英国的 Abbat，美国的 Levy、Bain 和 Lelerc 等提出利用模型坐标接近法求解偏微分方程的数值解，即数值模拟法。这种方法后来又由许多学者做了大量的试验加以修正，使数值解逐渐接近实际，现已形成采用数值算法对偏微分方程组进行求解并获得结果的一种数值计算技术。

接触网是由承力索和接触导线通过吊弦联结成一个网络；受电弓是由上臂、下臂、弓头或弹簧阻尼等结构组成，把这样一个复杂系统的连续体照原样来分析，不但非常复杂，实际上也很难做到。为此必须有合适的模型，首先要有接触网的模型，把连续的导线即把质量和作用力（诸如刚度、阻尼、弯矩等）分成许多相同的区段；其次是受电弓模型，把它近似地化为两个质点的系统，同样也包含刚度、阻尼等，用这样连续的运动体近似地代表多质点的运动，而质点的运动就可以比较简单地求出来。关键问题就在于如何对这些多质点进行计算，但是，有了高速运算的计算机和逐渐完善的计算方法，就可以在很短的时间内完成。

这种通过建立模型的分析计算，其中重要的一点是：对接触网系统运行和受电弓系统运行建立了各自的运动方程，只要限定外加的力，就可以把运动结果解出来，也就是把接触网和受电弓的相互作用变成一个接触点的力，但是两个系统是以一定的约束条件而存在着相互关系，即接触网的质点位移和受电弓的质点位移是一致的。如果出现了接触力负值，那就是离线。因此数值模拟法只要能列出合乎实际的运动方程式，编制程序就可以上机计算。当然，不论数学解析法或是数值模拟法，正如前面提到过的，都是把接触网和受电弓相互作用的主要参数提取出来，列成运动方程式。由于研究人员采用的模型和方程式依据不同的理论或选择参数的出发点不同，会列出不同形式的方程。但是，一个完美的计算程序，最终应该是以模拟试验或实际试验结果为依据，作出非常一致的结果。这种结果要经得起实践的验证，也就是说所有理论的成立和计算，最后必须符合实际运行状态。

受流理论工作是一个较复杂的问题，各国逐年提出大量的研究报告，也反映出这一工作的重要性。由于理论分析不是包罗万象，只能抓住其中一些关键性参数，所以它总是和实际状况存在一段距离，目前仍在继续探讨，不断完善。特别是高速铁路受流问题更有待深入研究，必须与试验的发展和实际运用相互配合，同步协调。理论工作要给实际工作提出方向性的指导，同时又要从实际试验和运营中吸取经验，充实提高而更接近实际，所以这是一个长期的研究工作。我们要使理论工作不断完善，真正发挥理论对实践的指导作用，走在实践的前列。

2.2 接触网建模理论

2.2.1 基于集中质量点的接触网建模

接触网是由接触导线、承力索等设备组成的以跨距为周期的连续系统，受流过程是指高速运行的受电弓以一定的抬升力与接触导线进行滑动接触，从接触导线上取得电流并传给列车的过程。在此过程中，由于受电弓抬升力的作用，会使接触网发生振动。接触悬挂的振动是非常复杂的，它受多种因素的影响，要从理论上完全真实地反映实际悬挂系统的振动特性是很困难的。

在进行仿真计算建立接触网模型时，为抓住问题实质，必须对整个接触悬挂系统进行简化，做一些假设：

(1)模型以独立的锚段作为分析对象，可以取三跨、五跨、八跨等，端点为固定的；

(2)承力索和接触导线为连续体，其质量均匀分布，其张力视为常数；

(3)吊弦作为弹性元件，其质量均匀分布在接触悬挂上；

(4)定位器的质量部分地集中在承力索和接触导线上；

(5)不考虑风速等瞬时负载，同时暂不考虑空气动力的影响。

为充分考虑所有相关性，模型必须能模拟接触网的以下特性：

(1)各种类型的接触导线、承力索、弹性吊索和吊弦；

(2)不同的接触网设备,如弹性承力索、辅助承力索,或吊弦间隔不均匀;

(3)各种支持结构的动态特性,即:定位管、腕臂支持装置和支柱;

(4)不连续性,如:分段绝缘器、锚段关节。

1. 完整的锚段

接触网是由接触导线、承力索、吊弦及其相应的附属装置组成的连续空间机械系统。在研究接触网的数学模型时,一个很重要的问题是把接触网当成一根两端施加张力的线索,或者当成一根两端施加张力的梁,这两种情况均被广泛应用。

采用第一种方法,可以称为质点法。具体方法如下:

在建立接触网数学模型时,将接触导线、承力索、吊弦考虑为弹性体,质量分布于各计算质点上,吊弦的质量分布于对应的承力索、接触导线质点上。质点间靠一定刚度的弹簧连接,每个质点分别考虑惯性力、阻尼力、弹性力。

2. 假设条件

(1)分布质点按集中质点考虑;

(2)吊弦为连接承力索和接触导线间的不变形的杆;

(3)吊弦与各线连接点及质点位置无曲折变形,无质量,只传递力;

(4)整个变形只限于垂向方向,不考虑横向运动;

(5)接触网的阻尼与相邻质点的速度成正比;

(6)简单链形悬挂和弹性链形悬挂的数学模型如图 2-1 和图 2-2 所示。

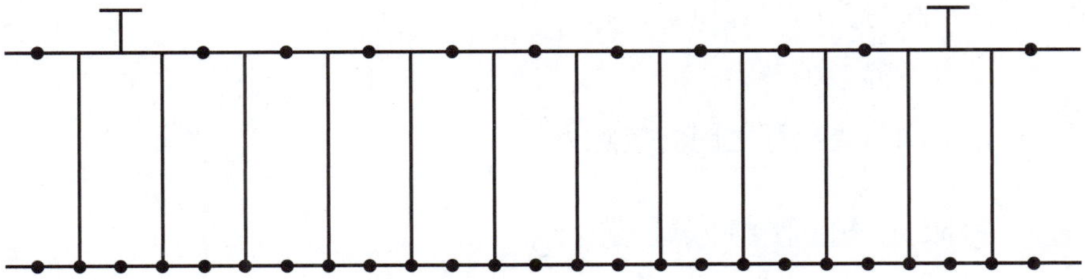

图 2-1　简单链形悬挂数学模型

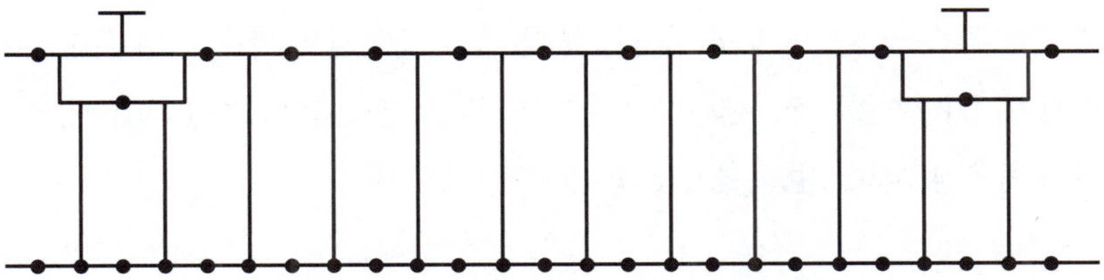

图 2-2　弹性链形悬挂数学模型

3. 接触网的数学模型及运动方程

接触网中每个质点的运动方程：

$$m_i \frac{\mathrm{d}^2 y_i}{\mathrm{d}t^2}=Z_{i1}(t)+Z_{i2}(t)+F_i(t) \tag{2-1}$$

式中 $Z_{i1}(t)$——接触导线发生位移时，导线张力产生的各质点复原力，由式(2-2)确定；

$Z_{i2}(t)$——质点衰减力，计算公式为

$$Z_{i2}(t)=-\sum_j c_j\left[\frac{\mathrm{d}y_i(t)}{\mathrm{d}t}-\frac{\mathrm{d}y_j(t)}{\mathrm{d}t}\right]$$

其中 c_j——阻尼系数；

$F(t)$——接触导线和受电弓之间的接触力。

接触导线张力产生的各段点复原力 Z_{i1}：

$$Z_{i1}(t)=-\sum_j \frac{T_j[y_i(i)-y_i(t)]}{l_j} \tag{2-2}$$

式中 j——质点序号；

T_j——张力；

l_j——质点距离；

受电弓一元模型的运动方程：

$$M_{\mathrm{p}} \frac{\mathrm{d}^2 y(t)}{\mathrm{d}t^2}=P_0(t)-P_{\mathrm{m}}(t) \tag{2-3}$$

式中 M_{p}——受电弓弓头的归算质量；

$P_0(t)$——受电弓静态抬升力；

$P_{\mathrm{m}}(t)$——接触网与受电弓之间的接触力。

2.2.2 基于有限元法的接触网建模

接触网系统是由承力索悬挂挂起的，调节连接接触网与承力索之间吊弦长度可以保证接触网的平顺。然而，由于吊弦间距离的存在，接触导线有一定的弛度，承力索和接触导线通过线路旁的支柱架设产生 200 mm 左右的拉出值，其为避免受电弓滑板中心部位的磨损。高速时从线路到接触网系统的改变都会引起接触导线与受电弓之间动态性能的剧烈变化。振动使得弓网分离产生电弧，也可能引起电能传输的中断。

1. 欧拉-伯努利梁

数值模拟仿真中的接触网有限元模型采用的是欧拉-伯努利梁来模拟。

欧拉-伯努利梁是有限元众多结构的模型之一，它基于两个假设：

(1)垂直梁中心线的平剖面在变形前后仍然为平面。

（2）横截面的平面在变形后仍与轴线相垂直。它实质上是一种弯曲梁，是线弹性理论的简化，只考虑横向弯曲，可以看作铁木辛柯梁的特例。在接触网有限元模型建模中，采用的是欧拉-伯努利梁来模拟接触网。

接触悬挂是由接触导线、承力索、弹性吊索、吊弦、张力补偿装置等部分组成。承力索、接触导线采用欧拉-伯努利梁单元建模，承力索和接触导线之间的吊弦只能承受拉力而不能承受压力，因此采用非线性弦单元建模。可以在有限元相关文献中找到经过最新方法验证过的梁和弦的详细平衡方程。通过有限元方法，可以组合质量、刚度和阻尼的整体矩阵。所以，运动方程可以表示为：

$$\boldsymbol{M}_c \ddot{\boldsymbol{u}}(t) + \boldsymbol{C}_c \dot{\boldsymbol{u}}(t) + \boldsymbol{K}_c \boldsymbol{u}(t) = \boldsymbol{F}_c(t) \tag{2-5}$$

式中，$\ddot{\boldsymbol{u}}(t)$、$\dot{\boldsymbol{u}}(t)$和$\boldsymbol{u}(t)$为接触网的加速度、速度和位移矢量。$\boldsymbol{M}_c$、$\boldsymbol{C}_c$和$\boldsymbol{K}_c$为接触网的质量、阻尼和刚度矩阵；$\boldsymbol{F}_c(t)$为外力矢量。在仿真前给定接触网的初始形态。在动态仿真中，采用非线性有限元程序对每个时间步长的刚度矩阵$\boldsymbol{K}_c$进行更新。通过罚函数法，将受电弓数学模型和接触网数据模型结合起来，实现受电弓与非线性有限元接触网相互作用的动态仿真。

以往建立的接触导线模型假定接触导线的质量是集中加载在吊弦上，而有限元模型中接触导线的质量假定是加在划分好的有限单元上的。定位器与支柱的连接被认为是有弹簧的连接。接触网模型中考虑到了承力索与接触网的动态作用。吊弦划分为两个有限单元，在高频范围内这种划分可得到较好的计算结果。承力索及接触导线的张力通过边界条件进行施加，分别施加在划分好的有限单元上。对支柱的位移也通过边界条件进行限制以代替旋转腕臂的移动。接触网单元的选取比较重要，小单元可以充分研究体现出动态的过程，用于描述整个运动的矩阵是动态的、实时的，当接触发生变化时，矩阵就会重新计算。这个模型可以计算接触导线的动态抬升量。

2. 需要确定的参数

接触网建模过程中需要确定的参数有：

（1）接触导线的几何特性、材料特性、悬挂方式、安装高度及施加的张力；

（2）承力索的几何特性、材料特性、悬挂方式、安装高度及施加的张力；

（3）支持装置，如定位器、定位管、腕臂、吊弦和弹性吊索的几何特性和材料特性；

（4）弹性吊索的弛度及施加的张力。

接触导线模型如图2-3所示。模型构建以线路设计参数为准，忽略接触导线高度和拉出值方向的几何误差；忽略温度等环境因素对接触网的影响；忽略支持结构，将支持点处理为仅有顺线路方向位移，约束其他自由度；补偿装置等效为补偿张力，施加在接触悬挂的端部节点上；定位器的一段为旋转铰接约束，另一端连接定位点；忽略线夹质量；假设整体吊弦仅受拉力。

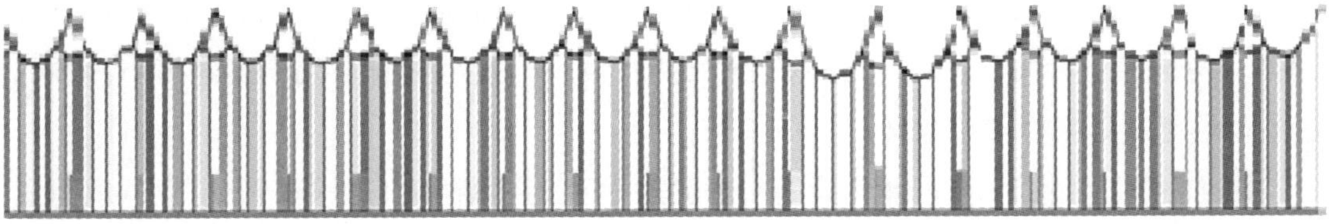

图 2-3 接触网仿真模型

2.3 受电弓建模理论

受电弓(图 2-4)本身是安装在垂直和横向加速度随时变化的一个动车体上,由于受电弓的重量和铰接系统的惯性,它们对动车的运动和接触导线的高度改变都不可能瞬时做出反应,因此接触的好坏以及受电弓的特性都与受流质量产生密切的关系。受电弓是由上框架、下框架、弓头、滑板、上升或下降弹簧阻尼等结构组成,滑板通过软弹簧安装在弓头上,弓

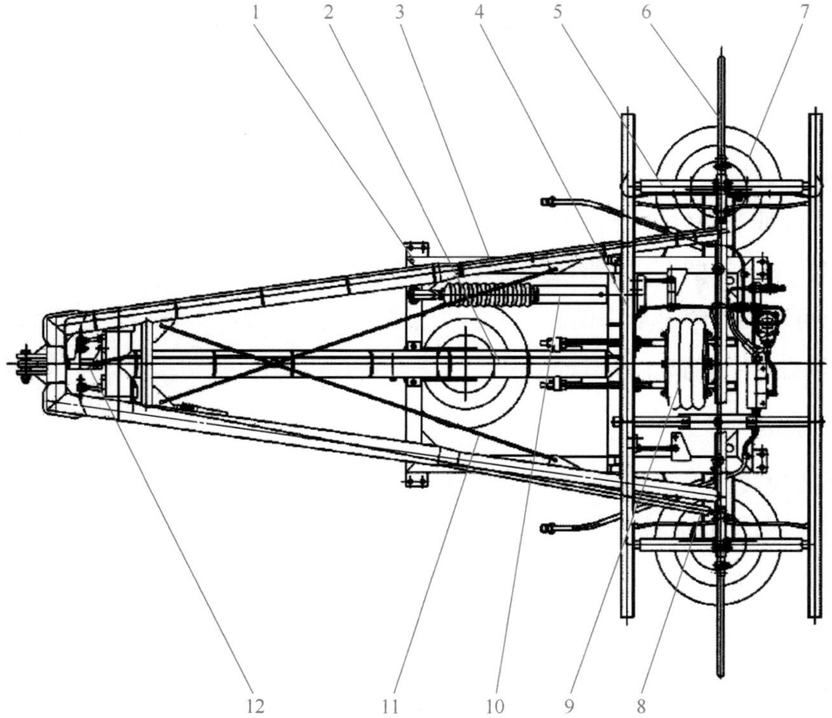

图 2-4 受电弓结构图

1—受电弓底架;2—受电弓下臂杆;3—受电弓上臂杆;4—滑板;5—弓头支撑;6—弓角;7—支撑绝缘子;8—平衡杆;9—驱动气囊;10—阻尼器;11—拉杆;12—铰链

头安装在与上框架的弹性安装座处。上下框架可在升弓弹簧的作用下在垂直方向上运动，不管车体顶部接触导线多高，受电弓都可以保证在接触导线和滑板间有一个恒定的静态抬升力。把这样一个复杂系统的连续体照原样来分析，不但非常复杂也很难做到，必须有合适的模型。

在受电弓建模时，要考虑受电弓的一些基本特性。如：不同类型的受电弓结构和他们各自的特性(单臂受电弓、双臂受电弓)；不同类型的接触元件(滑板面、单个滑板、多个滑板)。受电弓和接触网设备是在接触点上相互振荡和耦合的系统，受电弓有多个滑板时就会形成多点不断地分离和接触。

2.3.1 受电弓的基本数学模型

受电弓一般由弓头、框架、底架和传动机构四部分组成，而框架又由摆杆、上臂杆、下臂杆、支撑杆和平衡杆等杆件组成，各杆件通过铰链连接在一起。底架支持框架，通过绝缘子固定在车顶上。框架通过升弓装置支持弓头。传动机构作用于下臂杆以实现升弓动作。气动升弓装置安装在底座上，通过钢丝绳作用于位于下臂杆下部的扇形板，从而实现升弓过程。下臂杆、上框架和弓头采用不锈钢焊接而成。以双滑板受电弓为例，碳滑板安装在弓头支架上，弓头支架垂悬在四个拉簧下方，两个扭簧安装在弓头和上框架之间。

尽管受电弓结构复杂，但就其框架部分而言，只有下臂杆具有一个独立的自由度。只要确定了下臂杆的运动，则可确定框架的其他部件运动。弓头(包括碳滑板和支架部分)通过拉簧悬挂在框架上。根据受电弓各部件的约束关系，装配受电弓各部件，得到受电弓的整体结构。

如图 2-5 所示，可根据不同受电弓的结构特点建立不同的受电弓模型。将受电弓视为一个整体考虑，受电弓模型可以为一元质量块模型。将受电弓上下框架分别考虑的话，可以建立二元集中质量块模型。将弓头部分进一步细分，可以建立三元甚至多元受电弓模型。一元受电弓模型只能反映弓网系统的低频振动特性，对于高速弓网系统动力学而言，必须选用二元、三元或多元受电弓模型。

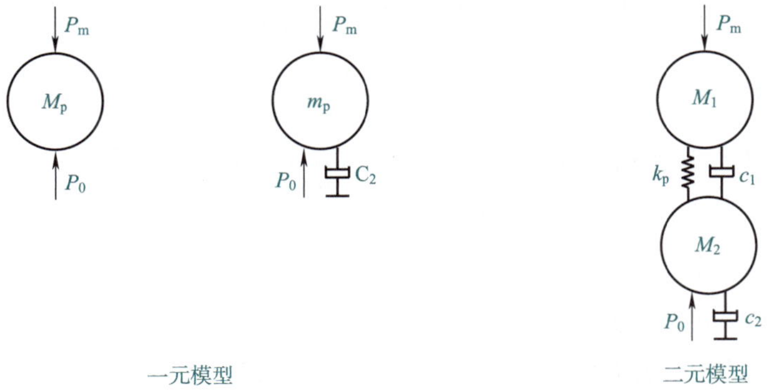

图 2-5 单臂受电弓数学模型

图 2-6 为受电弓的二元数学模型。

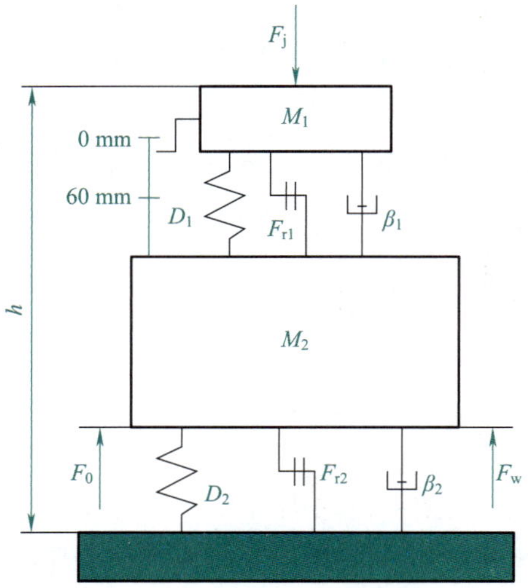

图 2-6　受电弓二元数学模型图

图中符号含义见表 2-1：

表 2-1　受电弓数学模型符号含义

符号	符号含义	符号	符号含义
F_j	接触力	F_0	受电弓静态抬升力
F_w	受电弓空气抬升力	h	升弓高度
F_{r1}	弓头摩擦阻力	F_{r2}	框架摩擦阻力
M_1	弓头归算质量	M_2	框架归算质量
β_1	弓头阻尼系数	β_2	框架阻尼系数
D_1	弓头弹簧刚度	D_2	气囊归算弹簧刚度

2.3.2　受电弓参数的选择

受电弓的基本参数包括：

(1)弓头归算质量；

(2)上下框架归算质量；

(3)弓头与框架间弹簧刚度；

(4)弓头与框架间弹簧行程；

(5)静态抬升力；

(6)框架间摩擦阻力；

(7)弓头与框架、框架与底座间阻尼系数;

(8)空气动态力在受电弓上的分布。

受电弓空气动态力主要考虑垂直方向的力,此方向的力由下列几个方面的因素组成:

(1)受电弓迎风面在垂直方向的投影面积;

(2)机车运行速度;

(3)风速;

(4)空气动力与水平轴夹角;

(5)受电弓迎风面与垂直轴的夹角;

(6)风向与机车前进方向的方位角;

(7)受电弓静态压力。

受电弓静态力是为保证弓网可靠接触,由受电弓的驱动机构施加在弓头、垂直向上的力,交流电气化铁路电力机车受电弓静态压力一般为 60～90 N。

2.3.3　典型受电弓数学模型

DSA 系列单臂双滑板受电弓在高速铁路中得到广泛应用,其采用气动升弓、ADD 快速自动降弓,并采取安装翼板、导流板来调节前后滑板,开口、闭口运行方向抬升力不一致。为适应 350 km/h 及更高速度运行需求,研制的 DSA380 高速受电弓,最大试验速度达到 420 km/h 速度要求。比较典型的 DSA350 和 DSA380 受电弓模型如图 2-7、图 2-8 所示。

DSA350 受电弓数学模型(未考虑弓头摩擦力和框架摩擦力)如图 2-7 所示。

DSA380 数学模型如图 2-8 所示。

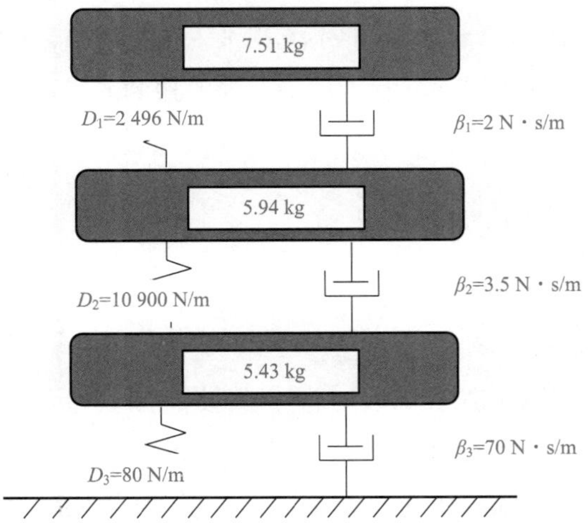

图 2-7　DSA350 受电弓数学模型图

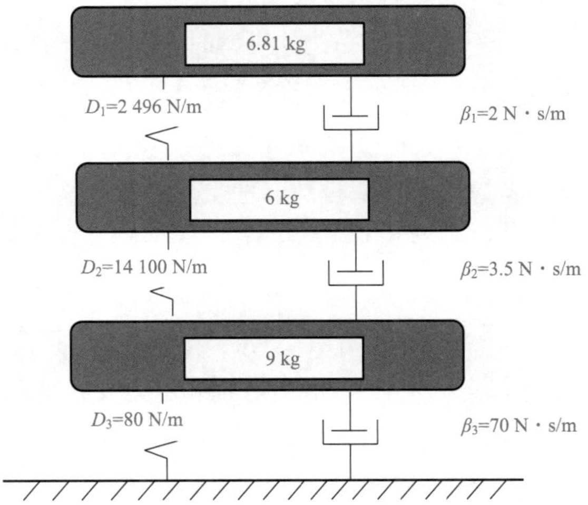

图 2-8　DSA380 受电弓数学模型图

2.4 弓网耦合建模

2.4.1 弓网模型构成原理

在受电弓上部的接触导线，由于受力的作用以某一加速度而升高，接触导线反力将增大，增大的原因包括悬挂质量惯性，悬挂导线的位置也将发生变化。接触导线在力作用点的地方升高，导线抬高波由此向两侧传播，导线每一点开始横向振动。为了评定这种过程，通常应用弦线振动理论。在没有研究这种尚未完全认识的现象之前，我们有把握做出这样的结论：受电弓在运动过程中要产生振动，而这又要使导线在受电弓前后产生振动运动。导线振动是一种受迫振动，描绘这种振动过程是很复杂的。

1. 接触网-受电弓系统的模型建立

研究弓网耦合的研究人员都力求建立受电弓和接触悬挂的相互作用模型，并把这种组合模型看成是一个振动系统。这个系统的计算是非常复杂的。当力作用在简单悬挂的任意一点时，就会在导线上产生波动，而这种振动波又从导线悬挂点全部或部分反射出来。反射波叠加到发射波上，使得振动过程变得更加复杂。在导线活动悬挂点，只有一部分波反射出来。链形悬挂的接触导线悬挂在吊弦上，实际上不限制导线向上移动，而在一定程度上都能使导线不向下移动。在这两种情况下，在承力索上也会产生振动，并经过吊弦传给接触导线。要考虑全部复杂的振动过程，目前是不可能的。解决这一问题所遇到的困难迫使科研工作者在建立初始模型时，要进行一些重大的简化。悬挂对受电弓抬高压力的反力，由两部分组成：静态反力和动态反力。计算因接触悬挂质量和加速度引起的惯性力的方法，决定了解决这一问题有两条途径。

第一条途径，在建立模型时，将接触悬挂这种带有分布参数的系统用某一等值质量来代替，这样就无须再去研究复杂的振动过程，此时计算模型就具有带集中参数的振动系统的形式。图 2-9 表示接触悬挂-受电弓系统。悬挂的等值质量为 m_k，受电弓的等值质量为 m_t，此时不考虑受电弓滑板的弹性悬挂。

P_0——受电弓弹簧伸长引起的抬高压力；

r_t、r_k——受电弓铰链和接触悬挂的摩擦因数；

x_k——悬挂的刚度，即导线单位长度抬高所需相应的力的数值。

在图 2-10 中，x_1 和 r_1 分别表示为铰链弹簧的刚度和摩擦因数；r_1 为框架铰链的摩擦因数；m_n 和 m_p 分别为滑板和框架的质量；P_0 和 P_{Bp} 分别为在滑板和框架上的空气动力的垂直分力。

在运动过程中，由于悬挂刚度(弹性)不均匀，接触导线的初始位置发生变化(不同的弛度)、车体发生振动等原因，会产生周期性的扰动。在这种周期性扰动的作用下，整个系统都要投入到周期振动过程中去。当列车运行时接触轨迹可用振动滑板在这一系统中的轨迹来

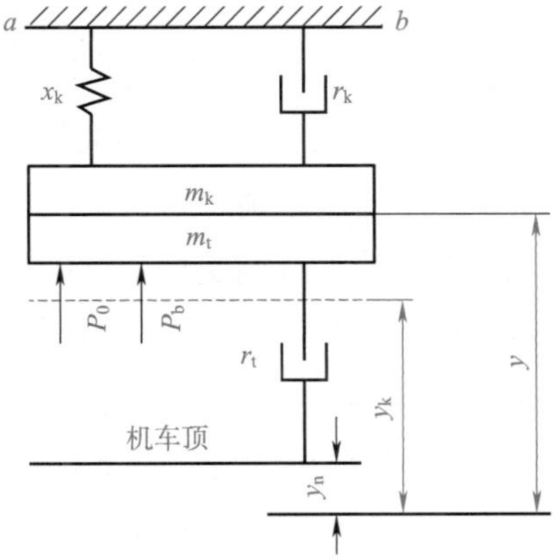

图 2-9　接触悬挂-受电弓系统模型

（不考虑受电弓滑板的弹性悬挂）

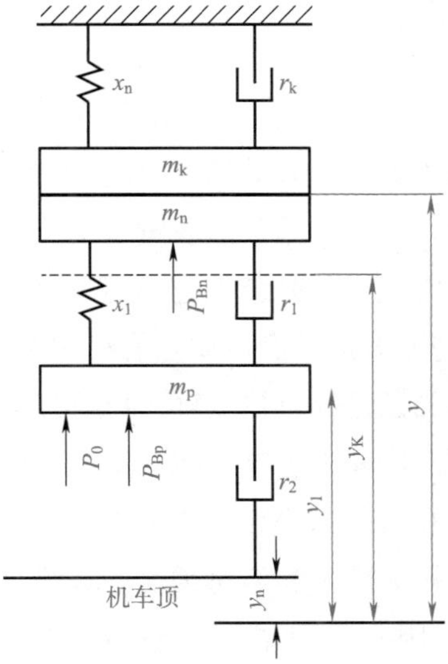

图 2-10　接触悬挂-受电弓系统模型

（考虑受电弓滑板的弹性悬挂）

表示。如果用这种观点话，则在受电弓范围之外的导线振动就可以不去研究了。不论这种模型的计算精度达到何种程度，在多台受电弓同时运行时，其中每台受电弓与接触网悬挂相互作用，其相互作用同时受到其他受电弓的影响。多台受电弓对其中一台和悬挂相互作用的影响，只能限于考虑静态分力的影响。

关于接触悬挂等值质量的概念，现在我们作较详细的论述。接触导线的每个元件在受电弓抬高压力作用下以不同的速度和加速度升起，因此，确定悬挂的等值质量和确定受电弓的等值质量之间有很大的差别。受电弓是由无弹性元件组成的，在前面所作的一些假定条件下，可以把受电弓结构看成是一个一个自由度的系统。它是这样一个几何形状：不论它哪一部分发生位移，就能完全确定其他各部分的位移。如果滑板获得了某一加速度，则所有其他活动元件将分别获得一个与之有严格比例（和该受电弓位置相对应）的加速度，而接触悬挂的情况却不是这样。

如果不去研究接触悬挂的波的形成，则剩下的一条思路就是：假定受电弓抬起接触导线（或悬挂）的某一部分，仅该部分的质量参加运动的过程。当受电弓快接近到接触导线的某一点时，研究该点速度和加速度的变化特性。起初该点处于静止状态，然后当受电弓向该点接近，该点速度将逐渐加快。当受电弓到达该点的瞬间，它将处于最高位置。当它接近到一定的距离时，它开始向上位移，即获得一个正加速度和速度，随后受电弓在这一瞬间它的加速度逐步等于零。当受电弓通过该点之后，它就开始向下位移。为使最高位置上的速度等于零，那么该点的加速度就应提前改变方向。因此，在由受电弓抬起的整个一段导线中，加速度的大小和方向是不同的，同时接触导线各元件上惯性力的大小和方向也是不同的。如果不研究这个过程，那么模型就是一个严重失真的模型。这样，等值质量也同样成了一个完全假定的概念了，即假定只有受电弓抬起的接触导线的质量参加运动过程，接触悬挂等值质量概念才成立。显然这样的假定不成立。

为了提高结果的精度，在确定等值质量时，是根据专门的试验结果来选定接触导线的初始长度。在一定的等值质量情况下，将受电弓滑板轨迹与受电弓对接触导线抬高压力的计算结果与试验研究结果进行进一步对比，可以发现其结果是很吻合的。但是，顾虑的一点是，在与所规定的等值质量有很大差别的条件下，计算结果将不能很好地吻合。

第二条途径，可把链形悬挂看成是一个带有无穷多的固定吊弦（既能受拉又能受压的吊弦）的悬挂，即把悬挂导线联结成似乎是一根导线。后者的线密度和张力为前者相应的数值之和。在目前的研究阶段上不考虑每一支柱和锚段终端的反射波，为此可把接触导线假定为是一根无限长和绝对柔软的导线。至于说到后者，由于波在悬挂中的传输是和能量消耗有关的，因此，不考虑反射波将带来一点误差。这样，可把接触悬挂看成是一根无限长的吊索，它具有周期性的结构，即弛度和刚度呈周期性的变化。当集中的力以固定的速度沿着该吊索运动时，则在该力作用下，吊索要发生振动（图 2-11）。这一模型在这样的条件下，原则上说可以解决这一问题，因此图中画有两台受电弓。

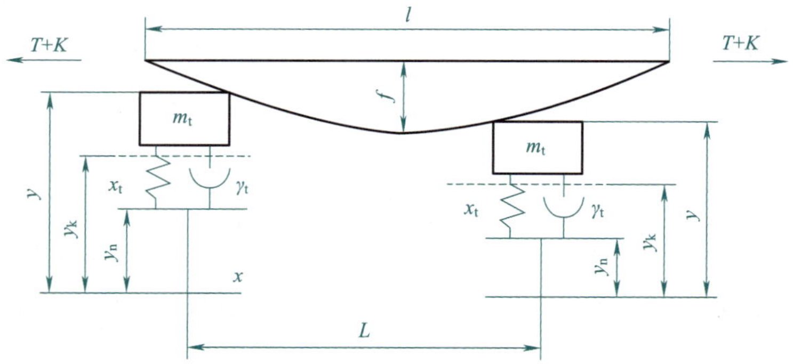

图 2-11　具有分布参数的接触悬挂模型

2. 具有集中质量的悬挂和受电弓模型

具有集中质量的接触悬挂-受电弓振动系统的模型中，采用了接触悬挂等值质量这一概念。我们所研究的模型是一个具有一个或两个自由度的系统。接触悬挂以集中质量的形式表示，受电弓滑板和框架可用一个质量的形式表示（见图 2-10），也可分别用两个质量的形式表示（见图 2-11）。此时，机车的振动表现为车体的垂直位移，它与系统无关。作为一个范例，我们研究一个较为简化的图形如图 2-10 所示。

在所列的微分方程式里，对时间的导数为：$\dot{y}=\mathrm{d}y/\mathrm{d}t$，$\ddot{y}=\mathrm{d}^2y/\mathrm{d}t^2$。如果列车的运行速度为常值，则可将方程式变为以路程为导数：

$$\frac{\mathrm{d}y}{\mathrm{d}t}=\frac{\mathrm{d}y}{\mathrm{d}x}\cdot\frac{\mathrm{d}x}{\mathrm{d}t}=v\frac{\mathrm{d}y}{\mathrm{d}x};\qquad \frac{\mathrm{d}^2y}{\mathrm{d}t^2}=v^2\frac{\mathrm{d}^2y}{\mathrm{d}t^2}\tag{2-5}$$

在这些方程式中，$dx/dt=v$ 为受电弓沿着悬挂的运动速度。

对于受电弓滑板不离线的工作状态来说，作用在接触点的力的总和，可以用下列方程式表示

$$(m_k+m_t)\dot{y}+k_k(y-y_k)+r_\tau(\dot{y}-\dot{y}_\eta)=P_0+P_B \tag{2-6}$$

式中　y——接触点相对于轨面或其他固定横坐标的高度；

y_η——机车车顶相对于同一横坐标的高度；

y_k——在力 $P=0$ 时，即滑板和接触导线刚发生接触时接触点的初始位置的高度。

如知道了导线的弛度、吊弦的长度和承力索悬挂点的高度，我们就可以求得 $y_k(x)$。

可用抬高压力来评价受流质量，前者可用以下方程式求得

$$P=m_k\dot{y}+k_k(y-y_k)+r_k\dot{y} \tag{2-7}$$

联解方程式(2-6)和式(2-7)，就可以作出接触点的轨迹和抬高压力的曲线。

悬挂和受电弓相互作用的动力学计算是很复杂的，显然，上述方法只是解决这一问题的开端。通过对这些方法优劣的比较，为了进一步进行试验和研究，应该考虑不同链形悬挂系统的导线振动。

2.4.2　弓网模型的简化

接触网-受电弓系统最初的设计在于一些动态问题的考虑，简单的数学模型可以考虑到弓网之间的动态性能。这些基本的设计模型包括集中质量块模型、集中刚度模型、有限弦模型、吊弦反射模型等等。

为了使得模型适合高速运行的情况，弓网模型就变得越来越复杂。20 世纪 70 年代早期，对弓网系统的研究就采用了计算机仿真技术。利用仿真工具评估弓网系统受流质量，不但减少实际测量带来的巨大资金耗费，而且方便研究参数变化对系统的影响，可以使整个系统的设计实现优化。

接触网-受电弓系统是一个耦合的动态系统，大部分的研究在于接触网的建模与仿真。因为采用计算机的数值方法来处理偏微分方程，只能描述系统特性的某几个方面。这两个系统特性出现的问题在于：

(1)系统较低的阻尼不仅仅导致了在小范围内弓网接触点的振荡变化，而且会引起整个接触导线的波动传播速度变化，这样就需要对整个系统的仿真。在进行近似仿真计算时，较低的阻尼使得计算结果产生误差，在不断地仿真过程中就会产生误差的累积。

(2)接触网-受电弓相互作用时所存在的高频过程，可以通过接触导线构造波状摩擦(波摩)的检测和离线的检测来证实。在进行数值处理时系统特性需要在空间和时间上都有较高的精度，因此计算量增大。

围绕费时的计算机仿真算法，有一种方法是基于试验数据对系统的特性进行分析。接触导线“动态刚度模型”是综合了接触力和抬升量而建立的。这一模型可以对受电弓模型的

质量进行简单的评估，但是对实验中的不同种类受电弓的仿真有所限制。接触网模型中的动态作用不仅与受电弓有关系，而且与接触导线的形式和车速有关，因此这一模型不适合用于受电弓优化。

2.5 弓网耦合模型解析

2.5.1 弓网作用模型解析

2.5.1.1 弦模型解析

确定受电弓和接触网相互作用的一个基本特性，就是激励以波的形式沿接触导线传播，即研究受电弓沿接触导线移动引起的垂直运动。受电弓与接触悬挂相互作用的计算原理图如图 2-12 所示。

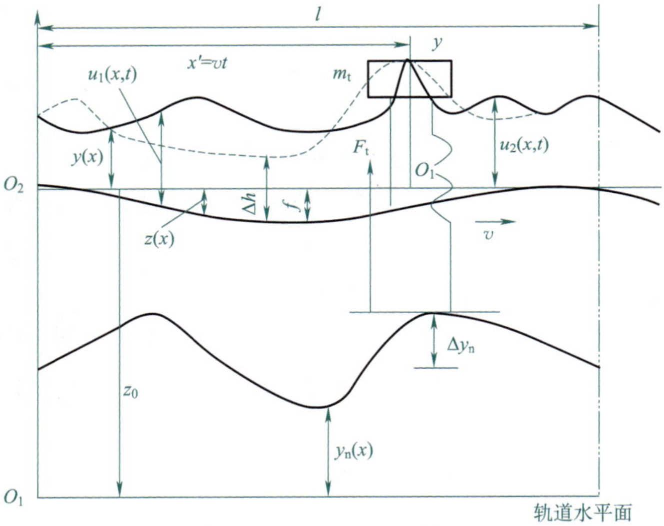

图 2-12 受电弓与接触悬挂相互作用计算图

于是得到一组描述受电弓与接触悬挂相互作用的方程组

$$\begin{cases} \dfrac{\partial^2 u}{\partial t^2}=a^2\dfrac{\partial^2 u}{\partial x'^2} \\ -\infty<x'<vt; \\ vt<x<\infty \\ v<c \end{cases} \tag{2-8}$$

$u(x,0)=0$;

$u_t(x,0)=0$;

当$-\infty<x'<vt$时，$u(x',t)=u_1(x',t)$；

当$vt<x<\infty$时，$u(x,t)=u_2(x,t)$；

$u_1(vt,t)=u_2(vt,t)=u(vt,t)$

$$(T+K)\left[\frac{\partial u_2(vt,t)}{\partial x'}-\frac{\partial u_1(vt,t)}{\partial x'}\right]=-P \tag{2-9}$$

$$\ddot{y}+2\delta\dot{y}+(\omega_{TK}^2+\varepsilon_K\cos\omega_P t)y=\frac{P_\Sigma}{m_t}+\frac{k_k\tilde{z}}{m_t}+\omega_t y_m+2\delta\dot{y}_m-\frac{P}{m_t} \tag{2-10}$$

式中　m_t——受电弓等效质量；

$u(x,t)$——接触线相对平衡静止状态的位移；

x'——受电弓距离初始点的距离；

x——悬挂点的坐标；

t——时间；

c——波动传播速度

P_Σ——受电弓的压力，$P_\Sigma=P_0+P_{air}$；

P——沿悬挂以等速v滑行的横向集中力。

接触导线位移：

$$y(t)=u(vt,t)+\tilde{z}(vt) \tag{2-11}$$

接触线垂悬的曲线计算式为：

$$\left.\begin{aligned}z(x)&=z_0+\frac{f}{2}\left(\cos\frac{2\pi x}{l}-1\right)\\ \tilde{z}(x)&=\frac{f}{2}\left(\cos\frac{2\pi x}{l}-1\right)\end{aligned}\right\} \tag{2-12}$$

确定跨距中接触悬挂刚度变化的近似式为：

$$k_K(x')=\frac{k_{KP}+k_{KM}}{2}+\frac{k_{KP}-k_{KM}}{2}\times\cos\frac{2\pi x}{l} \tag{2-13}$$

式中　k_{KP}——接触悬挂在支柱处的刚度，N/m；

k_{KM}——接触悬挂在跨中处的刚度，N/m。

沿悬挂传播的波速度：

$$c=\sqrt{\frac{T+K}{\rho_T+\rho_K}} \tag{2-14}$$

式中　ρ_T——接触导线的线密度，kg/m；

ρ_K——承力索的线密度，kg/m。

受电弓衰减系数：

$$\delta=\frac{c_P}{2m_P} \tag{2-15}$$

受电弓沿悬挂移动的参数激励频率：

$$\omega=\frac{2\pi v}{l} \tag{2-16}$$

接触悬挂频率ω_{TK}：

$$\omega_{TK}=\sqrt{\omega_K^2+\omega_T^2} \tag{2-17}$$

式中 ω_K——接触悬挂的等效刚度与受电弓的等效质量的比值，$\omega_K^2=\frac{k_{KP}+k_{KM}}{2m_T}$；

ω_T——受电弓自振频率，$\omega_T=\sqrt{\frac{K_T}{m_T}}$。

接触导线刚度不均匀系数：

$$\varepsilon_K=\frac{k_{KP}-k_{KM}}{2m_T} \tag{2-18}$$

频域内弓网相互作用的计算与分析：

微分方程组的近似解法可以简化成线性代数方程组的解法，而已知式右边的时间函数可以分解成傅立叶级数，此时 $P(t)$及 $y(t)$需要写成下列形式：

$$P(t)=0.5a_0+\sum_n(\alpha_n\cos n\omega t+\beta_n\sin n\omega t) \tag{2-19}$$

$$y(t)=y_{CT}(t)+y_m(t)+y_P(t) \tag{2-20}$$

$y_{CT}(t)$及$y_m(t)$为受电弓滑板位移，其由机车车辆、悬挂的静止刚度及接触导线弛度等对其作用产生。为了求 $P(t)$需要同时解受电弓及接触悬挂的振动方程。

$$y_m(t)=a_{m0}+\sum_n(\alpha_{mn}\cos n\omega t+\beta_{mn}\sin n\omega t) \tag{2-21}$$

$$y_{CT}(t)=a_{CT0}+\sum_n(\alpha_{CTn}\cos n\omega t+\beta_{CTn}\sin n\omega t) \tag{2-22}$$

$$y_P(t)=a_{P0}+\sum_n(\alpha_{Pn}\cos n\omega t+\beta_{Pn}\sin n\omega t) \tag{2-23}$$

通过解上述波动方程，计算受电弓滑板的轨迹 $y(t)$、接触线的升高、计算接触压力等参数。

2.5.1.2 欧拉-伯努利梁模型解析

数值模拟仿真中的接触网有限元模型采用的是欧拉-伯努利梁来模拟，其中接触线的运动方程为：

$$m_c\frac{\partial^2u_c}{\partial t^2}+\frac{\partial^2}{\partial x^2}\left(EI_c\frac{\partial^2u_c}{\partial x^2}\right)-\frac{\partial}{\partial x}\left(T_c\frac{\partial u_m}{\partial x}\right)+k_d(u_m-u_c)\delta(x-x_n)=P\delta(x-vt) \tag{2-24}$$

m_c、EI_c、T_c分别代表接触线的线密度、抗弯刚度和张力；δ是冲击函数；P是受电弓对接触网的接触压力。

承力索的运动方程为：

$$m_m\frac{\partial^2u_m}{\partial t^2}+\frac{\partial^2}{\partial x^2}\left(EI_m\frac{\partial^2u_m}{\partial x^2}\right)-\frac{\partial}{\partial x}\left(T_m\frac{\partial u_m}{\partial x}\right)+K_d(u_m-u_c)\delta(x-x_n)+k_su_m(x-x_s)=0 \tag{2-25}$$

m_m、EI_m，T_m分别为承力索的线密度、抗弯刚度和张力；k_d为吊弦的刚度；k_s为支持装置的等效刚度。

此外，还是用梁模型来表示接触网。梁模型考虑了抗弯刚度(欧拉-伯努利梁)和剪切变形以及转动惯量。欧拉-伯努利梁的等式为：

$$\rho A\ddot{\omega}=-\beta\dot{\omega}+T\omega''-\mathrm{EI}\,\omega^{(4)}+q(x,t) \tag{2-26}$$

EI 代表了接触导线的抗弯刚度。如果引入抗弯刚度，将使计算变得很复杂。许多学者认为可以忽略抗弯刚度的影响。

2.5.1.3　弦模型和梁模型的解析结果区别

①当车速达到弦模型临界波动传播速度时，弦与梁模型的计算机仿真结果显示有很大的差别。这样就限制了当列车运行在低速的接触导线区段时这一模型的应用。

②一个移动力作用在弦模型中，在接触导线斜率上表现出不连续的现象，这对于物理特性来说是不符合实际的。但是，如果使用欧拉-伯努利梁模型，这种不连续现象就不明显。

③波动传播发散的模型以及波前沿的形状，在受电弓通过吊弦或定位器时变得非常重要。弦的模型可以用来形成波前沿的形状，在点质量块处会产生高频作用。受电弓接近吊弦的情况与受电弓接近支持装置是相似的，因此在理论上会导致接触力峰值的无限增大。

④在仿真结果上，当波长 $\lambda<0.6$ m，弦模型与欧拉-伯努利梁模型两种模型的仿真结果有着显著的不同，欧拉-伯努利梁模型在 $\lambda>0.05$ m 时这种不同是可以忽略的，因此可以忽略剪切变形及接触导线的转动惯量。

从运营线路接触导线波状磨耗的测量结果分析可以看出，接触导线的抗弯刚度在高频的弓网相互作用中起着很大的作用，因此在高频时模型必须考虑这一因素。从经验来看，抗弯刚度的作用在精确地确定弓网接触过程中是非常重要的，在仿真中，抗弯强度的大小影响接触导线波状振动和弓网连续离线性能。

2.5.2　弓网模型的数值解法

2.5.2.1　接触网模型方程

早期接触网的设计多种多样，而目前中国铁路接触网主要采用两种基本构造：简单链形悬挂和带弹性吊索的弹性链形悬挂。从接触网构造的角度看，接触网是由承力索和接触线通过吊弦连接成的一个网络，接触网可以看作是简单标准单元集合而成的(一维的接触线与吊弦，定位器，绝缘子，支柱)。然而，每一个单元模型的合理选择对仿真结果的可靠性都至关重要。其中，较为重要的影响因数有：吊弦松弛产生压缩力；接触导线静态的弛度；接触导线弛度存在对受电弓产生的激励。采用不同形式的仿真模型和代数方程就可以对这些影响进行描述。吊弦、绝缘子和定位器的影响可以使用标准的多体动力学的方法，采用标准的数值解法来求解普通的微分方程。另一方面，波动传播通常采用偏微分方程来进行描述，但是要比数值解法难一点，因为这种方法是与时间和空间相关的。这里主要阐释接触导线模型的数值解法。

接触网模型的数值解法要考虑解决沿接触悬挂分布的振动问题，其物理模型简化为两种。

第一种物理模型是将接触导线用一根具有弛度的、不考虑抗弯刚度的、弹性系数周期变化的、无限长的弦线来模拟，这一模型考虑导线的总张力和线密度，但不考虑波的衰减，即不考虑悬挂的波动、反射波和折射波幅值减小和形状的变化。带张力接触导线的运动方程可以表示为：

$$\frac{\partial^2 y}{\partial x^2}-c_{\mathrm{p}}\times\frac{\partial^2 y}{\partial t^2}=0 \tag{2-27}$$

该方程在普通力学中表示为张力线或绳索的波动方程。式中，c_{p}为沿接触悬挂的波传播速度；y 是接触导线相对平衡静止状态的位移。

另一种物理模型是用一根考虑了抗弯刚度的两个支点之间的欧拉梁来模拟，如图 2-13 所示。这一模型考虑沿接触悬挂的振动基波会产生反射和折射波，接触悬挂各导线的振动不同步，并且吊弦的作用很大。

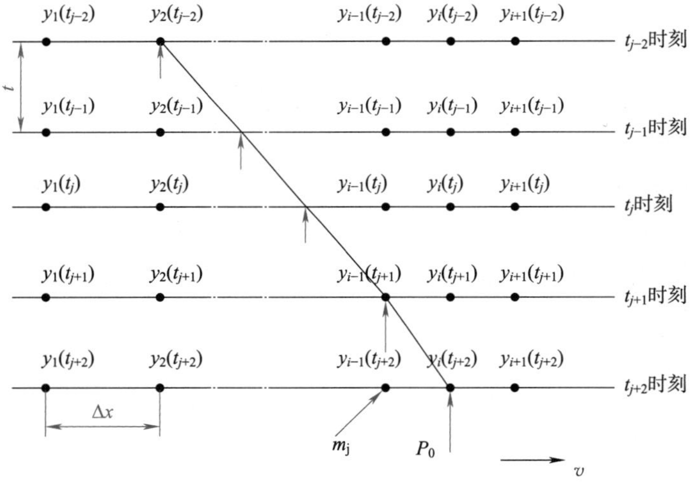

图 2-13　接触悬挂仿真模型

接触线的运动方程为：

$$\mathrm{EI}y_x^{(4)}-T\,y_x''+\rho\,y_t''+\eta\,y_t'+\upsilon y=P\exp(\mathrm{i}\omega t)\delta(x-\upsilon t) \tag{2-28}$$

该方程中考虑了接触导线的抗弯刚度EI、张力 T、导线密度 ρ、阻尼 η、刚度 υ、受电弓抬升力 P 以及抬升力的变化频率 ω。

接触网的数值仿真有多种微分方程的数值解法。目前，也没有统一的定论说明哪种数值解法最好，主要考虑的因素应是：模型的约束条件以及方法的精确性与计算速度。

2.5.2.2　受电弓模型方程

受电弓本身是安装在垂直和横向加速度随时变化的一个动车体上，由于受电弓的重量和铰接系统的惯性，它们对动车的运动和接触导线的高度改变都不可能瞬时做出反映，因此接触的好坏以及受电弓的特性都与受流质量产生密切的关系。受电弓是由上框架、下框架、弓头、滑板、上升或下降弹簧阻尼等结构组成，把这样一个复杂系统的连续体照原样来分析，不但非常复杂也很难做到，必须有合适的模型。

在数学解析计算中将受电弓进行了简化，下面两种算法均考虑了机车车辆的振动、悬挂静止刚度及接触导线弛度产生的影响。

第一种方法：将受电弓看成考虑了刚度及阻尼、具有一个自由度的线性系统，用于描述受电弓的运动方程为：

$$m_T\ddot{y}+r_T\dot{y}+k_Ty=P \tag{2-29}$$

式中，m_T为受电弓的等效质量；r_T是受电弓的阻尼；k_T为受电弓的等效刚度；P为受电弓的抬升力。

第二种方法：将受电弓弓头在上部固定，采用一个和二个自由度的两种动模，这些模型的基本参数都归算到接触点和动臂上部的铰支点。具有一个自由度的受电弓模型还可以进一步简化，用一个阻尼系数来表示摩擦。用于描述受电弓的运动方程为：

$$m_2\ddot{y}_2-c_2\dot{y}_1-k_2y_1+c_2\dot{y}_2+k_2y_2=-P+P_0 \tag{2-30}$$

$$m_1\ddot{y}_1+(c_1+c_2)\dot{y}_1+(k_1+k_2)y_1-c_2\dot{y}_2-k_2y_2=F_1 \tag{2-31}$$

式中，m_1,m_2,c_2,c_1,k_1,k_2分别是下框架及底座和弓头上臂的质量、阻尼和刚度；P为弓网接触压力；P_0为空气动力抬升力作用；F_1为受电弓的静态抬升力。

2.5.2.3 各种微分方程解法

对于弓网模型的微分方程各种解法的重要指标是：计算机解法的计算工作量和计算参数。对于模态分析法，用特征方程的数量来近似地描述系统的性能；对于波动传播法方法、有限差分方法和有限元方法，计算参数是与空间的离散点有关系的。评估一种方法好坏的标准关键是看其计算结果的准确性，当然，结果的准确性也是与系统的物理模型有关的。

下面分析各种方法的特点。

1. 模态分析法

模态分析法是半离散化的，接触网的振动用空间上连续、精确或近似的特征函数来表达。这种方法可以简单地处理弓网之间的耦合。接触点的位移可以不需要插值而进行计算。接触力是一个集中质量的点力作用。模态分析法的缺点是：前处理耗时（特征函数的计算）；当接触网结构发生变化时缺乏灵活的改变，并且吊弦的卸载会影响系统的线性化假设。这种方法的计算量至少与分辨率成二次方的关系，不考虑这种方法是与时间的步长有关还是经过频域变化后得到。如果采用欧拉-伯努利梁就需要考虑精度的问题，因此要减少步长。

2. 波动传播法

波动传播法可以使用一维波动方程进行仿真分析，用来揭示弓网作用的一些特定问题和性能，但这种方法仅限于采用接触线弦的模型。在这种方法中，接触导线上波按两个方向传播，此时的时间和波长是通过空间内的 $\Delta x=c\Delta t$ 或者改变第一个值（或最后一个值）的指针来实现。只需要计算波的边界处的相互作用。每个时间步长的计算量是与空间计算无关的，空间上的线性化使得时间步长的数目增多。

3. 有限差分法和有限元法

有限差分法和有限元法对物理模型没有限制，因此有较高的灵活性和自由度。物理作用是与偏微分方程相关的，由于空间离散的近似性模型有些误差，但是这可以通过数值积分方法来克服。两种方法当使用高空间解法时，计算机计算量非常大，这是因为时间积分步长的选择与空间离散的步长大小有关系。

4. 需要重视的问题

①解法的收敛性：各种情况下运动方程求解收敛特性不仅与模型特性有关，也与采用的数值方法有关，当然也与需要分析问题的特征有关。

②接触网自由振动：接触网自由振动的分析模型能够揭示接触网模拟的一些问题，可以采用接触网的自由振动的数值分析来判断接触网模型和数值计算方法的质量。弓网耦合系统中一些其他作用在接触导线自由振动的模型中没有考虑，这是为了使得验证比较容易进行。在整个计算过程中，使用的是弦模型，采用数值计算得到的结果与测量的结果能够较好地吻合。

接触导线自由振动的模型在计算某个点的接触导线位移时可以分解为各频率的位移谐波部分的和，接触导线位移的计算是可以达到收敛的。但是接触力的计算是不收敛的，这不是数值不准确引起的，而是由耦合系统及接触点的力造成的。

③弓网接触力是一个移动的力：接触网和受电弓组成一个动态耦合系统，因此不能进行单独的考虑。弓网相互作用的模型可以分成两部分：接触悬挂模型和受电弓模型。其耦合的方式就是确定弓网接触力，并将这个力通过受电弓施加到接触网上。接触导线位移的微小误差会引起接触网的罗大偏差，因此对接触力准确的处理非常重要。

受电弓的作用力为一个常数移动力，它作用在接触导线上引起空间离散化的一个重要问题，是力的作用点轨迹不能与离散的点相吻合。解决这一问题的方法通常是采用在相邻两个点施加力，这样可以与空间相关得以实现，特别是当采用高阶的空间离散方法和小时间步长时，这一方法可以获得较好的效果。

弓网作用时，弓网接触力是一个实时变化的移动力，实时变化的力以及它的移动是由多普勒效应引起的，会引起高频的变化。另外，需要使用小步长，对于弦模型就是要选择适合高频振动的 $\Delta t \ll (\Delta x)/c$，否则就会产生误差，得到错误的结果。因此，波动传播方法是有问题的，这是因为时间步长和空间的离散都是固定的采用 $\Delta t=(\Delta x)/c$。而对于梁模型，这些都不是问题，因为为了满足精度和数值稳定性的需要，必须选择高阶的空间离散和小步长。

虽然理论研究显示：没有任何一个程序能够给出接触力的稳态分析，但是仍然可以从数值分析中提取出有用的信息。原因是不收敛是因为接触力很高的频率特征引起的。然而，这仅仅影响了接触网和受电弓的偏差，并没有影响系统的主要性能。实际接触力的时间历程可以通过低通滤波器进行后处理得到。这一方法用来处理弓网之间的相互作用。

2.5.2.4　有限元法解法

数值模拟仿真中的接触网有限元模型采用的是欧拉-伯努利梁来模拟，模型中承力索将接触导线吊起起支撑作用，承力索和接触线都被认为是具有抗弯刚度及张力的梁，张力通过边界条件加在线索上。吊弦作为承力索与接触网的连接部分也用梁来模拟，但是忽略了阻尼的影响。高速运行下，吊弦作为保证接触导线高度和弹性变化所起的作用巨大。支柱的作用除了支撑悬挂外在此模型中还有重要作用，用支柱的移动来模拟张力作用下线索的移动；定位器使接触导线在定位点处产生拉出值，定位器有一定的弹性作用。

模型中接触导线的质量被认为是加在划分好的有限单元上的。定位器与支柱的连接被认为是有弹簧的连接。接触网模型中考虑到了承力索与接触网的动态作用。吊弦也划分为两个有限单元，在高频范围内这种划分方法可以得到较好的计算结果。承力索以及接触导线的张力通过边界条件进行施加，分别施加在划分好的有限单元上。对支柱的位移也通过边界条件进行限制以代替旋转腕臂的移动。

接触网单元的选取比较重要，小单元可以充分体现出动态的过程，模型中考虑了 554 个单元，可以通过一组微分方程来计算以满足我们的精度要求，用于描述整个运动的矩阵是动态、实时的，当接触发生变化时，矩阵就会重新计算。这个模型可以计算接触导线的动态抬升量。如图 2-14 所示。

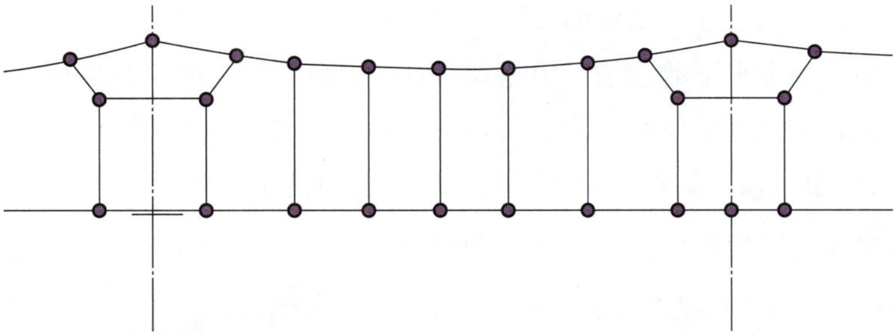

图 2-14　接触网模型示意图

受电弓有限元模型中，弓头与滑板处以及上下框架连接处通过铰链和非线性弹簧连接，铰链允许整体坐标系内 x 方向的相对旋转，非线性弹簧约束了相对旋转，相对旋转也考虑到了垂直、水平方向的运动，考虑了滑板和弓头处的高频振动，也考虑了上框架与下框架有角度的运动。抬升力通过升弓弹簧的边界条件进行施加，体现了受电弓的非线性。如图 2-15 所示。

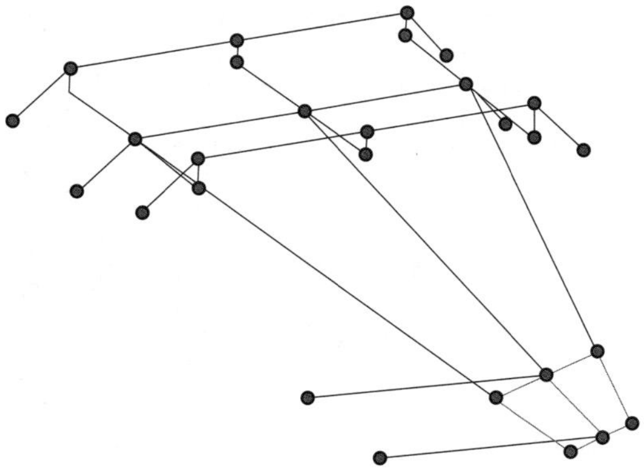

图 2-15 受电弓模型示意图

2.5.2.5 受电弓的 3D 模型

受电弓的力学特性对弓网接触力的作用有很大的影响，它是与接触网相互作用的。受电弓的基础动力学性能分析如下：受电弓升弓高度大约为 2 m，这是通过臂杆在垂直方向推动弓头来实现的。臂杆运动的频率在 1 Hz 或 2 Hz 之间。弓头振动位移的中频频率约为 10 Hz，弓头支撑滑板的悬挂部件或弹簧是非常灵活的。对于弓网的高频振动位移，频率从 20 Hz 到 50 Hz，振动位移幅值较小，接触滑板本身是一个弹性体可以用来抵消高频位移。

建立精确的数学模型来表达受电弓这个机械系统，以上所有的运动和力学特性都必须考虑到，因为它们都是与弓网运行性能直接相关的。

过去建立受电弓模型时，通常都采用有几个自由度的模型，这是由基本的运动来决定的。实际的受电弓包括非线性力的因素和非线性的运动，因此，线性自由度的模型以及线性力的准则仅对研究受电弓在一个点的作用有效，不需要考虑滑板的高度或者接触点，也不考虑侧向力的具体影响和水平的激励。但是，在特殊的情况下，这些简化的模型可以研究一个新的控制方案或者接触网的模型。两个质量块之间由于线性力作用产生的振动，其中包括铰链摩擦、阻尼和四个以及更多个质量块的作用。这包括了滑板的转动惯量和上臂杆的弹性作用。这些简化的二质量块或四质量块的模型都是有些问题的，因为在这些模型中多需要的质量块不是等效质量，也不是归算动态质量块。数值比弓头质量大，但是比与复杂机械运动有关的框架质量小。

为了研究更为实际的仿真模型，非线性的 3D 模型变得越来越重要。将来概念设计或者采用新的改进方法都需要经过动态仿真的测试。仿真与 CAD 结合可以作为设计受电弓的工具。图 2-16 为 DSA 型受电弓的 3D 模型。

图 2-16 受电弓 3D 示意图

DSA 型高速受电弓模型的建立，主要围绕多体动力学仿真工具 SIMPACK，可以与 Pro/ENGINEER(CAD)和 ANSYS(FEM)接口。

首先，模型的草图先由 Pro/E 和 ProSIM 进行设计，然后与 SIMPACK 接口，在 Pro/E 环境中进行机械特性分析。这一模型包括了与机械相关的刚体和 3D 运动。由 ProSIM 首先确定本体以及铰接的定义，由 SIMPACK 完成计算结果。在受电弓的前处理时，受电弓的关节部分对动力学性能有重要的影响。

在进一步优化模型时，不考虑受电弓各个部件材料及铰接部位的弹性，也就不形成特殊的力单元，这样做可以用来简化受电弓的模型。MBS 工具 SIMPACK 可以采用特征频率和静态模型来处理弹性体。为了进行计算，预先确定参数，然后再使用 FEM 程序 ANSYS 来运行。接口 FEMBS 可以将 FEM 的结果转换成 SIMPACK 可以用的数据形式。对于简单的模型，如滑板，使用 ANSYS 里面的前处理建立 FEM 模型就足够了。更为复杂的 FEM 结构，如上框架，可以在 CAD 环境中进行设计和网格划分。通过采用以上的处理方法，就可以在模型中考虑弹性体的作用。

为了确定重要的力单元的特征，如弓头之间的弹簧，需要进行试验。滑板弹簧的非线性特征用三阶多项式来表示。

另外一个重要的力单元是作用在下面和控制单元上的气动装置。这个部件可以保证恒定的空气压力。在低频下，它工作性能很好，而在高频的周期激励下，可以不考虑空气压力的变化。在这个机械模型中，用非线性的力单元来描述这种特性。

3D 的受电弓模型可以作为受电弓产品研制的评价工具，其主要的优点是，结构的改变直接影响模型，可以根据它的动力作用来进行分析，这样的模型可以对不同的运行状态和不同的边界条件进行仿真。

2.5.3　弓网模型参数的确定

1. 弓网系统的重要参数

一般来说，如果对受电弓和接触网子系统有深入的理解，受电弓-接触网相互作用的模型是相当直接的，不管采用哪种数学模型，主要解决的问题是确定弓网接触点的接触力和位移计算。

接触网和受电弓动态作用的模拟仿真主要在于对子系统模型的仿真能够达到较高的精度。在实际情况中，并不需要非常准确的弓网之间相互作用仿真。当然，建立较为复杂的接触网模型或者受电弓模型可以对弓网系统进行深入的理解。

弓网系统动态性能主要受系统的重要部件影响，这些部件在实际中很难控制。我们必须了解系统的重要参数，这些重要参数有：

(1)接触导线的张力：较大的接触导线张力对获得较好的受流性能非常重要，然而许多接触网张力补偿系统自动调节张力的能力并不那么精确，在一般重力补偿器系统中，张力的变化幅度可以达到 10%。

(2)接触导线的弛度：一项优化受电弓的技术就是利用接触导线的弛度来平衡每一跨中

接触导线的抬升量，这样受电弓可以有一个较为平直的运动轨迹。然而，每个吊弦之间大于 2 mm 的误差会给整个系统的性能产生很大的影响。实际上，在接触导线高度上很难达到小于 10 mm 的精度。

(3)气动力：作用在受电弓部件上的力是一个影响弓网系统性能的重要因素，特别是弓网作用力和接触导线抬升量。影响气动力的主要因素是受电弓运行方向(开口和闭口)、受电弓的位置(前弓和后弓)、动车组的车顶形状设计、接触导线高度、运行线路(桥梁、隧道等)、风速和风向。

(4)接触导线的阻尼：接触导线的阻尼很难测量，也难以建模，但是它是影响弓网性能的一个非常重要的因素，尤其是在双弓或多弓运行的情况下，接触导线的阻尼特性影响受电弓运行时接触导线的波动或是接触导线的扰动。

2. 接触网模型参数的获得

为了获得更准确地接触网模型参数，需要对接触网系统进行完全的振动试验，但是试验的费用相当大。当进行实验室试验时，测试也只限于标准的接触网建模手段来预测临界振动频率，以及高自由度的模态。接触网的阻尼被认为与许多频率无关，是临界值的 1%。当接触网系统模型用来仿真单个受电弓时，阻尼的大小并不重要。但是，当仿真多弓运行时，这一问题就显得十分重要。

一个试验评估接触网系统的方法就是测试接触网系统对于一个阶跃力(冲击力)输入的响应情况。这将会测得接触网系统的主要频率，并且能够确定接触悬挂的阻尼。确定了接触网系统的响应特征，就可以建立接触网的模型。这些响应特征包括许多特殊的接触网特征，如锚段关节、中心锚节、分相等。

3. 受电弓模型参数的获得

对受电弓的机械特性可以进行更加精确的测试，以获得更为具体的模型参数。受电弓的模型可以通过实验室的标准试验来获得，例如，对受电弓滑板施加一定频率的作用力，测试受电弓的响应性能，这些响应性能与受电弓的升弓高度、作用力幅度和作用位置相关，获得的主要参数是受电弓固有振动频率和受电弓的各部件的归算质量，这些数据可以对受电弓数学模型的准确性做出评估。

对于低阶的受电弓模型，相对简单的二或三质量块模型可以测试到至少 20 Hz 的频率。

4. 弓网相互作用的确认

弓网之间相互作用性能的确定，如果不通过在实际线路上高速的性能测试，这一问题很难得到解决。新建高速铁路接触网，可使用仿真的方法对整个接触网系统的运行速度做一个预测，再进行弓网作用参数的实际测量，并与模拟仿真预测进行比较。

在高速铁路建设中，将接触网系统设计与受电弓的设计或选型综合在一起是一个趋势。但是，某一线路设计的接触网对某型号的受电弓匹配良好，可能在另一条线路接触网下弓网匹配情况不理想。采用模拟方法就能提前确定接触网受电弓系统是否兼容。仿真也可以用来确定带有多弓的不同编组动车组在运行过程中存在的弓网问题。

第3章 弓网受流性能仿真技术

3.1 弓网受流仿真平台

受电弓-接触网耦合系统是高速铁路的主要系统之一，是高速列车研究的主要内容之一。早在 20 世纪 30 年代就有弓网系统动力学研究的论文发表，到六七十年代，大量的弓网动力学研究方面的论文发表，形成了一个小高潮。最近几十年，得益于社会的发展以及高速铁路的速度不断提高，目前对于弓网系统的研究依然十分活跃。为了满足本国高速铁路弓网系统研发的需要，包括法国、德国、日本等主流的高铁大国都发展了各自的弓网耦合系统仿真软件以及实物实验设备，并且他们的研究成果都在工程实际中得到应用，发挥了不小的作用。我国最早在 20 世纪 90 年代开始对弓网耦合系统动力学方面做了系统的研究。随着这几十年来我国高铁飞速发展，弓网方面的研究也得到了迅速的发展，全国比较出名的交通类高校、受电弓厂家和设计院都开始对弓网系统动力学进行研究，在这期间，发表的论文也随之增多，在这过程中具有自主知识产权的弓网系统仿真计算软件开始出现。

目前主流弓网仿真商业软件中，接触网采用的是梁索单元模型；受电弓主要采用的是归算质量模型和多刚体模型，只是将局部(弓头)建立为实体模型。见表 3-1。

表 3-1　国外弓网仿真商业软件

软件名称	开发机构	接触网模型	受电弓模型	实现功能
PrOSA	DB(德国)	欧拉梁单元	多刚体模型	接触网静态求解，弓网动态仿真
PantoCat	IST(葡萄牙)	欧拉梁单元	多刚体模型＋柔性滑板	接触网静态求解，弓网动态仿真
SPOPS	KRRI(日本)	欧拉梁单元	质量块模型	接触网静态求解，弓网动态仿真
CaPaSIM	KTH(瑞典)	欧拉梁单元	质量块模型	接触网静态求解，弓网动态仿真
PCaDA	POLIMI(意大利)	欧拉梁单元	质量块模型	接触网静态求解，弓网动态仿真
Gasen-doFEM	RTRI(韩国)	欧拉梁单元	质量块模型	接触网静态求解，弓网动态仿真
OSCAR	SNCF(法国)	欧拉梁单元	多刚体模型＋柔性滑板	接触网静态求解，弓网动态仿真

续上表

软件名称	开发机构	接触网模型	受电弓模型	实现功能
CANDY	UPCo(西班牙)	欧拉梁单元(含转动约束)	质量块模型	接触网静态求解,弓网动态仿真
PACDIN	UPV(西班牙)	欧拉梁单元(ANCF)	多刚体模型	接触网静态求解,弓网动态仿真

欧洲和日本已经研发了商业化的弓网仿真软件。国内弓网仿真大多借助于国外商业软件进行仿真研究。对于国内铁路企业、研究机构,在弓网仿真数学模型的建立、开发自主化的方程求解器、深入研究弓网关系理论等领域,还有很多工作要做。

3.1.1 弓网仿真研究常用的仿真平台简介

弓网仿真方法主要是有限元分析法。有限元分析法的基本思想就是基于固体流动变分的原理,把连续的物体划分成有限互相连接的单元,把连续的东西进行离散化后借助现代计算机技术进行求解。随着计算机广泛应用,实现了大型方程的求解,同时推动了有限元分析法的发展,使有限元分析法成为现代工业设计中的重要环节。

有限元分析法的应用主要分为三部分,即前处理模块、求解(分析计算模块)和后处理模块。其中,前处理模块是指模型的创建部分,将连续的求解域离散成有限个单元的组合,正确地建立起各个单元的材料类型、施加荷载及边界约束条件等,最后生成可以用于求解的模型问题。求解即对前处理生成的文件进行处理。国内弓网仿真研究常用的商业化仿真平台或求解有限元的软件有 ANSYS,LS-Dyna、NASTRAN、SIMPACK 等。后处理模块可将计算结果以各种图形式显示出来,也可将计算结果以图表、曲线形式显示或输出。

1. ANSYS 有限元分析软件

ANSYS 软件是美国 ANSYS 公司研制的大型通用有限元分析(FEA)软件,是世界范围内增长最快的计算机辅助工程(CAE)软件。ANSYS 功能强大,操作简单方便,是大型通用有限元分析软件,在各种不同的领域有着广泛的应用。ANSYS 有限元软件包是一个多用途的有限元分析法计算机设计程序,可以用来求解结构、流体、电力、电磁场及碰撞等问题。

前处理模块提供了一个强大的实体建模及网格划分工具,用户可以方便地构造有限元模型。

分析计算模块包括结构分析(可进行线性分析、非线性分析和高度非线性分析)、流体动力学分析、电磁场分析、声场分析、压电分析以及多物理场耦合分析,可模拟多种物理介质的相互作用,具有灵敏度分析及优化分析能力。

后处理模块可将计算结果以彩色等值线显示、梯度显示、矢量显示、粒子流迹显示、立体切片显示、透明及半透明显示(可看到结构内部)等图形方式显示出来,也可将计算结果以图表、曲线形式显示或输出。

ANSYS 软件可以分析大型三维柔体运动。当运动的积累影响起主要作用时,可使用这些功能分析复杂结构在空间中的运动特性,并确定结构中由此产生的应力、应变和变形。因此可以用来仿真分析高速铁路接触网系统。软件提供了 100 种以上的单元类型,用来模拟工程中的各种结构和材料。可以利用 ANSYS 软件提供的索单元、弦单元、梁单元、杆单元快速构造出接触网实体模型,省去了复杂的数学建模过程;并且可以在 ANSYS 软件中完成受电弓和接触网模型的组装,完成弓网受流动态指标计算。

采用 ANSYS 有限元仿真软件,自带的微分方程求解器可以方便地对实体模型对应的微分方程进行求解。建立数学模型和方程求解交给 ANSYS 完成,从而大大提高工程师们仿真计算的效率。

2. LS-Dyna 有限元计算软件

LS-Dyna 软件是功能齐全的几何非线性、材料非线性和接触非线性动力分析有限元计算软件,它以 Lagrange 算法和以非线性动力分析为主,能够处理各种高度非线性问题。可以用来分析 2D、3D 结构高速滑动碰撞等非线性动力冲击问题。高速铁路弓网间的滑动碰撞是一个高速非线性过程,而且随着运行速度的提高,弓网间的碰撞更加剧烈、弓网间的动态性能变差,因此考虑滑动碰撞时,可以采用 LS-Dyna 求解器对高速铁路弓网间的动力学问题进行求解。

3. MSC NASTRAN

MSC NASTRAN 是一款具有高度可靠性的结构有限元分析软件,能有效地求解大模型,其稀疏矩阵算法速度快,而且占用磁盘空间少。NASTRAN 对动力学分析、非线性分析等都具有强大的分析能力。NASTRAN 软件可以在弓网系统非线性动力分析、模态分析、流固耦合分析中得到应用。

4. SIMPACK 运动分析软件

SIMPACK 软件是德国 INTEC Gmbh 公司开发的针对机械、机电系统运动学、动力学仿真分析的多体动力学分析软件包。它以多体系统计算动力学为基础,包含多个专业模块和专业领域的虚拟样机开发系统软件。德国的 G. Poetsch 等人针对 DSA 350 型受电弓,首先采用专用 SIMPACK 软件对受电弓建立了 3 个自由度的实体模型,对受电弓的框架和弓头部分进行控制,最后设计了基本的 PI 调节器,实现了对受电弓主动控制的研究。

5. Adams 多体动力学软件

Adams 软件由于其领先的“虚拟样机”理念和技术，迅速发展成为 CAE 领域中使用范围最广、应用行业最多的机械系统动力学仿真工具。众多国际化大型公司、企业均采用 Adams 软件作为其产品设计研发过程中机械系统动力学性能仿真的平台。借助 Adams 软件强大的建模功能、卓越的分析能力及方便灵活的后处理手段，可以建立复杂机械系统的“虚拟样机”，在模拟现实工作条件的虚拟环境下逼真地模拟其各种运动情况，帮助用户对系统的各种动力学性能进行有效的评估，并且可以快速分析、比较多种设计思想，直至获得最优设计方案，提高产品性能，从而减少昂贵、耗时的物理样机试验，提高产品设计水平，缩短产品开发周期，减少产品开发成本。

利用多体动力学求解技术，Adams 仅需小部分时间便可完成非线性动力学的运行。

弓网仿真中，用三维软件画出某高速铁路受电弓的精确模型。整体导入动力学分析软件 Adams 中，利用有限元理论及 ANSYS 软件建立接触网模型及受电弓中板簧等弹性体，并在 Adams 中与受电弓进行装配，建立完整的弓网刚柔耦合的模型，并进行动力学计算。

采用 Adams 平台建立受电弓实物模型，与根据受电弓结构建立数学模型相比，Adams 平台受电弓建模更加方便，软件开发的求解器可以完成高精度的载荷和作用力求解。工程师不必具备很高的动力学理论知识和计算机编程能力。

6. Simulink

Simulink 是美国 Mathworks 公司推出的 MATLAB 中的一种可视化仿真工具。Simulink 是一个模块图环境，用于多域仿真以及基于模型的设计。它支持系统设计、仿真、自动代码生成以及嵌入式系统的连续测试和验证。Simulink 提供图形编辑器、可自定义的模块库以及求解器，能够进行动态系统建模和仿真。

采用 Simulink 研究弓网动力学仿真时，需要首先建立受电弓和接触网的动力学数学模型和有限元数学模型，在 Simulink 中对受电弓和接触网模型进行装配，然后采用 Simulink 提供的微分方程求解器，计算弓网动力学参数。

采用商业化软件平台进行弓网仿真，为弓网仿真提供了很大的便利。尤其是采用有限元软件和多体动力学软件建立可视化的接触网和受电弓模型，软件会生成大型的可求解的受电弓和接触网耦合的动力学微分方程文件，为数学建模提供很大便利。同时商业化软件平台都开发了各自的求解器，使方程求解、运动学参数计算变得简单，省略了仿真工程师对大型微分方程求解算法的编写工作。

值得注意的是，这些有限元和多体动力学仿真平台大多是美国和德国开发为主，国产软件还有待进一步发展。

3.1.2　模拟数值求解方法

在数值求解方法上，有模态分析法、传播波动法、有限微分法、有限元法等。

随着计算机的发展，微分方程数值求解的方法很多，常用的有差分法、Euler 法、New Mark 法、Runge-Kutta 法、Wilson 法等，其中比较常用的是 Runge-Kutta 法。

1. 有限元法

采用有限元耦合方法时，接触网的设备被划分为用耦合机构连接并易于用数学语言描述的微分元素，形成一个系统的微分方程，可以模拟接触网并达到所期望的精确程度。

由于所选择的元素必须尽可能小，要解一个完整锚段的动态过程，需要建立超过 2 000 个微分方程。描述系统的移动状态点是与时间有关的，每计算一段，必须对每个质点重新格式化，解决这些问题需要复杂的计算过程。

2. 频率范围内的解析方法

根据接触网支持装置不定长度而固定间隔的组合进行的，单独的分段有单独的振荡。可利用 Ritz 近似法解出拉格朗日(Lagrange)方程式。根据近似法的次数确定所求解的精确度。接触导线和受电弓间的接触压力可用较高阶的傅立叶方法计算。

3. 采用频率相关的有限元法

本方法在分析较高频率的过程中，减少需要的矩阵阶数。接触导线的张力方程是在元素层用解析的方法求解的，对吊弦间的接触导线不必再分段。对于整个接触网的装置，可推导出与增加的元素相关的关联矩阵，如：定位器、线夹、腕臂等均可作为单独的质量块或振荡元素，这样可对任何类型的接触网进行模拟。

在模拟过程中，首先对接触网的固有频率进行计算，通过附加某固有频率模拟受电弓引起的接触网振动反应。

4. 利用波动方程进行模拟

弓网接触力使接触导线弯曲和振动，接触导线的振动以波的方式沿接触导线传播，这种波在不连续点还会产生反射回波。在弓网接触点，受电弓的激振波以机车的速度前进，这种波动模型是基于 Alambert 的波动方程。通过接触导线上各个波的叠加得出接触网各元素的运动状态。在这种模型中，把接触网的吊弦作为弹簧元素，只考虑对接触导线施加张力，对于吊弦卸载变得松弛，随之对接触压力造成影响。仿真程序框图如图 3-1 所示。

弓网接触力的计算流程图如图 3-2 所示。

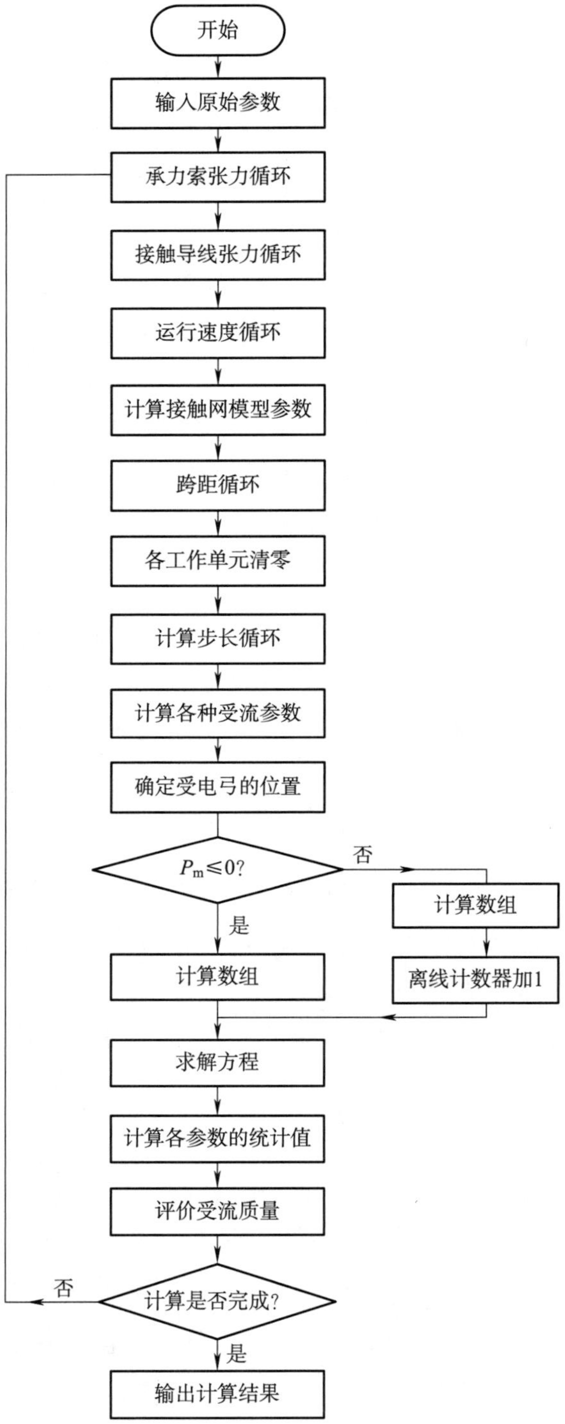

图 3-1　弓网仿真程序框图

图 3-2　弓网接触力计算流程图

3.2　弓网仿真参数和边界条件确定

弓网仿真的关键是模拟接触网和受电弓接触点的特性和相互作用，得到弓网接触力、接触网和受电弓的形变，所以必须计算接触压力和接触点的垂直运动。

因此，弓网仿真参数主要包括：

(1)弓网接触力(最大接触力、最小接触力、平均接触力)；

(2)弓网接触力标准差；

(3)接触网定位点动态抬升量；

(4)受电弓垂向运动幅度；

(5)弓网离线。

仿真结果评价依据标准 TB/T 3271 中规定接触力的范围，交流系统大于 200 km/h，接触力范围为 0～350 N，见表 3-2 所示。

表 3-2　标准规定的接触力范围

系　　统	速度/($km\cdot h^{-1}$)	接触力最大值/N	接触力最小值/N
交流系统	200	300	>0
	>200	350	>0

标准 EN 50367 和 UIC 799，规定弓网动力相互作用的参数如下：

(1)接触力目标值(F_t)：交流接触网 $F_t=0.000\ 97\cdot v^2+70$ N，v 是受电弓运行速度，km/h；

(2)最大标准差(σ_{max})：$\sigma_{max}<0.3F_m$(F_m 为实测平均接触力)，即 $0.3F_m-\sigma>0$；

(3)定位点最大抬升量(d_{up})：$d_{up}\leqslant 120$ mm；

(4)受电弓最大垂向运动幅度(Δz)：$\Delta z\leqslant 80$ mm；

(5)允许实际燃弧率(NQ)：交流接触网 NQ≤0.2%(速度大于 250 km/h)。

受电弓与接触网的动力相互作用仿真可得出(1)～(4)项参数，第 5 项不能得出，假设弓网离线存在燃弧，可用接触力等于 0 替代。

1. 计算参数的选取

在建立了弓网仿真模型，选定了计算方法，编制并调试好计算程序之后，需要将计算参数输入计算机中，经过数值计算便可以得到所需要的结果。因此需要正确选取计算参数。

受电弓计算参数主要包括：

(1)受电弓静态接触力；

(2)受电弓弓头刚度；

(3)受电弓弓头的归算质量；

(4)受电弓上下框架的归算质量；

(5)受电弓弓头于上、下框架间的等效阻尼；

(6)受电弓上分布的空气动力；

(7)受电弓基座的振动位移。

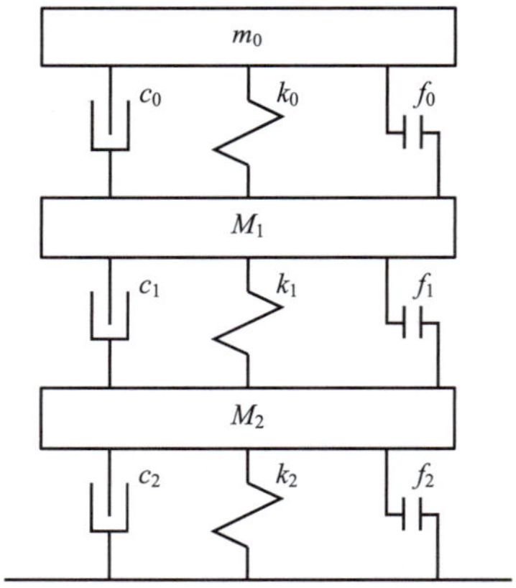

图 3-3　DSA380 型受电弓模型

DSA380 型受电弓模型和参数数据如图 3-3 所示。

表 3-3　DSA380 型受电弓数据

受电弓	$m_0=7.12$ kg	$m_1=6$ kg	$m_2=5.8$ kg
刚度	$k_0=9\ 430$ N/m	$k_1=14\ 100$ N/m	$k_2=0$ N/m
阻尼	$c_0=0$	$c_1=0$	$c_2=70$ N/m
空气动力	$F_0=0.5$ N	$F_1=3.5$ N	$F_2=3.5$ N
静态接触力	70 N		

2. 接触网悬挂参数的选择

接触网悬挂参数的选择包括：

(1)标称跨距；

(2)承力索单位长度质量；

(3)接触导线单位长度质量；

(4)承力索张力；

(5)接触导线张力；

(6)结构高度；

(7)弹性吊索长度；

(8)弹性吊索张力；

(9)吊弦数量及间距；

(10)拉出值。

以京沪高铁接触网为例，其参数数据见表 3-4。

表 3-4　京沪高铁接触网设计参数

项　目	参　数
标称跨距/m	50
承力索型号	JTMH120
接触导线型号	CTMH150
承力索单位长度质量/($kg \cdot m^{-1}$)	1.082
接触导线单位长度质量/($kg \cdot m^{-1}$)	1.35
承力索张力/kN	20.0
接触导线张力/kN	31.5
结构高度/m	1.6
弹性吊索长度/m	18
弹性吊索张力/kN	3.5
吊弦数量	5
拉出值/m	0.2

3.3 仿真参数

3.3.1 弓网仿真内容

接触悬挂是一个架空机械系统，当受到外力激扰时，会产生一系列周期性或非周期性振动，这种与固有频率有关的机械式振动，以及这种振动索形成的振动波的传播都会使受电弓与接触导线之间的接触压力产生变化。若接触网-受电弓系统的接触压力变化幅度越小,变化率越低,则动态受流质量越好;反之越坏。

计算机仿真计算,就是在给定条件和参数的情况下,计算弓网接触力的变化情况,评价给定的计算条件是否合理,以及在计算条件发生变化时,接触压力的发展趋势。

3.3.2 仿真计算的功能

根据弓网关系的受流理论,建立数学模型,使用计算机模拟计算接触网-受电弓系统的静态性能和动态性能,实现弓网受流的计算机仿真,对弓网受流性能进行预报。这种动态模拟计算可以实现以下几个功能:

(1)改变系统的条件和参数,计算不同形式的接触网和各种受电弓的相互匹配时的受流性能。

(2)在接触网设计时,选择和优化弓网受流系统的参数,给出定量化的指标,并给予预评价。

(3)指出弓网关系恶化的边界条件(如共振速度、最大接触压力、最大离线率、最大接触导线抬升量等)。

(4)预报高速试验时弓网受流试验的试验结果。

(5)模拟锚段关节、线岔、分相等部位的动态接触过程。

动态模拟的目的是确定受电弓滑板作用在接触导线上的接触压力与时间(或距离)相关的特性。在这个过程中,必须同时分析受电弓和接触网的动态性能;同时,也将模拟多个接触点的相互作用,如单弓和多弓运行。

对于接触网来说,除了利用仿真模型计算外,还必须考虑下列因素:

(1)接触导线、承力索、弹性吊索、吊弦,包括材料特性和安装条件;

(2)各种支持结构的动态特性,如定位管、腕臂支持装置;

(3)接触网的不连续性,如锚段关节、线岔、分段绝缘器;

(4)接触网的集中质量,如电连接线夹、中心锚结线夹等。

对于受电弓模型,要考虑以下因素:①受电弓的结构和特性;②受电弓滑板的不同类型。

在接触网模拟过程中,把接触网当成平面系统,不考虑接触导线的横向拉出值和有关横向力。

模拟结果:

受电弓运行到接触网每一个位置,弓网接触力需要反复计算。弓网耦合模型可以确定由于接触力的作用而导致各部件的运动,通过一个部件运动引起另一个部件运动特点来确定弓网接触点的耦合特性。

接触导线以固有频率和固有向量进行描述,首先得到接触导线静止状态下的位置初始值,确定接触导线质量及吊弦长度的静态初始值。接触导线依靠吊弦保持在规定的高度上,并沿吊弦之间有一定弛度。为避免接触导线曲线处非连续性，还要考虑吊弦间接触导线的弯曲弹性，以及在吊弦处的相关接触压力的作用。接触力的模拟要进行每一步计算，根据不同的列车速度计算每个接触点的位置，受电弓的静态作用力作为初始值。对于这些激发力的影响，在固有频率下计算接触导线在每一接触点的位移，然后进行叠加。反复地改变预设的接触力，直到受电弓和接触导线的位移在各接触点相匹配。一般地，对受电弓和每个单个的接触点，需要 15～20 次反复循环，才能得到满意结果。

第4章 弓网关系试验检测技术

4.1 弓网试验要求和参数

4.1.1 弓网试验要求

由于接触网-受电弓系统运行状态和环境的特殊性，弓网参数测量装置与一般的牵引供电设备的电气参数（如电压、电流、功率、绝缘电阻等）、结构参数（如几何尺寸）和强度参数（如动态应力）测量相比，具有很大的不同。弓网参数测量是受电弓以列车速度在接触网下运动过程中（即受流过程中）完成的，这一动态过程包括了多种机械运动形式和电气状态变化，接触导线和受电弓滑板既有滑动摩擦，又有上下振动；同时，弓网间时有离线电弧伴随。

弓网参数测量装置的测量方法和安装条件必须充分考虑动车组的运行条件，同时又要适应接触网检修和受电弓检修的需要。笔者结合几十年来研制接触网检测设备的经验及弓网检测装置的新要求，对各种参数的测量技术进行了专门的研究和设计，如弓网接触力、弓网燃弧、接触网网压、接触导线高度、硬点、支柱定位方式、接触网几何参数非接触测量系统、测量信号传输方式、数据采集软件、测量系统中各参数的标定方法、测量系统的电磁兼容技术、测量数据传输方法、检测信息数据库的建立方法、检测数据库管理方式等。通过各项设备的工程化研究和设计，弓网参数检测装置成为一项能对接触网参数和受电弓运行状态进行实时检测，确保动车组行车安全的新型技术装备。

高速铁路联调联试及试运行既是高速铁路系统集成必不可少的重要环节，也是高速铁路建设的关键技术之一。

为检验高速铁路是否达到预期的设计要求，新的高速铁路开通运营前，必须将所有的系统技术进行测试，而且还要将各系统作为统一完整的整体，统筹策划、全面协调，使新线各系统技术标准匹配、技术接口完整、技术装备合理。高速铁路是高新技术的集成，涉及相关的各个系统，各系统之间既有硬件联系，又有软件衔接，联调联试及试运行是对高速铁路各系统接口匹配关系、整体运行性能、安全性及环境保护等的全面试验评估和运行考验，是对系统集成效果的全面检验。

接触网系统联调联试的目的：

(1)测试高速铁路接触网的状态和参数,以便于施工和运营部门调整,使其符合设计文件和相关标准要求;

(2)验证动车组受电弓在高速铁路接触网下运行的受流性能,研究高速弓网关系,评价动车组的弓网适应性;

(3)测试接触网的动态抬升量,评价接触导线的动态抬升是否安全。

各条客运专线的接触网联调联试和动态检测工作须历时几个月时间,经历接触网参数和状态检测和调整、动车组的弓网受流性能试验和接触网动态性试验等各个阶段。通过接触网的联调联试和动态检测,全面多次检测客运专线接触网的参数和状态,依据检测数据,接触网集成单位对接触网进行细致的调整,使接触网的参数和状态达到设计文件和相关标准要求。

在高速铁路的联调联试阶段,接触网的状态和动车组的弓网受流性能是至关重要的因素。在试验过程中,首先使用接触网检测车对接触网进行多次全面检测,促使各单位对接触网进行调试和消除缺陷,使各项参数符合设计文件和相关标准要求,使接触网在动车组高速运行之前保持良好状态。在动车组试验过程中,每天对接触网进行检测和状态确认。

动车组的弓网受流性能取决于接触网和受电弓两方面的因素。受电弓的动态性能是影响弓网受流性能的关键因素,受电弓的静态抬升力必须符合相关标准要求;同时,高速动车组受电弓必须进行空气动力学性能优化,只有对受电弓的气动力性能优化后才能保证弓网受流性能满足运行要求。

接触网的性能由设计参数和施工工艺决定,优良的接触网施工工艺是保证弓网受流性能和弓网安全运行的重要因素。通过客运专线的接触网检测,可以看出客运专线接触导线的平顺性是否良好。

弓网关系是高速铁路的关键技术,直接影响列车的速度和运行安全性。我们要建立适合中国铁路的弓网技术体系,包括:高速铁路接触网体系,高速铁路受电弓技术,弓网性能测试技术,弓网性能评价体系等。

4.2　弓网试验参数和设备要求

4.2.1　弓网试验参数

弓网受流试验参数包括:

(1)弓网接触力:最大接触力,最小接触力,平均接触力,标准方差;

(2)燃弧性能:最大燃弧时间,燃弧次数,燃弧率;

(3)硬点:垂向加速度最大值;

(4)受电弓运行轨迹:一跨内最高高度、最低高度和高度差;

(5)接触导线动态抬升量。

4.2.2 弓网试验设备关键技术要求

测量系统必须适应接触网和受电弓所处的测量环境,技术关键要求如下:

(1)测量传感器的设计和安装应适合弓网受流的要求;

(2)测量信号的高低压侧传输通道满足 35 kV 等级的绝缘要求,并不受电气干扰和环境天气影响;

(3)整个测试系统的电磁兼容设计使测量系统在牵引供电系统的电磁环境中正常工作;

(4)数据采集系统必须具有实时性和准确的数据定位功能。

4.3 弓网各参数测试技术

受电弓和接触网的结构和运行情况,如图 4-1 所示。

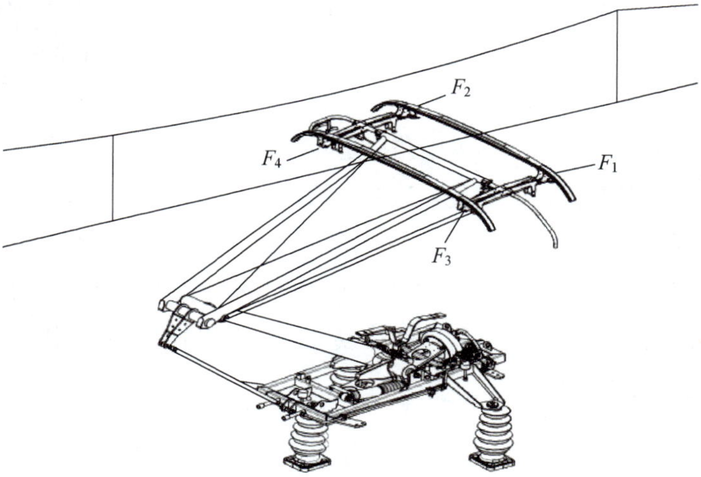

图 4-1 弓网接触运行示意图

弓网系统主要包括以下各参数:接触悬挂形式,结构高度,导高,拉出值,跨距,定位器坡度,接触压力,硬点,燃弧率,磨耗,抬升量,张力,弹性及弹性不均匀系数,等等。这些参数反映了弓网系统的不同侧面:有的表征接触网的几何参数;有的表征接触网结构的物理特性;有的表征弓网的匹配特性。对于弓网系统中不同的问题,所研究参数的种类及深入程度是要有区别的。例如:对于接触网的施工及维修单位,主要考虑接触网的几何参数,包括导线高度、拉出值、定位器坡度等。对于接触网的设计者除以上参数外,还要考虑悬挂形式、结构高度、跨距、张力等参数。对于运用单位要考虑离线、磨耗等表征接触网与受电弓使用寿命的参数。研究弓网关系，必须全面考虑各参数，综合评判各参数的控制对象及弓网的综合性能，为设计、施工维修及运用单位提供科学理论依据。

下面我们将以上参数进行分类。(1)几何参数，几何参数控制接触网空间结构，即接触网空间架设位置参数，包括跨距、导高、拉出值、定位器坡度、结构高度。(2)决定接触网结构物理特性的参数，包括悬挂形式、跨距、张力。(3)导出参数，包括波动传播速度、反射系数、弹性及弹性不均匀系数等参数，它们不是控制参数。

4.3.1　弓网接触力

4.3.1.1　弓网接触力分析

弓网的接触，从机械结构的角度看，它是一种连接副结构，连接的好坏取决于连接副之间的连接力，即弓网之间的接触力。弓网间的动态接触力直接反映了受电弓弓头与接触导线的接触状态。当接触力过大时，滑板与接触导线在单位面积上的接触力增加，如果其他条件保持不变，会使弓网磨耗加剧，降低弓网的使用寿命，增加铁路的运用成本和维修费用。另外，接触力的增加，使得弓网位移增加，接触网及受电弓偏离设计位置加大，对行车安全造成威胁，降低了弓网的安全性，容易引发弓网事故；接触力过小，会造成受电弓与接触网的连接不可靠，容易造成弓网的短时脱离，即发生离线，产生电弧。由于电弧的高温影响，接触导线及受电弓的滑板将产生局部的烧损，在多次烧损的情况下，必然降低弓网的使用寿命。

由以上的分析我们可以得出结论：弓网间的动态接触压力是影响弓网使用寿命的重要因素之一，也是影响行车安全的关键性因素，无论弓网间的接触压力过大或过小都将降低弓网的使用寿命。

接触导线与受电弓滑板之间是滑动摩擦运动，导线与滑板是一对摩擦耦件，弓网间的作用力可以分解为纵向(沿线路方向)力和垂向力。在弓网运行过程中，纵向力由列车纵向动力克服，弓网受流性能测试中，我们最关心的是弓网间的垂向接触力。弓网垂向接触力包括：

(1)静态抬升力：通过调整受电弓升降系统的空气压力来进行控制。

(2)空气抬升力：产生于空气流经受电弓上下框架、受电弓弓头及滑板时。空气动力由以下因素决定：列车速度，车顶受电弓附近设备的布置，受电弓的位置及布置等。可由受电弓导流板的设计和安装位置来控制。

(3)动态抬升力：是一种惯性力，由受电弓及链形悬挂的综合质量的垂向振动而产生。当列车速度增加时，接触力也随着动态抬升力 F_{dyn} 的影响而增加。这个分量由弓网的设计参数以及列车运行的激励决定，支柱间跨距内弹性的变化、接触网系统的不规则引起的受电弓上下振动造成接触力的持续波动。这些波动沿受电弓的前进方向沿接触网传播，在集中质量点及不连续处受到影响，在弓网接触点对接触力造成额外的变化。当以上集中因素一起作用时所形成的效果被放大，随着列车运行速度的提高，影响的量级也随之提高。

弓网接触力的大小是受电弓的静态抬升力、空气抬升力以及垂直方向上的质量惯性力(弓头质量造成的惯性力)的合力。由于动态抬升力是一个随时间变化的随机函数，我们可从下列指标来评价引网动态接触力：

(1)最大接触力；

(2)最小接触力；

(3)平均接触力；

(4)标准偏差；

(5)接触力不均匀系数；

(6)接触力与测试系统设计；

(7)接触力的分析；

(8)接触力与弓网性能其他参数的关系。

影响弓网受流质量的两个指标：接触导线抬升量，接触导线磨耗及受电弓滑板磨耗。接触导线抬升量的大小影响弓网运行安全，导线磨耗和滑板磨耗影响接触网寿命和滑板使用寿命。本文研究的弓网接触力是上述的垂向力。弓网间接触力的大小由受电弓的静态抬升力、空气动力以及垂直方向的质量惯性力等因素决定。

弓网间的动态接触力直接反映了受电弓弓头与接触导线的接触状态。当接触力过大时，会使弓网磨耗加剧，引起弓网位移增加；接触力过小，会造成离线，产生电弧。动态接触力主要从接触力的最大值、最小值及标准偏差这几方面来评价。

为了说明弓网之间的作用关系，对受电弓进行机构的运动学及动力学分析是没有必要的，而且对于某一特定受电弓的分析不具备普遍性。为此，我们以受电弓的一元振动模型为研究对象，对其进行受力分析。

1. 受电弓静态接触力分析

假设受电弓的归算质量为 M_ω，设计静态接触力为 P_1。受电弓设计时要求：受电弓在工作高度范围内，接触力 P_1 为一确定值(我国受电弓的静态接触力为 70 N)。也就是说，弹簧给受电弓提供一确定的力，用 P_T 表示此力，由受电弓的静态平衡条件可得：

$$P_T = P_1 + M_\omega \cdot g \tag{4-1}$$

由于弹簧力的变化量等于零，与弹簧的位移无关，根据刚度的物理意义(单位位移力的增量)，可得出结论：受电弓模型中，弹簧的刚度 k 为零。

2. 受电弓动态接角力分析

机车以速度 v 运动时受电弓所受的空气抬升力为 P_f，动态接触力为 P，垂向加速度为 a，见图 4-2 受电弓动态受力图。由牛顿第二定律可列出如下方程：

$$P_T + P_f - M_\omega g - P = M_\omega a \tag{4-2}$$

解此方程可得：

$$P = P_T + P_f - M_\omega g - M_\omega a$$
$$= P_1 + M_\omega g + P_f - M_\omega g - M_\omega a$$
$$= P_1 + P_f - M_\omega a \tag{4-3}$$

即

$$P = P_1 + P_f - M_\omega a \tag{4-4}$$

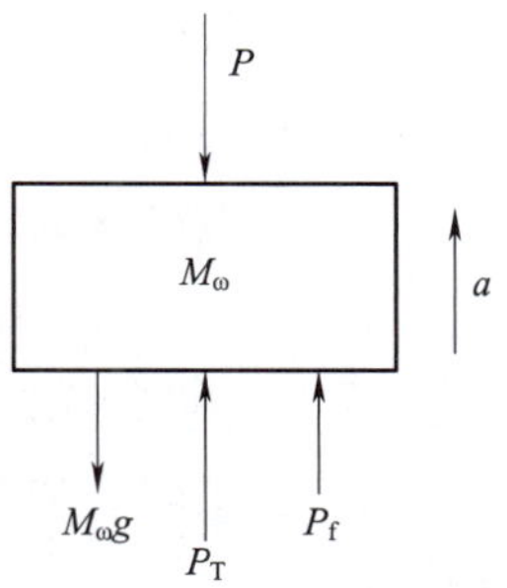

图 4-2　受电弓动态受力图

由式(4-4)可以清楚地看出，受电弓的动态接触力是由静态接触压力、空气抬升力、归算质量及受电弓的垂向加速度等参数决定的。

在这些参数中静态接触力为设计确定参数；空气抬升力是由列车的行进速度及受电弓的结构参数决定的，当受电弓的结构参数确定后，列车以一定的速度行进时，空气抬升力即为某个确定值，通过设计合理的受电弓参数可以减低或消除空气抬升力(如何设计受电弓的参数以减低或消除空气抬升力，将作专门的研究)；归算质量是由受电弓结构参数决定的物理参数，与受电弓的运动情况无关。当受电弓的垂向加速度为零时，即受电弓无振动时，接触力就是一个定值。

4.3.1.2　弓网接触力传感器设计

接触导线沿线路方向布置为“之”字状，受电弓在运行过程中，接触导线在滑板上来回滑动，两条滑板的四个支点所受到的力随接触导线在滑板上的位置不同而不同。

一般地，需要根据受电弓弓头的结构设计安装特殊的力传感器，共需要四个压力传感器、两个加速度传感器。通过光电隔离装置将传感器的电信号传至低压侧的数据采集装置，通过数据采集和计算，获得弓网间的动态接触力。

1. 测量传感器的安装位置

通过对受电弓的受力分析和结构分析，为测试接触导线与滑板之间的接触力，在受电弓的前后滑板的两端支撑点安装有四个测力传感器，在弓板底面安装 4 个加速度传感器。如图 4-4 所示：

为了安装接触压力传感器，必须对受电弓滑板的支持部件进行某些改造，设计、制造专用的压力传感器。

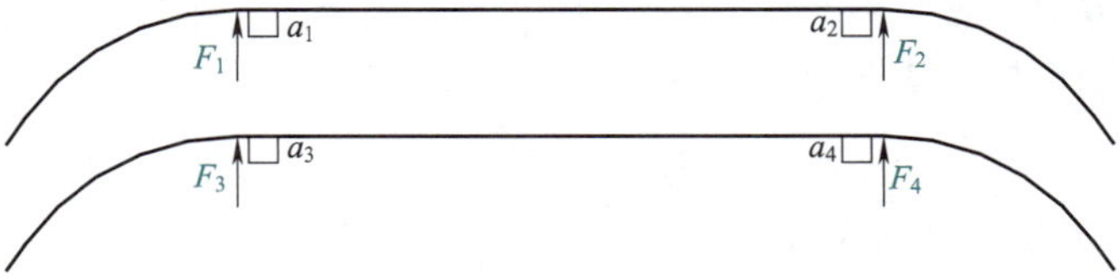

图 4-3　弓网接触力测量传感器安装示意图

2. 测量传感器的性能要求

(1)弓网间的接触点在滑板上不固定，要求接触导线在任何位置时，对滑板的力均能传至传感器上。

(2)接触网带有 25 kV 的电压,负荷电流为 300 A 左右,当受电弓脱离时,产生拉弧火花,形成强烈的电磁干扰,因此,要求传感器有很强的抗干扰能力。

(3)受电弓弓头的质量直接影响接触力的测试结果,要求传感器的质量尽量小。

(4)弓头的支持结构直接影响弓网运行安全和测量结果的准确性,传感器的安装尽量不改变受电弓的支持结构。

(5)传感器安装受电弓上,工作环境恶劣,温度、湿度变化大,并且机械振动严重,要求传感器有强的适应能力。

4.3.1.3 弓网接触力的计算方法

为了研究弓网间的接触力,取受电弓的一条滑板为分析对象,对其进行受力分析。

1. 滑板在水平方向受到四个力的作用,铅垂方向受到三个力作用

滑板在水平方向受到四个力的作用。

(1)一个力是弓网间由于滑动而产生的滑动摩擦力,其大小为滑板接触力与弓网摩擦因数的乘积,方向为水平且与机车速度反向,其作用点为弓网的接触点。

(2)另一个力是受电弓在空气中运动受到的空气阻力,其大小为滑板迎风面积、滑板体形系数、空气密度、机车运行速度平方的乘积,方向为水平且与机车速度反向,其作用点为沿滑板长度方向分布的均布载荷。

(3)第三、四个力是滑板两支撑点的水平支撑力。

滑板在铅垂方向受到三个力的作用:

(1)滑板自身的重力,大小为滑板质量与重力加速度的乘积,方向为铅垂向下,作用点按质量均匀分布。

(2)滑板两支撑点的两个铅垂支撑力。

(3)滑板与接触网间的接触力。

将以上的受力分析绘制如图 4-4 所示。

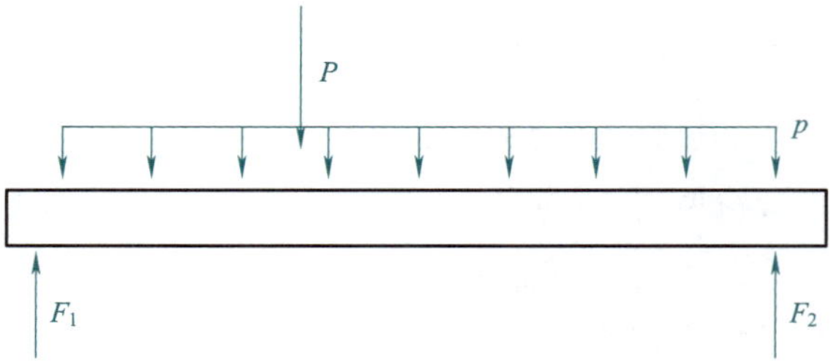

图 4-4 受电弓滑板垂向受力图

图 4-4 中,p 为滑板自身重力;F_1、F_2 为滑板支撑点的支撑力;P 为滑板接触力。

两条受电弓滑板受力的分析如图 4-5 所示。

2. 弓网接触力的测量计算

受电弓滑板的受力分析如图 4-5 所示:

根据牛顿第二定律对受电弓滑板进行分析得出动态接触力为:

$$F=F_0+ma-mg \tag{4-5}$$

式中 F_0——弓板所有测力传感器的力值之和;

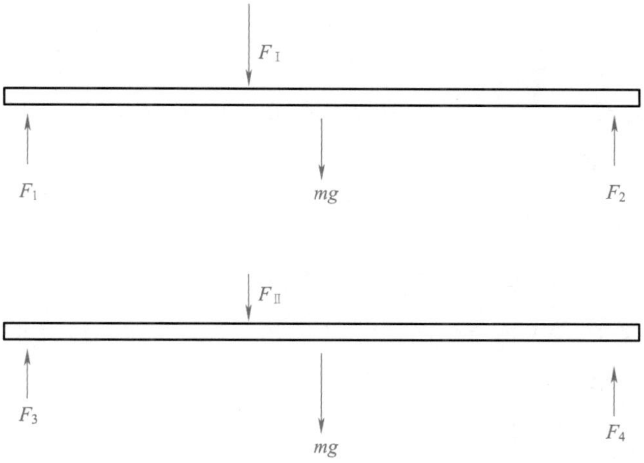

图 4-5　两条受电弓滑板受力分析图

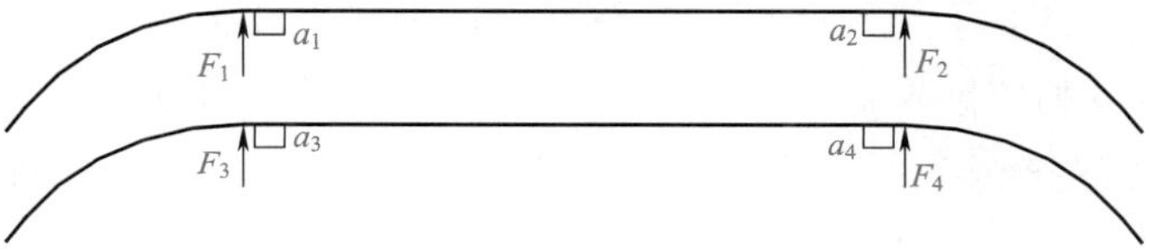

图 4-6　受电弓滑板受力分析图

a——弓板的加速度；

F——动态接触力；

m——受电弓弓头的质量。

滑板Ⅰ受到的垂直支撑力：　$F_{\mathrm{I}}=F_1+F_2$　(4-6)

滑板Ⅱ受到的垂直支撑力：　$F_{\mathrm{II}}=F_3+F_4$　(4-7)

每块滑板质心的加速度：　$a_{z\mathrm{I}}=\dfrac{a_1+a_2}{2}$　$a_{z\mathrm{II}}=\dfrac{a_3+a_4}{2}$　(4-8)

受电弓弓头测力传感器测得的垂直支撑力总和：

$$F_0=F_{\mathrm{I}}+F_{\mathrm{II}}=F_1+F_2+F_3+F_4 \tag{4-9}$$

弓网动态接触力：　$F=F_0+ma=F_0+m_1a_1+m_2a_2-2mg$　(4-10)

式中，$-2mg$ 一项可以在测量系统标定过程中予以修正。

测量中通过采集各测力传感器和加速度计的信号可以获得动态接触力的测量值，动态接触力测量值的分析指标包括：最大接触力 $F_{\max}$、最小接触力 $F_{\min}$、平均接触力 F_{ave}、动态接触力标准偏差 σ。

对惯性力的修正：在压力传感器运动过程中，传感器表面因为加速度变化会产生惯性力，导致测量运动物体受力时测量结果存在误差。为确定作用于滑板和接触导线接触点的实际接触力，需要进行受电弓弓头惯性力的矢量迭加。

由于测量接触力的测力传感器安装在滑板的下方，通过测力传感器不能单独检测出滑板对接触导线空气动力抬升的作用力和滑板对接触导线向下的作用力。为了考虑随运行速度产生的空气动力的成分，所测的接触力必须增加一个速度相关的修正系数。

4.3.1.4 测量系统的电气方案

1. 测试信号流程

安装在受电弓弓头上的四个压力传感器和四个加速度传感器的信号经屏蔽电缆传输至安装在受电弓底座平台上的高压侧信号处理箱，经放大、滤波、整形和 V/F 变换，变成适合光纤传输的频率信号；在经过光信号发射机和光缆传送至测试车内的低压侧，低压侧设有光信号接收机，F/V 变换器和整形电路将所有传感器信号复原，再送至数据采集和处理系统。

为了使接触压力的测试数据与试验线路的支柱位置准确对应，在受电弓的弓头两侧装有支柱探测器，当支柱的定位器遮挡探测器时，探测器产生脉冲信号，经光纤传至数据处理系统。

为测试试验速度和数据采集的距离采样，在试验车的车轴上安装车速传感器。车轮每转动一周，车速传感器产生 200 个脉冲，已知车轮的直径可计算出每一脉冲宽度代表的距离，从而计算出车速。

数据处理系统完成数据采集、分析、计算和统计，并实时显示信号波形、定时储存数据，也可根据测量要求进行实时打印数据。

2. 接触压力测量系统电气总体方案图

接触压力测量系统电气总体方案图如图 4-7 所示。

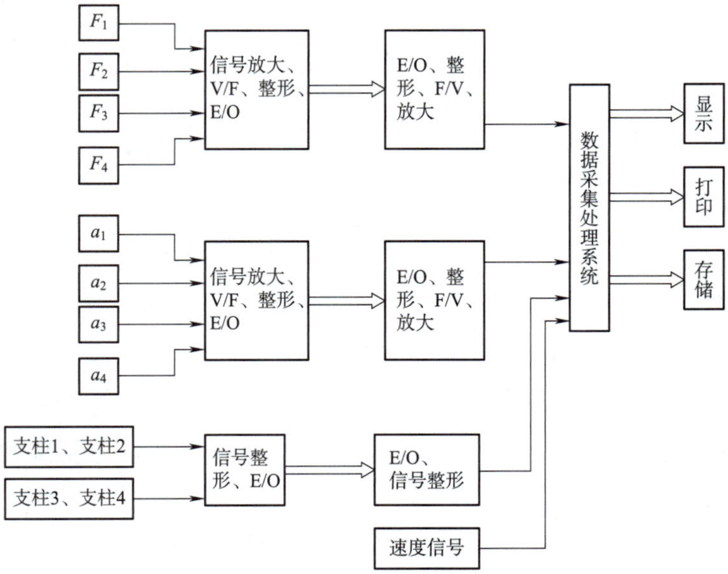

图 4-7　接触压力测量系统电气总体方案图

4.3.1.5　弓网接触力测试系统硬件

1. 加速度传感器的选择

现在，我国铁路列车试验中使用的加速度传感器主要有两种：应变式和电容式。根据试验条件，我们选择电容式加速度传感器，这种传感器是近几年新发展起来的新型传感器。它的优点是：①过载能力强，最大过载容量为 3 000g；②输出信号高，一般为伏级；③抗干扰能力强；④易于安装。其结构原理图如图 4-8 所示。

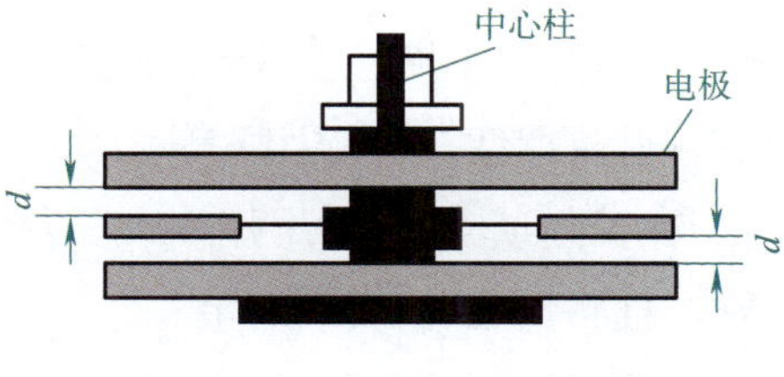

图 4-8　加速度传感器结构图

电气原理图如图 4-9 所示。

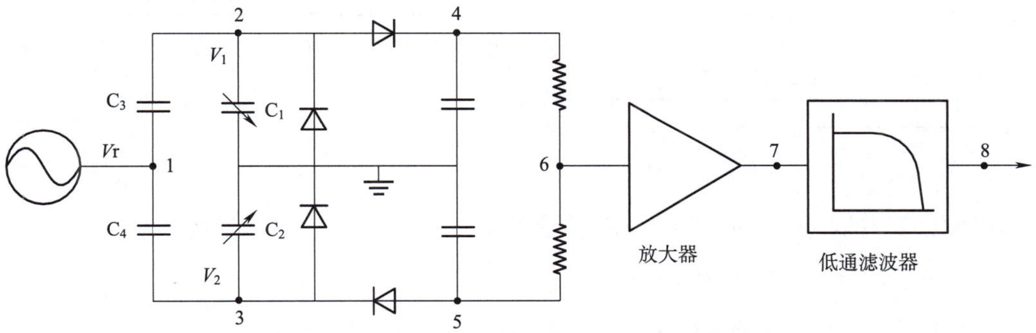

图 4-9　加速度计电气原理图

加速度传感器主要技术性能参数见表 4-1。

表 4-1　加速度传感器主要技术性能参数

参　数	技术性能
灵敏度	10 mV/g
量程	±200g
频率范围	0～100 0 Hz
谐振频率	>2.5 Hz
非线性度	≤1%
横向灵敏度	≤3%
过载能力	±3 000g
工作温度	−40～85 ℃
温度灵敏系数	≤0.001%
工作电压	5～30 V(DC)
工作电流	≤10 mA

2. 压力传感器的选择和制作

因为压力传感器安装在受电弓滑板的支座上，压力传感器的结构形式应根据受电弓的不同结构形式做相应改变。可用电阻应变式压力传感器；也可根据受电弓的结构型式，在滑板的支持弹片上贴应变片，组成测力传感器。主要特性参数：测量范围；固有振动频率；非线性度；重复特性；工作温度；等。

在实际试验时，采用弹片式压力传感器安装在受电弓上，此种方式不改变受电弓的弓头结构，且测量准确，安装简单。

选取具有一定刚度和弹性的金属弹片作为传感器的本体，在本体上贴电阻应变片，组成测量全桥。本体形状和工作如图 4-10 和图 4-11 所示。

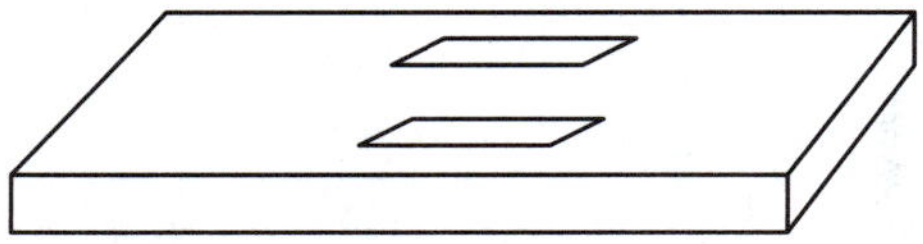

图 4-10　压力传感器本体

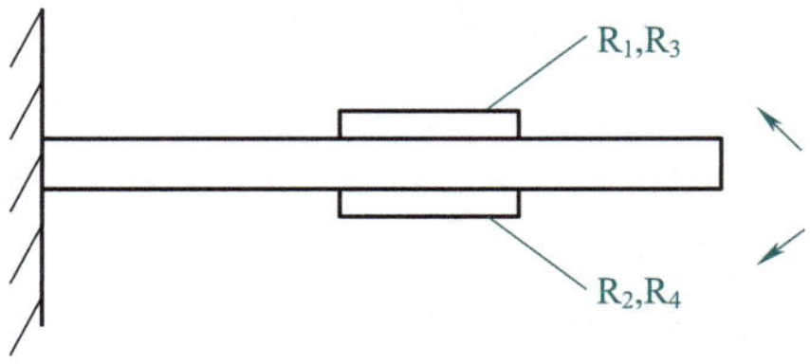

图 4-11　压力传感器工作示意图

压力传感器的特点：只测弯曲应变；消除了拉伸和压缩应变；具有温度补偿功能。

3. 电阻应变片的工作原理

电阻应变片粘贴在弹性本体上，组合成一体，以达到同步应变的目的。当弹性元件变形时，电阻应变片电阻变化，电阻的变化与本体的表面的应变成正比。通过测量桥路，将应变的电阻变化转化为电压的变化输出。

电阻应变片的电阻相对变化公式为：

$$\frac{\Delta R}{R}=k\varepsilon \tag{4-11}$$

式中　ΔR——电阻应变片的变化量；

R——电阻应变片的原始电阻；

ε——电阻应变片的轴向应变；

k——电阻应变片的灵敏系数，其值由式(4-12)确定。

电阻应变片灵敏系数 k 的确定：

$$k=\frac{\Delta\rho/\rho}{\Delta l/l}=\frac{l\Delta\rho}{\rho\Delta l} \tag{4-12}$$

式中　ρ——电阻应变片的电阻率。

在一定的范围内，k 为恒定的值，电阻的相对变化与应变之间成线性关系。如图 4-12 所示。

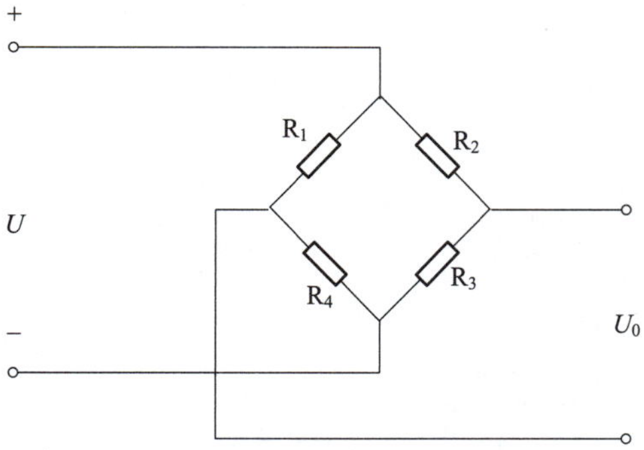

图 4-12　测量桥路图

$$U_0=\left(\frac{R_3}{R_3+R_2}-\frac{R_4}{R_4+R_1}\right)U \tag{4-13}$$

设静态时：$R_1=R_2=R_3=R_4=R$。

当 R_3，R_4 发生变化时，

$$U_0=\left(\frac{R+\Delta R}{R-\Delta R+R+\Delta R}-\frac{R-\Delta R}{R+\Delta R+R-\Delta R}\right)U=\frac{\Delta R}{R}U=k\varepsilon U \tag{4-14}$$

4. 电阻应变片的主要特点和标定

（1）尺寸小、重量轻，具有良好的动态性能。

（2）测量应变的灵敏度和精度高，能测 1～2 个微应变，且测量误差小于 1%。

（3）测量范围大，其变形范围从 1%～20%，并能测量弹性变形和塑性变形。

（4）可以在多种环境下进行测量，如高温、低温、水下、强磁场等环境。

压力传感器的标定：

压力传感器制作完毕，在实验室完成一般性能试验，如温度试验、线性度试验、疲劳寿命试验等；然后安装在受电弓弓头上。由于弓头结构的特殊性，必须对传感器进行标定。标定方法如下：

在整个测量系统全部联通后进行标定。

受电弓在不加任何作用力的条件下，测量四个传感器的输出电压。

在弓头安装压力传感器的部位分别同时加 1 kg、2 kg、3 kg、…、10 kg 的砝码，测量每种状态下各压力传感器的输出电压。

根据各压力传感器在不同受力时的输出电压，拟合传感器的 F-V 曲线。

5. 传感器的主要技术性能

量程 0～400 N；桥路电压 2 V；输入输出阻抗 120 Ω；非线性误差不应大于 2%。

（1）信号调理电路

信号处理方框图如图 4-13 所示。

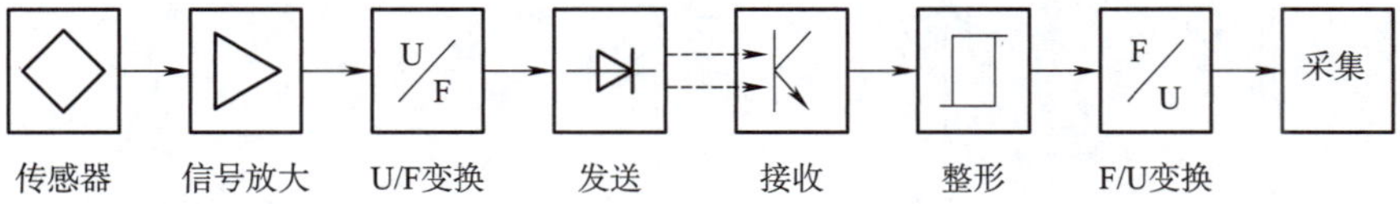

图 4-13　信号处理方框图

（2）信号放大电路

①压力信号放大：压力信号放大电路，压力传感器输出的信号为毫伏级，传输到信号处理箱时，包含有工频、静电、电磁耦合等共模干扰，对这种信号的放大需要放大电路具有很高的共模抑制比及高增益、低噪声和高输入阻抗。设计电路时，选取仪表放大器。原理图见图 4-14。

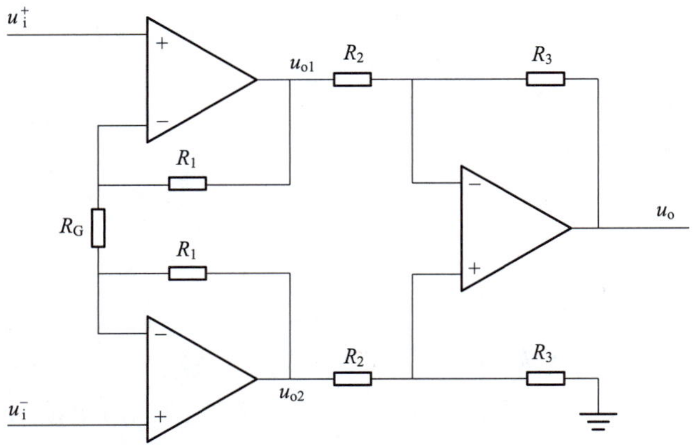

图 4-14　仪表放大器电路图

电路中，

$$u_{o1}=\left(1+\frac{R_1}{R_G}\right)u_i^+-\frac{R_1}{R_G}u_i^- \tag{4-15}$$

$$u_{o2}=\left(1+\frac{R_1}{R_G}\right)u_i^--\frac{R_1}{R_G}u_i^+ \tag{4-16}$$

$$u_o=\frac{R_3}{R_2}\left(1+\frac{2R_1}{R_G}\right)(u_i^--u_i^+) \tag{4-17}$$

电路增益：

$$\Delta u=\frac{R_3}{R_2}\left(1+\frac{2R_1}{R_G}\right) \tag{4-18}$$

在实际电路中，我们选取 AD620 作为放大器，$R_2=R_3$，只需调节 R_G 即可调节电路的放大倍数。

②加速度信号放大：加速度计输出的信号为 $-2\sim+2$ V，为了与以后的光纤调制器的信号输入电压相匹配，在电路中需要增加电压偏置和放大器电路。

加速度信号放大器原理图如图 4-15 所示：

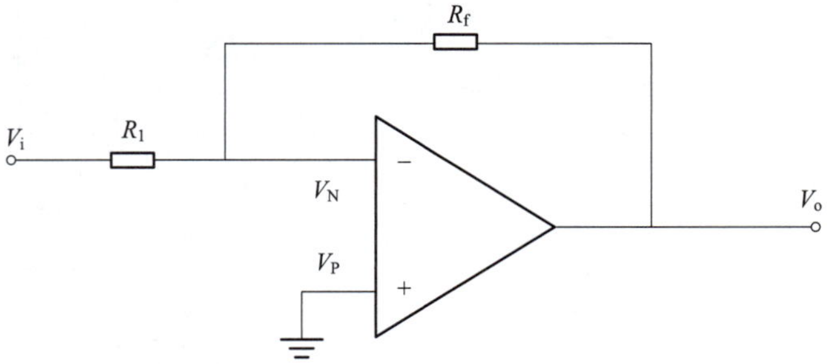

图 4-15　加速度信号放大器原理图

(3)信号传输

接触压力测量系统的 4 个压力传感器、4 个加速度计和 2 个支柱探测传感器的测量信号，均需要高低压电气隔离，采用光纤隔离传输方式。光纤具有传输速度快、不受电磁干扰、能实现远距离、高可靠性传输的特点，特别适合弓网性能测试这种有强烈电磁干扰的工作环境。

光纤传输装置：

光纤传输装置的光纤传输部分由光纤调制器、光纤、光纤解调器三部分组成。

光纤调制器的作用是将电信号转换为光信号，并将光信号耦合进入传输光纤中，它由信号变换整形电路、调制器和光电耦合器组成。

光纤作为信号传输介质，其作用是将光信号从调制器传送到解调器。光纤的两个重要性能参数为损耗和色散，它们是限制光纤通信的传输距离、速度和传输容量的主要因素。光纤损耗使光信号到达接收端的平均功率降低，而接收端需要一定的最小接收功率才能准确地恢复原来的信息。光纤色散将导致光脉冲展宽而形成对光纤传输性能的限制。一般系统的最远传输距离为 400 m(动车组两个受电弓测试的情况下)，采用单模或多模光纤均能满足测试要求。

光纤解调器：将光纤传来的信号还原为电信号，其主要由光电耦合器、接收光电管、放大整形电路、F/V 转换电路等部分组成。

光纤解调器的性能指标：

信号电压输入范围：0～10 V，频率 0～1 kHz；

输出波纹：小于 5 mV；

最大温度系数：1.0×10^{-5}/℃；

最大线性度：小于 0.01%；

光纤的最大传输距离：3 km(单模)，40 km(多模)；

工作温度：－25～＋85 ℃。

4.3.1.6　弓网接触力处理软件

弓网接触力需要描述受电弓运行全部路程的压力状态。以固定的距离脉冲采样，计算每一点的接触压力。当支柱信号到来时，对一个跨距的接触压力进行处理，检出一跨内的接触压力最大值、最小值、平均值和标准方差，并对超限值做特殊处理。

1. 采样周期的确定

接触压力信号的频带范围：受电弓弓头四个压力传感器的压力变化是按接触导线在滑板的位置不同而变化的。接触导线沿线路方向布置成之字形，如图 4-17 所示。

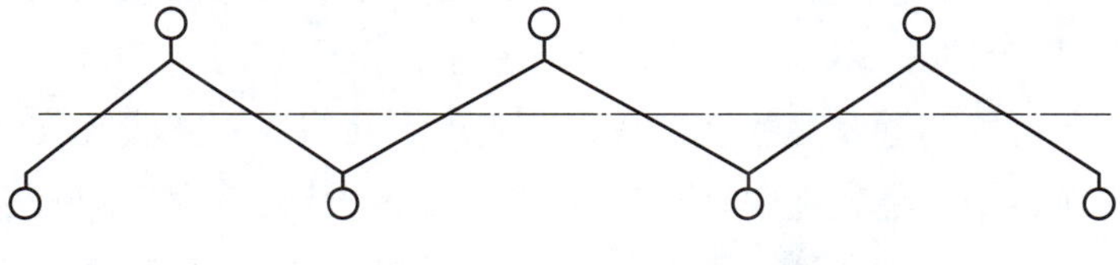

图 4-16　接触导线布置示意图

图中圆圈代表支柱,点画线代表线路中心。

受电弓每过两跨,压力传感器的信号发生一个周期变化。一般线路接触网最小跨距为 30 m,设计系统的最高试验速度为 350 km/h,受电弓经过一跨的时间为:

$$[30\div(350\times1\ 000/3\ 600)]\ \text{s}=0.308\ 6\ \text{s}$$

压力信号的频率为:

$$f_y=\frac{1}{2\times0.308\ 6}\ \text{Hz}=1.62\ \text{Hz}$$

此频率的信号为压力低频信号,条件是一跨内接触导线非常光滑。但实际情况不是这样的,接触导线存在硬点和集中质量(如吊弦线夹),受电弓高速通过时,受到冲击,接触压力发生剧烈变化。试验表明,压力信号最高频率为 300 Hz 左右。

采样周期的确定还必须考虑加速度信号的特性,加速度计的响应频率为 1 000 Hz,根据采样定理,采样频率至少为波形中所含高次谐波的 2 倍。在实际应用中,为保证采样质量,考虑到系统的能力,确定采样频率为 5 000 Hz。

2. 标度变换

接触压力测量装置可以将 0～300 N 的接触力变化转换为 0～10 V 的电压信号,加速度测量装置将 $-100g\sim+100g$ 的加速度值转换为 0～10V 的电压信号,为此数据处理程序首先要进行标度变换。因接触力和加速度信号是线性变化的,所以根据标度变换公式:

$$A_x=A_0+(A_m-A_0)(N_x-N_0)/(N_m-N_0) \tag{4-19}$$

式中 A_0——一次测量仪表的下限;

A_m——一次测量仪表的上限;

A_x——实际测量值;

N_0——仪表下限所对应的数字量;

N_m——仪表上限所对应的数字量;

N_x——测量值对应的数字量。

根据式(4-19)及 A/D 卡提供的驱动程序,可以完成对压力和加速度信号的采集,同时,进行计算、分析和统计。

3. 数字滤波原理

测量系统中的常态干扰,可以用数字滤波的方法加以削弱或滤除。所谓数字滤波,就是通过一定的计算程序减少程序干扰在有用信号中的比重。数字滤波有下列优点:

(1)由于数字滤波是程序实现的,因此,不需要增加硬设备,可以多个输入通道滤波。

(2)可靠性高,稳定性好,多个回路之间不存在阻抗匹配等问题。

(3)数字滤波器可以通过改写数字滤波程序实现不同的滤波方法或改变滤波参数,应用起来灵活、方便。在数据采集软件中,我们采用两种滤波方法:算术平均值法和中值滤波法。

算术平均值法:算术平均值法是要寻找一个 Y,使该值与各采样间误差的平方和为最小,即:

$$E = \min\sum_{k=1}^{N} e_k^2 = \min\sum_{k=1}^{N} (Y - x_k)^2 \tag{4-20}$$

求得：

$$Y = \frac{1}{N}\sum_{k=1}^{N} x_k \tag{4-21}$$

此式为算术平均值的算式。

弓网接触压力信号为低频信号，可以说比较平滑，可以采用此种方法进行滤波。

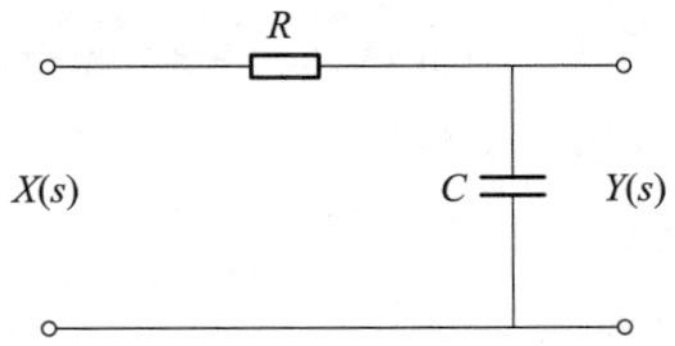

图 4-17　一阶低通滤波器示意图

中值滤波法：在三个采样周期内，连续读入三个检测信号 x_1，x_2，x_3，从中选择一个大小居中的数据作为有效信号，用算式表示为：

若 $x_1 < x_2 < x_3$，则 x_2 为有效信号。

中值滤波能有效地滤去由于偶然因素引起的波动或采样器不稳定造成的脉冲干扰，对缓慢变化的过程变量采用中值滤波有良好效果。

模拟低通滤波器的传递函数为：

$$G(s) = \frac{Y(s)}{X(s)} = \frac{1}{T_f s + 1} \tag{4-22}$$

式中　T_f——滤波时间常数，$T_f = RC$。

将式(4-22)离散化，可得

$$Y_k = (1-\alpha)Y_{k-1} + \alpha x_k \tag{4-23}$$

式中，$\alpha = 1 - e^{-T/T_f}$，T 是采样周期；$Y_k - 1$ 表示第 $k-1$ 次采样后滤波器的输出。

从物理意义上，采样周期 T 远小于 T_f，因此，

$$\alpha = \frac{T}{T_f} \tag{4-24}$$

4.3.1.7　弓网接触力试验数据分析方法

对于弓网接触力的分析，主要考虑下列几个方面：弓网接触力与速度的关系；弓网接触力沿试验区段的分布情况；受电弓运行方向对弓网接触力的影响。

为掌握全部检测速度等级和整个检测区段的弓网受流性能，绘制各速度等级的压力曲线图如 4-18 所示。

从图 4-18 可以看出，随着速度的提高，弓网接触力呈非线性增长，其增长速度和数值在受电弓的开口和闭口方向上有较大区别。这是由于速度提高后，受电弓的抬升力受动车组车顶气流速度和气流分布场影响显著。对于同一动车组，弓网接触力与速度的平方呈正比，接触力平均值基本符合 $F_m \leqslant 0.000\,97v^2 + 70$ N。由于采用单臂受电弓，受电弓开口和闭口方向的迎风面积和结构不同，导致空气造成的抬升力不同。对于不同动车组，由于车顶形状不同，气流分布场不同，弓网接触力曲线是有区别的。

在动车组车顶设计中，应设置空气导流装置，尽量减少气流对受电弓的影响。对于受电

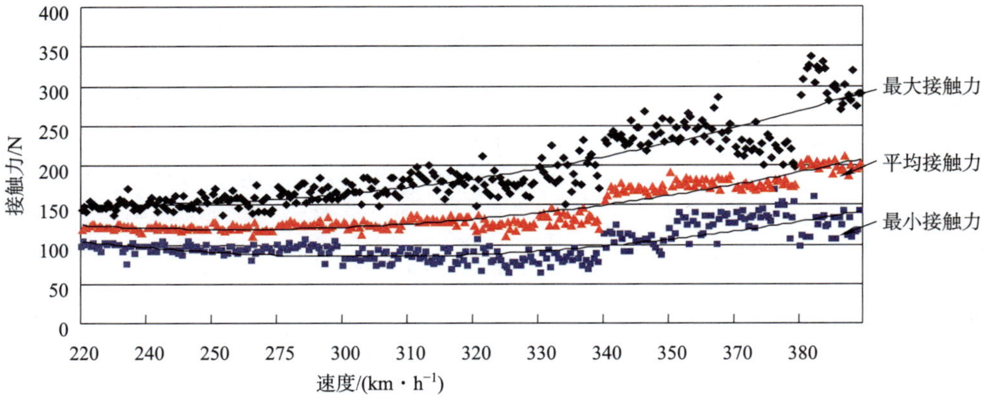

图 4-18　弓网接触力分速度等级散点图

弓来说，其框架结构应设计为利于导流结构，同时加装导流翼片，调节和优化受电弓的空气动力学性能。

试验区段接触力曲线图如 4-19 所示。

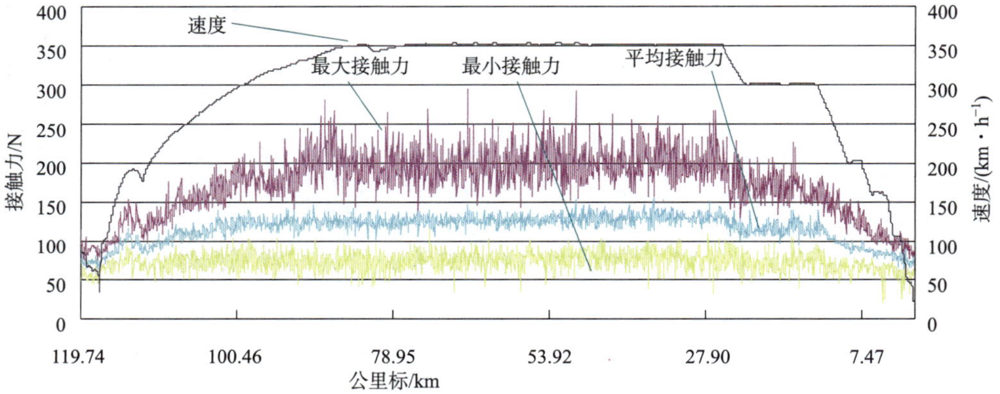

图 4-19　试验区段弓网接触力曲线图

图 4-19 描述了弓网接触力在试验全程区段的变化曲线。图中显示了弓网接触力最大值、最小值和平均值的变化，同时给出了速度变化曲线。从图中可以分析接触力突变的地点。在试验中，我们最注重的是最小接触力和最大接触力的变化，当最小接触力小于标准值(通常规定 20N)，认为弓网状态恶化，弓网可能出现较大离线；当最大接触力大于标准值(通常规定 $F_{max}=F_m+3\sigma$)时，可能对接触导线和受电弓滑板造成伤害，表现为运动冲击过大，接触导线抬升量超标，危害弓网运行安全。从线路弓网接触力曲线图可以分析接触导线的缺陷点，指导维修工作。

4.3.2　弓网燃弧

4.3.2.1　电弧的产生机理

电弧(弓网燃弧)表面上是大气中的放电现象，实际检测中电弧是一个包含电磁场、辐射、受气流、阳光等影响的综合过程。通常的研究认为，在大气中突然断开电路，如果断开时电路中的电流超过1 A，断开后的电压超过20 V，就会在断开的间隙产生剧烈的放电现象，并产生一束发出强光的导电“气体”，这就是“燃弧”。电弧的中间部分叫弧柱，弧柱贴近电极的部分叫弧根，燃弧中部会产生6 000 K以上的高温，任何材料如果长时间接触都会发生侵蚀，严重的可能会导致金属材料的融化。

电弧放电是一个复杂的物理过程，伴随着电子激发、电离、去电离、迁移、扩散等一系列现象，且电弧放电与其他放电形式存在较大差异，如电弧电流密度很大等。

1. 电弧放电的外部特征

电弧放电的外部特征主要表现为：

(1)电弧是等离子态物质，具有质量极轻、外围形状极易改变的特点，在外界气流场或电磁环境的作用下，电弧形态极易发生改变，如在高速气流场下，电弧运动速度可高达每秒数百米，电弧状态可以发生很大的变化，所以利用电弧的这一特点可以研究如何快速减少电弧带来的危害。

(2)电弧放电属于自持放电阶段，在非高压环境的作用下即可维持较长时间电弧不熄灭。大气中，在电源电压为100 kV下切断5 A的电流时，电弧甚至可以拉长到7 m。当切断更大的电流时，电弧可以拉长到30 m。所以燃弧是可以持续很长时间和距离的，我们需要研究其特点来控制燃弧的发生。

(3)电弧放电属于强功率放电现象，是电和热共同作用的物理过程。电弧在持续的过程中，常伴随有高温、强辐射、发光、发热、发出声响等现象，在开断数十千安的短路电流时，电弧产生的焦耳热功率可达10 000 kW，电弧的温度有上万摄氏度。因此，在有些开关操作时，电弧燃烧时间仅仅延迟了几十个毫秒，就会导致开关严重烧损或爆炸的严重后果。弓网燃弧电流更大，静止的燃弧甚至会烧断接触导线而造成严重的事故。

电弧在形成时，电弧阴极区域附近，会聚集着大量的正离子，形成正离子区域，这会使得电弧阴极电位发生猝然下降，并且在电弧阴极区域存在阴极斑点区，产生电弧放电所需的高能量电子，所以电弧阴极发生的变化过程在电弧放电中起到了关键性的作用，当然也是电弧放电的特点区别于其他放电形式的主要特点。在弧柱区域处，聚集着大量的粒子，始终发生着电离和去电离的过程，故产生高温、发光、噪声等现象。由于正负粒子数相同，故可将弧柱区域看成近似圆柱形的等离子体区域。由于没有空间电荷的存在，故电弧柱的电位梯度沿着轴线几乎保持不变，存在均匀的电位。同理，在电弧阳极区域处，聚集着大量的负离子，形成负离子层，使得电弧阳极电位下降发生骤变，存在阳极电位下降，但其不同于电弧阴极，电弧阳极区域并没有发射正离子的能力，只是接收来自弧柱区的电子，故在实质上电弧阳极没有参加电弧放电的过程。从整体上来说，电弧的阴极区域和阳极区域占电弧主体长度非常小，其余部分皆为弧柱区域。在电弧放电发生时，弧柱的电位梯度、电流密度、电导率等都属于电弧的电特性，而电弧的温度、散出热量、热流等都属于电弧的热特性。因此，电弧放电直观上是电弧电特性和热特性的综合表现形式，故只有同时考虑这两个相互密切关联的特性才能更好地去分析电弧放电过程。

2. 弓网电弧类型

(1)升降受电弓产生燃弧

当列车静止时，进行升降受电弓操作时会产生较小的燃弧，一般不会对接触网和受电弓造成伤害。如此时列车主断路器处于“合”的状态，列车此时带有负载瞬间通过接触点的电流很大，且弓网间相对静止会在接触位置产生较大的燃弧，且热量集中会对接触网和受电弓滑板产生很大电烧蚀，甚至使接触导线产生缺陷，影响后续行车安全。

(2)过分相产生燃弧

我国的电气化铁路供电系统采用三相供电方式，并要求每一相的电流大致相等，即保证三相负荷的对称性。电气化铁路是大功率的单相负载，电气化铁路仅从一相取电将造成负荷的严重不对称，即引起较大的负序电流，造成电压不平衡。为尽量保证电力系统三相负荷的对称性，电气化铁路的供电系统采取分段供电方式，每一段由电力系统的不同相供电，通过这种轮流换相方式，实现负荷的基本平衡。

这种分段供电、轮流换相的方式形成了电气化铁路牵引供电系统的一个独特结构——电分相。由于给铁路供电采取分段供电方式，每段相位亦不同，段与段之间需通过适当方式进行绝缘，这种段与段之间的绝缘结构即称为电分相。列车在运行过程中，从一个供电段过渡到另一个供电段的过程，称为列车过电分相或列车过分相。

车载自动过分相，是通过列车与地面信号的配合，在列车上通过列车控制系统模拟司机手动过分相，即自动断辅助电路、断主断路器、合主断路器、合辅助电路等一系列操作过程。该过分相方式的最大特点是列车过分相时，需断电，列车靠惯性通过中性段。

动车行驶时，需要不断地从一个分相经过无电区再进入另一个分相。当动车受电弓经过分段绝缘器从有电区到无电区时，列车的主断路器应处于断开状态，此时基本不会产生弓网燃弧；如因操作失误或信号问题导致列车不能及时合断主断路器，则会产生较大的弓网燃弧。此时动车若处于高速运行状态，则燃弧时间短，且会被高速气流“灭弧”，能量也不集中，不会对接触导线和受电弓带来较大的侵蚀。

(3)弓网运行下的燃弧

这里所研究的燃弧主要指在列车动态高速运行下所产生的燃弧，这类燃弧持续时间较长，会产生一定的安全问题，是众多影响列车提速的重要因素之一。

(4)弓网间接触力产生燃弧

当列车高速运行时，接触网和受电弓需要保持一定的压力，以达到良好的接触受流性能，弓网间接触力主要由列车受电弓的气囊压力、接触导线张力、气流对受电弓的抬升力等决定的，其变化幅度较大，分散性也较大。用压力评价弓网间关系需要借助标准偏差的方法，各项参数评判标准如下：

①接触力最大值,N:　　$F_{max} \leqslant F_m + 3\sigma$　　(4-25)

②接触力最小值,N:　　$F_{min} \geqslant 20\ N$　　(4-26)

③接触力平均值,N:$F_m \leqslant 0.000\ 97v^2 + 70$($v$ 为速度,km/h)　　(4-27)

④接触力标准偏差,N:　　$\sigma \leqslant 0.3 \times F_m$　　(4-28)

当弓网间接触压力过大时会增加碳滑板的损耗;当弓网间接触力过小时受电弓和接触网就会产生短暂的分离,间隙的气体被击穿从而产生燃弧,接触力恢复时燃弧消失。接触力最大值、最小值及其标准偏差是评价弓网间动态作用力的最重要的指标。标准偏差估计了接触力的浮动范围,由于接触力按正态分布,符合高斯分布定律,最大接触力在3倍偏差值 3σ 及平均值 F_m 的和左右波动。标准偏差越低,则弓网间接触质量越好,标准偏差太大会使弓网间磨耗加剧;标准偏差太小会发生离线现象,燃弧可能对受电弓滑板和接触导线造成伤害。若标准偏差大致为平均值的30%,最大接触力小于200 N,最小力大于20 N时,则可以认为弓网间接触是优良的。如图4-20所示。

(5)接触导线硬点产生燃弧

列车在高速行驶时如果接触导线因施工阶段放线产生弯折,或接触导线表面存在污损、异物等,受电弓经过这些位置时会发生剧烈的振动,加大受电弓滑板的损耗,甚至对滑板造成直接伤害。我们检测中所说的硬点是一个俗称。实际上,我们测量的是受电弓滑板受到的冲击加速度值,当接触导线上有硬弯或集中质量点(如接头线夹、定位器、中心锚结线夹、电连接线夹)时,对高速滑动的滑板造成冲击振动,通过测量这种冲击振动加速度,来表征接触导线的平顺性。如图4-21所示。

图4-20　弓网间压力传感器安装示意图

图4-21　一处较大的硬点对受电弓滑板造成的伤害

在列车的高速运行中,受电弓如果路过接触网质量较差的位置,会出现连续的硬点,部分硬点值会随着速度的提升而变大,当到达到一定范围时受电弓可能会出现短暂的离线,产生弓网燃弧。这种燃弧一般持续时间短,且由于受电弓速度快、燃弧温度低,一般不会造成严重的电侵蚀现象。

接触导线平顺性测试参数限值见表 4-2。

表 4-2 接触导线平顺性测试参数限值

速度等级	硬点 AV	接触导线高差 2A
v<160 km/h	<490 m/s^2	<200 mm
160 km/h≤v<200 km/h	<490 m/s^2	<150 mm
200 km/h≤v<300 km/h	<588 m/s^2	<150 mm

加速度传感器安装如图 4-22 所示。

(6)接触导线高差产生燃弧

接触导线高度是指接触导线距钢轨面的高度。它的确定受多方面因素制约,如车辆限界、绝缘距离、车辆和线路振动、施工误差等。高速铁路接触导线高度:5 300～5 600 mm;普速铁路接触导线高度:5 700～6 000 mm;客货共线双层集装箱运输铁路:最低高度 6 330 mm,悬挂点高度 6 450 mm。

图 4-22 加速度传感器安装示意图

在现有的高速铁路干线中,接触网大部分都采用弹性链形悬挂,施工时采用恒张力放线,正常情况下接触导线应处于水平状态。列车运行时,受电弓对接触网的力会使接触导线有一定程度的抬升(称为动态抬升量)。但在定位点处或中心锚段关节处接触网弹性减小,会导致动态抬升量偏小,这就是造成一跨内高差的主要原因。

依据《高速铁路工程动态验收技术规范》(TB 10761—2013)第 8.2.2 条款:定位点处的接触导线动态抬升量应小于 120 mm 或符合设计要求。如果列车运行过程中接触导线动态抬升量超过限值,则会使接触导线和受电弓滑板之间的摩擦阻力增大,增加磨耗,经过定位点时甚至产生离线燃弧。

在实际的对接触网高度的检测中我们一般采用激光测距传感器,安装在受电弓下部,激光光束通过受电弓滑板处的反射板,反射后计算出接触导线的动态高度。

4.3.2.2 弓网燃弧的特性

在电气化铁路中存在着各种各样不同性质的放电现象,弓网燃弧作为其中的一种,必有着与其他放电现象相同或不同的特性。我们在检测中需要通过类似的特性对弓网燃弧进行必要的预防或将其与别的放电现象区分开来，以尽量避免出现干扰项；确认好燃弧的位置和强度有助于帮助弓网维护和检修。

1. 弓网燃弧（电弧）的物理特性

弓网燃弧不仅仅有着电弧所具备的所有物理特性，还因为其所处的环境有着更复杂的特性。弓网燃弧是一个包含电磁场、热能、气流、气压等的综合过程，由电气化铁路牵引供电系统中的接触网电压、接触网悬挂方式、接触导线平顺性、供电臂负载、列车运行速度、牵引电机运行状态、受电弓气囊压力、列车行驶位置的风速、空气湿度、大气压强等所决定的。

（1）弓网燃弧的电位梯度。电弧电位梯度是电弧的重要物理特性之一，其数值代表弧柱区电压相关特性。通常电弧电压指全部电弧的电压，包括弧柱区间的电压、阴极区电压、阳极区电压三部分。在电弧较长时，可以用电弧电压代替弧柱电位梯度，但在电弧较短时，如电弧长度为几毫米，电弧电压与弧柱电位梯度是不一致的，因此用弧柱电位梯度作为电弧基本物理特性更为恰当。弧柱电位梯度的影响因素中还应该计算电弧的发热特性、电弧放电的特性，是电特性和热特性共同作用的结果。若电弧散热能力强，则电弧中粒子游离程度也加强，弧柱电位梯度升高。电弧散热与热传导和气体对流散出相关，其中，电弧热传导与导热系数有关，气体对流散出与热容系数有关。因此，通过加强电弧的冷却效应，改变弧柱的电位梯度，从而可以达到快速灭弧的效果。

（2）燃弧的温度。燃弧温度也是燃弧的重要物理特性之一，弓网燃弧发生的过程中伴随着高温、炽热等热特性，在几个微秒内电弧燃烧温度可达到 4 000～5 000 K，可能对接触网和受电弓滑板造成伤害。燃弧温度的改变主要有以下四个原因：

①气体间的电场是电弧能量的基本来源，气体中电子和离子在电场的作用下加速，从而获得动能，故温度上升。

②加速的电子撞击到中性分子，导致分子振荡运动加剧，随着互撞次数的增加，温度也随之升高。

③加速的电子与原子发生撞击，导致原子呈激发态，随着撞击频率增加，温度进一步升高。至于气体中离子也得到加速，但对于温度的升高影响不大。

④列车的行驶速度，列车行驶越快气流就越大，相对燃弧的温度就较低。

影响燃弧温度改变的因素有以下三个方面：

①燃弧温度与接触网电流有密切关联，接触网电流越大则相应的燃弧温度越高。

②电弧温度与击穿气体的气压有关，气压越大则电弧温度越高，原因在于气压增加，即放电的气体被压缩，单位体积内气体质量增加，其对应的气体分子数量越多，能量增加，体现为燃弧的温度升高。

③在较短燃弧发生时，燃弧的温度与接触网和碳滑板材料蒸汽的游离电位有关，当材料

蒸汽的游离电位比空气游离电位高时，燃弧温度升高，反之温度降低。燃弧放电是电特性和热特性共同作用的结果，因此燃弧的电特性极易受到燃弧的热特性影响，同时燃弧的高温也会导致电极材料的熔融、蒸发等现象。

(3)燃弧直径。燃弧直径同样也是燃弧的重要物理特性之一，燃弧直径与接触网电流密度有着密不可分的关系。接触网电流密度与燃弧温度在电弧横截面处的分布大致相同，均是从轴心到边缘按照指数规律降低的。燃弧亮度随着电燃弧温度的变化而改变，故可以根据燃弧外部的亮度来估计弓网燃弧的直径。根据燃弧外部形貌，燃弧纵向中间明亮部分为电弧柱区域，其具有良好的导电能力，几乎燃弧的全部电流均通过此区域流通；电弧柱周围体积较宽广、亮度相对较暗的部分为电弧的光圈，由于此区域温度相对较低，故没有显著的导电能力。因此，燃弧直径可以认为是燃弧纵向中的明亮部分，即弧柱区域。列车在运行时弓网燃弧一旦发生，则会导致接触网受流性能变差，列车牵引电流变小，给动车提速带来困难。

2. 弓网燃弧的光学特性

高压放电时，当电流击穿导体电离空气放电时，导体和空气中的电子不断释放和获取能量，这个过程会不断辐射出光和声波，并伴随着紫外线、臭氧等。燃弧的发生伴随着紫外线的产生，从其产生的原因可以分为两种来源：一是金属导体电离发光，二是空气电离发光。且不同金属材料的接触网和受电弓，其产生的紫外线光谱也有所不同，因此电弧光波长范围较广，在实际检测的时候，需要选择有特定波长范围作为检测范围。

根据相关研究，我们可以看出弓网燃弧所产生的紫外线和日光中的紫外线有部分明显的不同。如 4-23 所示。

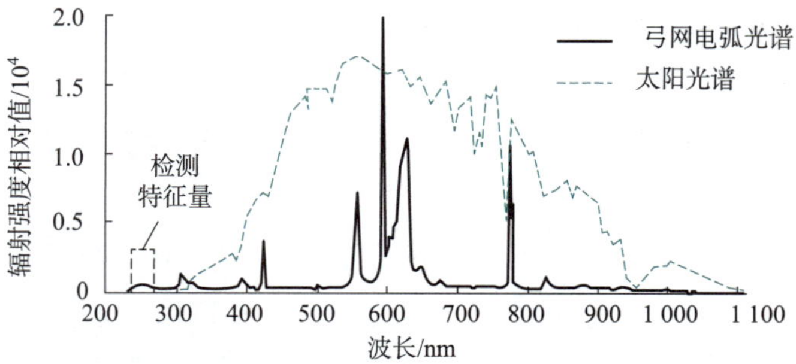

图 4-23　弓网燃弧光谱和日光光谱

标准 EN 50317 中对铜及铜合金接触网的离线燃弧发光的波长范围定位 220～225 nm 或 323～329 nm。日光中紫外线的波长范围为 290～400 nm，与上述第二段有重叠部分。在实际的检测中可能出现干扰，所以试验中应该选择对 UVC(波长为 200～280 nm 的短波紫外线)比较敏感的传感器。

3. 弓网燃弧的危害

燃弧是一种电能的剧烈释放过程，燃弧在接触网和受电弓之间迅速产生高温，导致弓网材料熔化、喷溅等。在电弧作用下，电极材料一般的响应过程有：快速相变，表面动力学特性的变化，电磁搅拌，冶金学效应，裂纹的形成与扩展。由于电弧对电极材料的能量作用瞬时而集中，材料表面的相变通常在极短的时间内完成，这使得材料表面形成巨大的温度梯度并形成热应力，使材料表面形成裂纹。电弧作用下，材料表面会形成熔池，Chabrerte 在研究金属液态时发现，洛伦兹力也会对熔池特性产生影响。在电弧与电极材料的相互作用中，由于洛伦兹力的旋转部分和熔池中温度梯度引起的表面张力梯度共同作用在熔池内而形成速度场。当流速超过一定值时将会形成小液滴并喷溅出来，并对材料产生严重侵蚀。由此可见，弓网离线电弧放电时一方面会造成接触表面温度的升高，从而引起接触表面的氧化磨损；另一方面，其喷射的高温液态金属会造成滑板的烧蚀，造成额外损伤。近些年，国内外学者主要通过结合机械特性的电气特性对电弧侵蚀进行研究，并取得了众多成果。

国内专家依据电接触理论对弓网系统电弧产生的原因及其影响进行分析，结果表明：弓网系统电弧有静止和运动两种状态，静止电弧在短时间内会烧损接触网线索。电弧运动速度越高，对接触网线索的热侵蚀程度就越轻。根据瞬态热传导理论建立的弓网系统电弧烧蚀模型，分别对静止电弧和运动电弧在两种热流输入情况下接触导线的热过程进行仿真计算。仿真结果指出，静止电弧和运动电弧对接触导线的电气侵蚀程度不同。郭凤仪等研制了弓网高性能滑动电接触实验平台，从理论和实验角度分析电弧对接触网导线、受电弓滑板的侵蚀特性。文献《滑动电接触磨损过程变化的试验研究》中进一步对法向载荷如何影响受电弓滑板和接触导线之间载流磨损特性进行实验研究。研究结果表明：当法向载荷大于某值时，主要磨损为机械磨损；法向载荷小于某值时，主要磨损为电气磨损。通过试验测试得到弓网接触压力小于 70～80 N 时接触电阻随接触压力的增加而急剧减少；当接触压力大于 70～80 N 后，接触电阻随接触压力的变化近似恒定关系。针对受电弓电弧的电参数如电压、电流和能量在不同负荷下的弓网电弧实验测试和详细分析，发现电弧电气侵蚀程度主要由电弧能量确定。在弓网电弧模型的基础上，以电弧对电极的热传导理论为基础，建立了弓网电弧对弓网材料侵蚀模型。在电极能量方程中引入熔化/凝固模型，求解弓网材料在电弧作用下受热熔化过程，并计算分析了热流密度在接触网导线和受电弓滑板表面的分布情况。

弓网电弧已成为限制列车进一步提速的因素之一。对弓网电弧动态特性及侵蚀特性的研究是提高弓网受流质量、延长弓网系统寿命、保障列车运行安全的重要方面。目前，对于弓网电弧的研究主要集中在模拟实验与仿真手段两方面。模拟实验往往对设备要求高，花费大，且难以获得电弧内部特性；而仿真模型与实际情况仍有不少误差。目前国内外科研工作者利用实验和仿真手段对其他类型电弧（开关电弧、焊接电弧等）相关特性已做了较充分的研究，其中诸多研究方法依然值得借鉴。

燃弧对弓网的损伤主要表现在:高压电弧作用下,由于时间短暂且能量集中,材料可能会在瞬间熔化而留下熔融坑。对于受电弓碳滑板由于热力的急剧变化,可能因热应力造成裂纹的产生。持续燃弧产生的熔融池在高速运行下对受电弓产生持续的损害。如图 4-24 所示。

图 4-24 受电弓滑板因弓网燃弧受到的损伤

在《电器中的电弧理论》(王其平著)一书中,根据试验结果得出电弧的侵蚀量和其他变量的关系式:

$$W_s = k \cdot I \cdot t_a \tag{4-29}$$

式中,W_s 为被侵蚀量;I 为电流有效值;t_a 为电弧作用时间;k 为材料相关系数。在高速铁路的弓网系统中 I 为网流,t_a 为单次燃弧时间,k 为接触网材料相关系数。联调联试中弓网燃弧检测的单次燃弧时间、燃弧次数、网流等直接反映了弓网燃弧的侵蚀量,在实际的运行中则间接体现了电侵蚀对接触网的损耗程度,是作为评判线路优劣的重要指标,也是日常巡检中作为检测接触网使用寿命的参考指标之一。

在高速铁路的牵引供电系统中,动车依靠车顶的受电弓从接触网上获取电能,再生制动时产生的电能也回馈到接触网上,弓网间关系直接影响动车的提速和安全。在动车组高速运行中,接触网导线的不平顺、接触网和轨道的振动、受电弓弓头振动、轨道不平顺、扰动气流等因素会随着动车提速而加剧,受电弓与接触网接触状态也会恶化,可能会导致:受电弓滑板、接触导线磨耗变大,缩短使用寿命;弓网离线,导致燃弧产生,对行车安全产生影响。

4.3.2.3　弓网燃弧检测系统

1. 弓网动态作用参数检测特点

由于接触网和受电弓运行状态和环境的特殊性，弓网动态作用参数检测装置与一般的电气测量和机械振动测量相比具有很大的不同。车载弓网动态作用参数检测是受电弓以动车组速度在接触网下运动过程中(即受流过程中)完成的。接触网-受电弓受流系统是一个动态过程，是一个复杂的机械电气过程。这一动态过程包括多种机械运动形式和电气状态变化：受电弓相对于接触导线的滑动摩擦；受电弓上下振动；受电弓由于列车横向摆动而形成的横向振动；接触网上下振动，并形成行波沿导线向前传播；受电弓和接触导线之间发生的水平和垂直方向撞击；弓网离线发生电弧，受电弓受流中，电流发生剧烈变化；等等。弓网燃弧检测系统必须适应这一测量环境，最重要的技术关键点如下：

(1)测量传感器的设计和安装应适合弓网受流的要求，不能影响受电弓的运行性能；

(2)测量信号的传输通道满足 35 kV 等级的绝缘要求，并不受电气干扰和环境天气影响；

(3)整个测试系统的电磁兼容设计使测量装置在牵引供电系统的电磁环境中正常工作。

目前比较成熟的弓网燃弧检测设备如图 4-25 所示。其设计思路为：弓网燃弧发生，燃弧向外辐射出独特波长的紫外线；紫外传感器感受到紫外线电路中电压(电流)产生波动，其数值进入信号调理设备，进行滤波等操作，转化为 0～10 V 的虚拟信号；IMC 将虚拟信号转化为数字信号；通过网线输入到电脑中并处理数据。

弓网燃弧检测系统主要由四个子系统组成：紫外探测器(包括放大电路等)、信号调理设备、模拟信号转数字信号设备、信号处理显示终端。

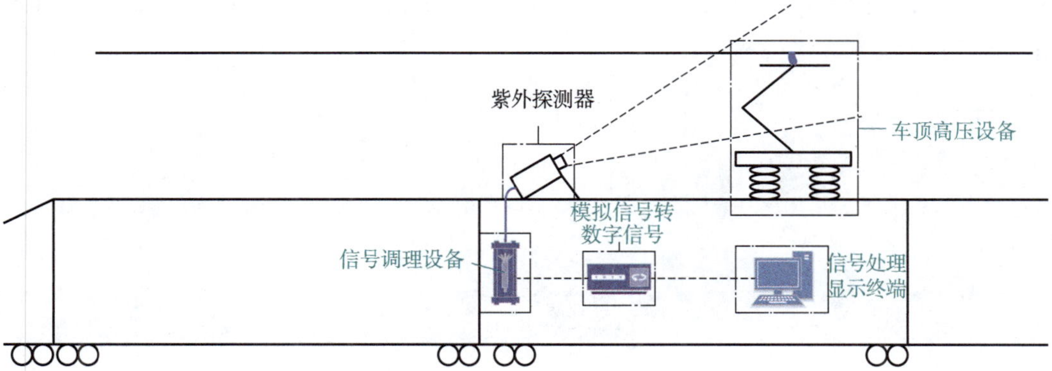

图 4-25　弓网燃弧检测系统

在受电弓车顶附近安装燃弧探测器，测定燃弧发生的地点，统计燃弧次数。选择的探测器应对受电弓滑板和接触导线之间所释放的光的波长非常敏感。铜和铜合金接触导线的电弧波长范围：220～225 nm，或者 323～329 nm。探测器对波长大于 330 nm 可见光不敏感。

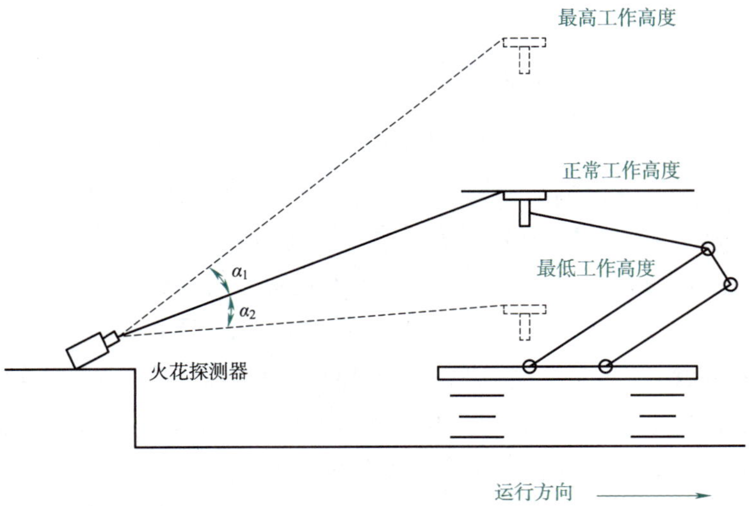

图 4-26　燃弧探测器安装示例

2. 探测器的安装要求

(1)为了使探测器有很强的高敏感率,探测器要离受电弓足够近;

(2)为了使探测器有很强的高敏感率,探测器要离纵向轴足够近;

(3)根据机车的行车方向,探测前装在受电弓的后部;

(4)根据行车方向,探测器应瞄准后滑板;

(5)要在所观测的区域非常敏感,包括受电弓工作高度的最大最小值,受电弓的工作范围;

(6)对电弧开始和结束的响应时间少于 100 μs。

3. 燃弧测量值

每个电弧的持续时间、电弧位置、离线次数、离线率、速度,有条件可以记录受电弓电流。如图 4-27 所示。

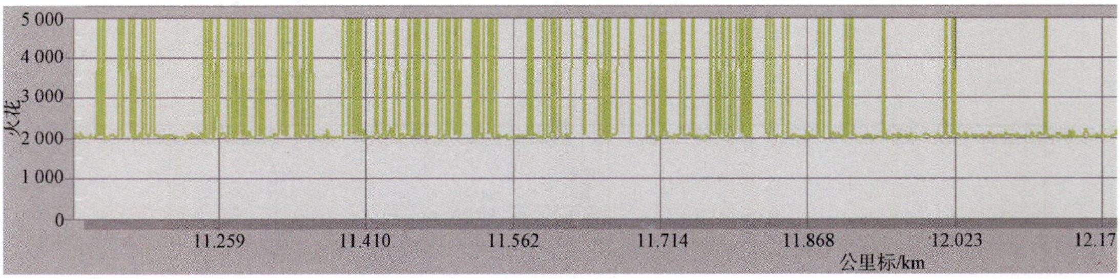

图 4-27　燃弧信号波形图

4.3.3 硬　　点

4.3.3.1 接触导线不平顺分析

接触导线的不平顺性可分为长波不平顺和短波不平顺。接触网以跨距为步长,由支柱和腕臂支撑，沿线路架设，一跨内接触导线高度差可以定义为长波不平顺；接触导线存在的局部硬弯、波浪弯和集中质量点可以定义为短波不平顺。

1. 长波不平顺分析

接触导线在线路与桥隧、站场与区间连接处、锚段关节处等，如果在设计或施工中处理不好就很容易存在接触导线坡度过大以及相邻跨坡度变化过大，在接触导线坡度较大处或坡度转换定位点处，就会引起接触导线长波不平顺。

2. 短波不平顺分析

接触导线产生短波不平顺的原因主要有：

(1)接触导线质量原因。采用的接触导线在制造过程中存在质量问题，内部应力不均匀产生形变，使得接触导线在使用过程中产生连续硬点及连续火花；在接触导线缠盘过程中形成形变。

(2)施工质量原因。在施工过程中，由于没有采用恒张力放线导致张力分布不均、接触导线弛度过大等；现场施工及检修人员踩踏接触导线造成接触导线变形而产生垂向硬弯；接触导线预拉伸不到位以及因各种原因而使得对接触导线进行二次调整时产生短波不平顺。

(3)接触网零部件原因。接触导线定位器、吊弦线夹、电连接线夹、中心锚结线夹等夹具位置偏斜或松脱掉落等，在列车经过时对受电弓产生冲击。

(4)接触网结构原因。三跨锚段关节对高速运行的受电弓滑板造成较大的冲击，这一区段大硬点值基本发生在锚段关节处，因为三跨锚段关节在接触导线转换时，存在接触导线由正坡度向负坡度过渡的点，这一点会产生过大的硬点；其他原因如锚段关节定位器、避雷器、隔离开关以及电连接线夹等位置处质量比较集中，如果在设计上存在缺陷，就会在受电弓经过时产生较大的硬点，产生短波不平顺。另外，位于车站、道岔等铁轨上方的分段绝缘器，如调整不平衡，也会出现较大硬点，并伴随拉弧显现发生。

(5)其他原因。动车组高速运行在轨道上，轨道线路的情况也会在一定程度上影响弓网受流状态的好坏，如在线路变坡点、轨道存在三角坑的位置处，弓网的几何位置会受线路影响，产生短时间快速变化，进而可能表现出接触导线不平顺的特征。列车受电弓经过隧道口时，会根据速度、周围环境、风速、有无对面会车等条件产生不同的反馈，加之隧道口本身就是一个极其复杂的风洞口，导致列车在高速进入隧道时可能出现受电弓振荡，进而产生不平顺。另外，极端天气如瞬时大风产生的接触导线晃动以及受电弓振荡，高寒地带接触导线结霜、结冰甚至出现冰凌的状况等，均会使接触导线平顺性受到较大影响。

接触导线存在不平顺，动车组高速运行时弓网间会产生瞬时拉弧或者连续火花，受电弓滑板受到连续冲击，出现连续大值硬点。在试验中发现出现大硬点值较多的地点往往在定位点和锚段关节处。

3. 接触网弹性不均匀

高速接触网追求的目标是弹性均匀。接触网是一个沿线路架设的悬链结构，接触网在一跨内存在弹性不均匀。对于简单链形悬挂，弹性差异系数一般大于 30%；对于弹性链形悬挂，弹性差异系数一般小于 10%。由于接触悬挂的弹性不均匀性，造成弓网作用的振动波动，也称为接触网动态不平顺。

4.3.3.2 接触导线不平顺的检测

接触导线的不平顺对高速运行的受电弓会产生非常严重的影响，破坏弓网间的正常接触和受流，加快导线和受电弓滑板的异常磨耗和撞击性损害，常在这些部位造成火花或拉弧，从而损伤接触导线和受电弓；同时，还会影响牵引供电系统的电能质量，并对车载牵引电机和变压器产生影响。

1. 长波不平顺的检测

对于长波不平顺，主要的检测手段分为静态、准静态以及动态检测。

静态检测，首先，根据接触网检测车数据以及重点区段的地面观测数据，采用步行巡视的方法，观察弓网动态配合情况；与检测数据进行对比性和重合性分析，确定不平顺区段的相对准确位置。然后，利用接触网激光参数测量仪测量该位置前后几跨内各吊弦点、定位点、线夹集中载荷处（含锚段关节、线岔过渡点）接触导线的导高，绘制区段导高曲线图并确定不平顺区域位置。

准静态检测，利用接触网检测车以及综合检测列车的车载接触网几何参数测量设备，采用激光测距的方法或者高清摄像机视频几何测量手段，并辅助以车辆底部的拉线式或者激光式补偿装置来补偿车体各方向摆动对车顶几何坐标系产生的改变。为了减少受电弓抬升力造成的接触网抬高对检测数据产生的影响，检测车多采取内燃机车牵引的方法。综合检测列车多采用低速状态下（60 km/h），升远离检测设备一侧的受电弓的方法，进行准静态几何参数测量。根据测量数据，确定接触导线高差超限、坡度过大以及坡度变化剧烈的位置。

动态检测，利用综合检测列车或者路局配属的检测车的车载激光式、拉线式位移测量仪、摄像机非接触检测等手段，在弓网实际受流并高速运动的情况下，测量受流受电弓滑板的高度变化。这种测量手段更加接近运营列车实际运行状况。一些接触导线长波不平顺点在静态检测中并未超标，但是，在实际运行中，由于弓网间的接触力变大，接触导线抬升量增加，并加之弓网、轮轨之间均存在复杂的耦合运动；此外，双弓受流状态下前弓对接触导线产生抬升及震动会影响后弓的运动状态，会产生新的动态不平顺点。而这些不平顺除了在弓网系统仿真中能够给予验证以外，只能由动态检测来完成。

2. 短波不平顺的检测

对于短波不平顺的检测，主要由加装在受电弓上的压力传感器及加速度传感器来完成。加速度传感器是测量物体振动最敏感的元件，对于接触导线短波不平顺的检测采用冲击加速度的方法测量。当受电弓滑板受到冲击时，它可以准确灵敏反应。

短波不平顺对受电弓滑板产生冲击加速度，反映到弓网性能上表现为出现连续火花，弓网接触力出现峰值变化。

实际上，我们测量的是受电弓滑板受到的冲击加速度值。当接触导线上有硬弯或集中质量点（如接头线夹、定位器、中心锚结线夹、电连接线夹）时，对高速滑动的滑板造成冲击振动，这种振动能够分解为两个方向：水平方向和垂直方向，一般采用垂直方向的加速度来评价受电弓运行的安全性及接触导线的平顺性。

（1）现有综合检测列车选用的加速度传感器，是近几年新发展起来的新型传感器，如图 4-28 所示。它的优点是：①过载能力强，最大过载容量为 3 000g；②输出信号高，一般为伏级；③抗干扰能力强；④易于安装。

图 4-28　安装在动车组上的加速度传感器

对于接触导线弹性的检测，可以采用人工上道检测或者车载接触力传感器与接触导线高度传感器协同的方法。其测量原理是，将接触导线抬高一定高度，测量其抬升力以及抬升距离，计算出接触导线弹性及一跨内接触导线弹性不均匀度，进而判定接触导线是否存在弹性不均匀的问题。

4.4.3.3　接触导线不平顺的评价和控制

在工程设计上，接触导线与承力索的张力组合不同，会产生不同的弓网相互作用。如何优化其配置，以及接触导线与受电弓之间的最优配合，仍然需要大量的仿真计算与现场试验。同时，设计中应该充分利用弓网仿真计算结果，排除可能存在的质量集中点、坡度变化大值点，同时优化隧道口弓网空气动力学性能。

目前影响我国接触网质量最大的因素是施工质量，初次施工质量不达标，后期多次整治也很难让设备质量有明显的提高；并且整治难度大，在整治中还有可能派生出新的问题点。在施工过程中，需要加强监管监理的力度，同时争取做到不赶工、不抢工。尽可能使用熟练掌握架设接触网设备的施工人员，并且在条件允许的前提下尽量使用恒张力放线车进行放线作业。

受电弓和接触网是一对相互作用的振动系统和摩擦耦件，要获得良好的受流性能，除了接触网具有良好的性能外，还必须有受流性能好的受电弓来匹配。受电弓作为一个弹性机构，通过自身结构保持与接触导线一定的压力，在运行过程中，还受到空气动态力的作用，使其在运动中的振动变得非常复杂。合格的高速受电弓应具有如下特点：小的静态抬升力；较小的当量归算质量；良好的跟随特性；大的横向刚度；具有良好的气动力模型和气流调整装置，以改善受电弓的气动力稳定性，保证弓头位置稳定；与接触导线摩擦性能相匹配的滑板材料；具有紧急降弓控制（ADD）系统，当接触网损坏受电弓滑板时，受电弓自动快速降弓。

接触导线的不平顺对高速运行的受电弓会产生非常严重的影响，破坏弓网间的正常接触和受流，加快导线和受电弓滑板的异常磨耗和撞击性损害，常在这些部位造成火花或拉弧，从而损伤接触导线和受电弓；同时，还会影响牵引供电系统的电能质量并对车载牵引电机和变压器产生影响。

实际上，我们测量的是受电弓滑板受到的冲击加速度值，当接触导线上有硬弯或集中质量点（如接头线夹、定位器、中心锚结线夹、电连接线夹）时，对高速滑动的滑板造成冲击振动，通过测量这种冲击振动加速度，来表征接触导线的平顺性。

加速度传感器是非常灵敏的振动测量元件，当受电弓滑板受到冲击时，它可以准确灵敏反应。在测量中，采集加速度的最大值。一条线路的硬点按最大值进行评价。硬点信号波形图如图 4-29 和图 4-30 所示。

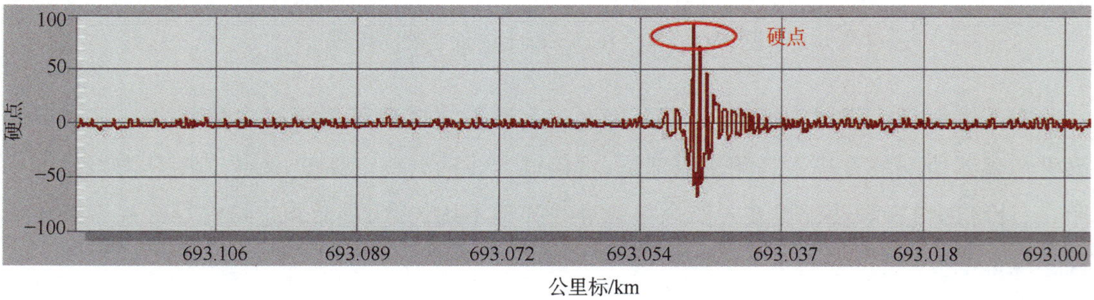

图 4-29　硬点信号波形图

随着列车运行速度的提高，接触导线的平顺性问题越来越重要，直接影响弓网运行安全性和受流质量。硬点反映了接触导线的局部（或短波）不平顺，如接触导线存在的硬弯、接触导线本身存在的波浪弯和接触网结构性硬点（锚段关节、定位点等）。通过分析硬点的散点图，找出接触网硬点超标地点，指导接触网维修工作。接触导线硬点的评价标准：200 km/h 以下线路一般为 490 m/s^2；200 km/h 以上线路为 588 m/s^2。考虑到接触网施工的实际情况，将硬点超过标准值的跨数控制在 0.5％的范围内，即允许一定量的硬点检测值超过标准值。从图 4-31 中可以看出，硬点数值大部分分布在 588 m/s^2 以下，只有个别断面硬点值超过 588 m/s^2。说明此试验区段接触导线的平顺性是符合标准要求的。

试验区段全程硬点散点图(试验速度 350 km/h)如图 4-30 所示。

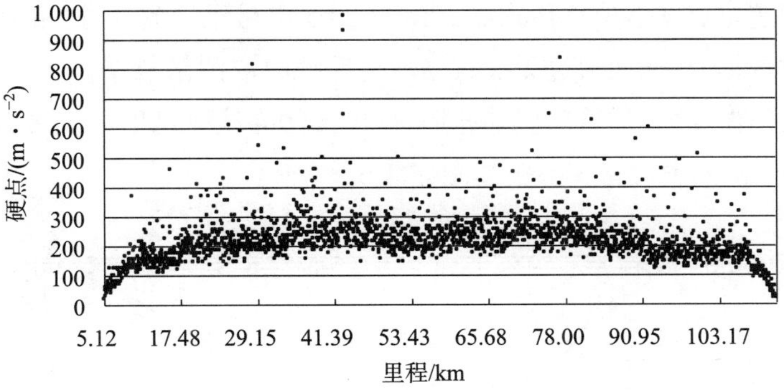

图 4-30　试验区段全程硬点散点图(试验速度 350 km/h)

4.3.4　接触导线高度

在试验研究高速弓网关系时，一般在试验动车组的车顶安装激光测距器，测量受电弓滑板距车顶的距离，从而计算受电弓滑板距轨面的距离，描述受电弓滑板的运行轨迹，评价受电弓滑板的振动情况及接触网动态高度，如图 4-31 所示。测量记录接触导线动态最大高度、最小高度以及接触导线一跨内的振动幅度。

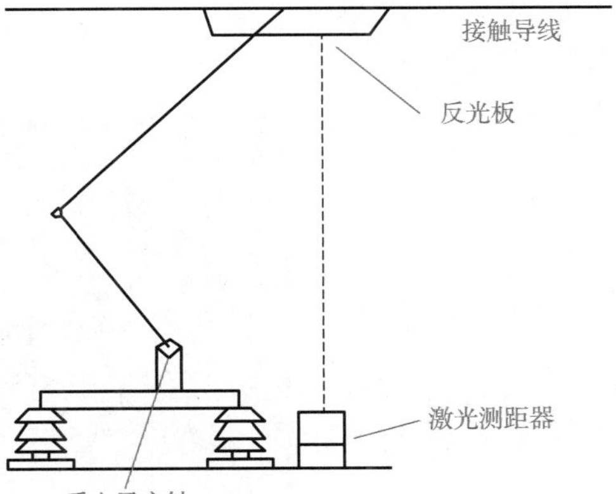

图 4-31　接触导线高度测量示意图

激光测距技术是一项非接触式的工业测量技术，与传统的接触式测距技术相比具有以下的特点：

(1)激光测距时，无须与测量表面进行接触，物体的表面不会产生形变；

(2)激光测距时被测物体表面不会发生磨损，降低了额外的损失；

(3)在很多特殊的环境下，没有条件用常规测量工具接触测量，只能使用激光测距技术。

弓网检测中采用 LDM30X 激光测距传感器，安装在受电弓下部，激光光束通过受电弓滑板处的反射板，反射后计算出接触导线的动态高度。这种测量方法的特点是：测量精度高；传感器在车顶上安装使用简便；但是激光器受太阳光干扰，不过这种受干扰的概率较低。

4.3.5 接触导线抬升量

4.3.5.1 传感器测量法

在接触网的定位点安装位移传感器，当动车组受电弓经过测点时，测量系统自动记录和储存接触网振动数据，在地面通过无线数据传输系统收取测量数据。通过分析测量数据可计算出接触导线的振动情况，给出振动波形，得出接触导线振动的最大振幅、振动频率等参数，如图 4-32 所示。测量设备实际安装图如图 4-33 所示。

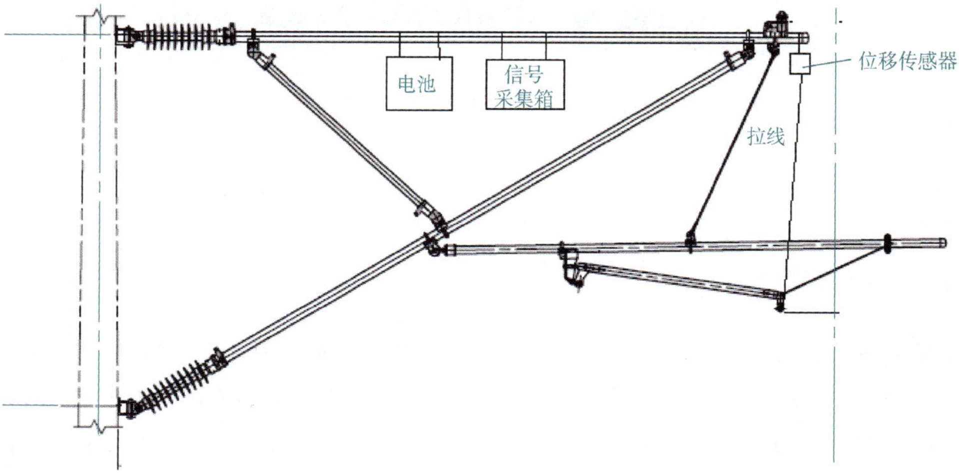

图 4-32 接触导线动态抬升量测试设备安装示意图

图 4-33 接触导线动态抬升量测试设备安装

动车组 350 km/h 试验速度下的接触导线动态抬升小形图如图 4-34、图 4-35 所示。

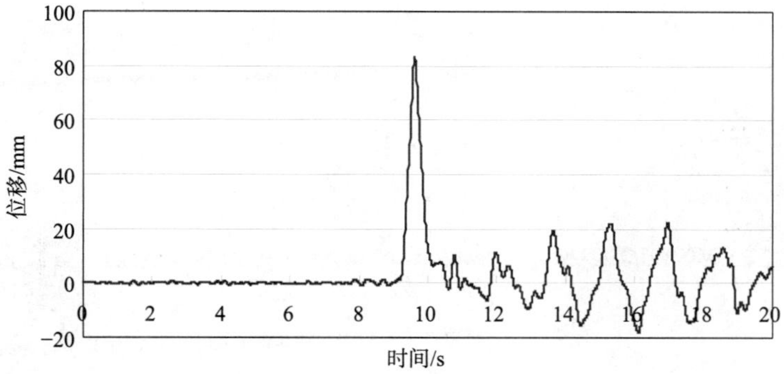

图 4-34　接触导线动态抬升波形图(单弓、350 km/h)

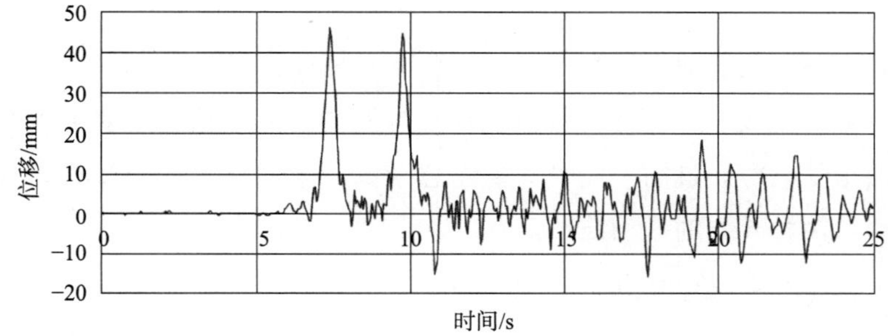

图 4-35　接触导线动态抬升波形图(双弓、350 km/h)

从图 4-34 和图 4-35 可以看出,受电弓通过时,接触导线振动幅值达到最大值;受电弓通过后,接触导线振动迅速衰减,但继续保持振动状态,衰减速度较慢,振动频率约为 1 Hz。在试验时,评价参数为抬升量的最大值。

4.3.5.2　图像处理法

前面介绍的传感器方法测量接触导线抬升量和振动波形,适合于长期测量。对于临时测量需求,适宜采用图像处理方法,图 4-36 为接触导线动态抬升量的图像采集法原理图,图 4-37和图 4-38 为尺寸参照板安装图。

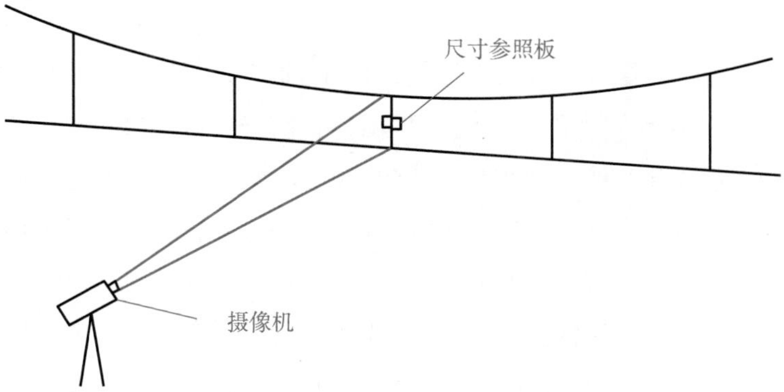

图 4-36　接触导线动态抬升量的图像采集法

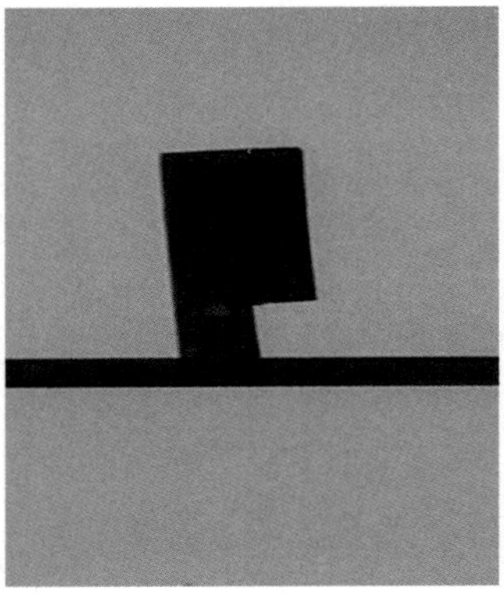

图 4-37　尺寸参照板 1

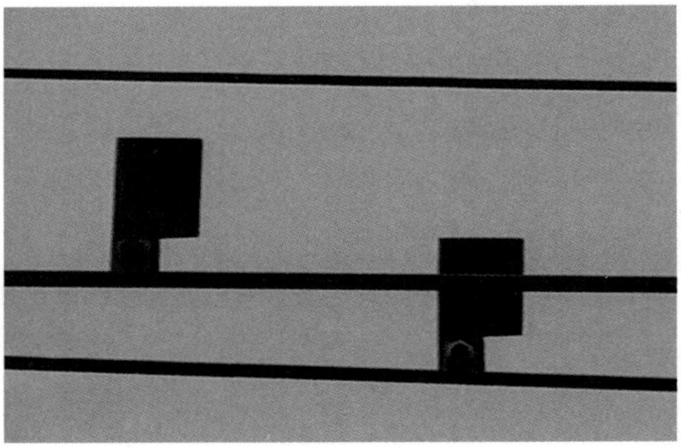

图 4-38　尺寸参照板 2

此方法的原理是，测试前在被测的接触导线上安装尺寸参照板，尺寸参照板的尺寸一般为 50 mm×50 mm，主要是作为图像处理的尺寸参照物。使用摄像机对准尺寸参照板区域进行录像，特别是受电弓通过的一段时间要注意录像。采用计算机对视频录像进行图像处理和计算，可得出接触导线的振动波形。

4.3.5.3　接触导线静态高度和动态高度比较法

接触导线的静态高度可以通过接触网静态几何参数测量仪侧得，铁路施工单位或运营单位都有接触网在每个定位点处的接触导线高度静态值。在实际试验时，通过采用动车组动态高度测量装置测试高速运行时的动态高度，再与接触导线的静态高度进行逐个定位点静态高度比较和计算，可获得接触导线的动态抬升量值。采用此种方法只能获得接触导线的抬升量数据，不能获得接触导线的振动波形。

4.4　弓网关系各参数对受流质量的影响及控制指标

4.4.1　弓网关系各参数间的关系分析

弓网运行状态是一个复杂的机械和电气过程，既要研究它的机械运行特性，又要研究电气特性，所以在评价高速铁路弓网关系时，要全面测量和分析各参数。

接触导线和受电弓滑板是一对摩擦副结构，接触的好坏取决于双方之间的力，即弓网接触力，它直接反映了受电弓弓头与接触导线的接触状态。弓网接触力会随运行速度的增长而呈非线性增加，并且速度越高，接触力的量值增加越快，这是空气动力以及惯性分量迅速增加的结果，是动态特性特有的现象。受电弓或接触网的性能较差，在这种情况下，高速运行时会产生跳跃式振动，使受流条件恶化。例如，当接触悬挂的波动速度较低，而运行速度接近或者达到波动速度时，其接触力表现出时大时小的不稳定现象或者不稳定运行，都对接触导线和受电弓极其有害。

受电弓和接触网要实现良好的接触，弓网接触力就要保持在一个特定的限定范围。当接触力过大时，滑板与接触导线在单位面积上的接触力增加，会使弓网磨耗加剧，降低弓网的使用寿命，增加铁路的运营成本和维修费用。另外，接触力增加，使得弓网位移增加，接触网及受电弓偏离设计位置加大，对行车安全造成威胁，降低了弓网的安全性，容易引发弓网事故；接触力过小，会造成受电弓与接触网的连接不可靠，容易造成弓网的短时脱离，即发生离线，产生电弧。由于电弧的高温影响，接触导线及受电弓的滑板将产生局部的烧损，在多次烧损的情况下，必然降低弓网的使用寿命。所以，弓网间的动态接触力是影响弓网使用寿命的重要因素之一。

通过弓网接触力随速度等级的分布曲线可以研究弓网接触力的分布情况和变化趋势，判断弓网受流性能是否符合相关标准。分析最小接触力，可以判断弓网运行状态是否良好，判断弓网是否发生离线。要保持弓网良好接触，弓网接触力不应低于 20 N。否则，就认为弓网接触不良，发生离线。由于接触力的信号基波频率较低，一般在 20 Hz 以下，从接触力检测数据可以发现接触导线较严重的缺陷，但对于接触导线存在的硬弯和波浪弯等短波不平顺缺陷应采用加速度测试的方法来诊断。

弓网接触力反映了接触网和受电弓两个系统在运行过程中的匹配性能。一般地，接触网的主要技术参数和受电弓的性能确定以后，弓网接触力的基本性能和数值趋势也就确定了。弓网动态接触力一般按一个跨距为分析单位，分析参数有：最大值、最小值、平均值和标准偏差。控制弓网接触力的参数指标如下：

最大值：$F_{\max}=F_{m}+3\sigma$； (4-30)

最小值：$F_{\min}=20\ \text{N}$； (4-31)

平均值：$F_{m}\leqslant 0.000\,97v^{2}+70\ \text{N}$（$v$ 为试验速度，km/h）； (4-32)

标准偏差：$\sigma\leqslant 0.3\times F_{m}$。 (4-33)

1. 加速度对弓网受流状态的影响

接触导线不平顺，如存在硬弯、底面扭曲、定位器调整、接触导线坡度超标、三跨锚段关节接触导线转换点等，对受电弓滑板产生冲击加速度，反映到弓网性能上表现为出现连续火花；弓网接触力出现峰值变化。此时加速度值为受电弓滑板运行中受到的冲击加速度值，分析频率一般为 500 Hz 以上。根据中国的接触导线实际情况，目前的控制指标为：速度小于 200 km/h 时，硬点 AV＜490 m/s^2（50g）；速度大于 200 km/h 时，硬点 AV＜588 m/s^2（60g）。硬点检测值超过标准值时跨数应小于检测总跨数的 0.5%。

2. 燃弧对弓网受流状态的影响

良好弓网关系表现在弓网运行中不出现或出现尽量少的离线火花。弓网离线性能是弓网运行质量和状态的最终表现，它反映了弓网的各种运行状态对传输电流的影响。弓网受流过程中出现连续火花的原因很多：

(1)弓网不匹配出现接触力为零的状况。

(2)两条滑板不平衡出现火花，因为每条滑板都通电流，当某条滑板出现跳动时，将出现火花。

(3)接触导线短波不平顺，如：接触导线出现硬弯或波浪弯时，造成接触导线和滑板接触点的电流间断。

(4)接触导线高度不平顺，接触导线内部刚度不均匀；弓网振动不匹配等，也将造成弓网离线火花。

由于造成弓网离线火花的原因很多，在弓网受流质量评价中，笔者认为离线火花指标是综合评价指标，避免弓网离线火花也是接触网和受电弓研究工作一个重要课题。控制离线火花指标的三项参数有：最大离线时间，单位距离内的火花次数，离线率。目前，我们参照国际标准和国内试验结果，三项参数按以下指标来控制：

一次最大离线时间：不大于 100 ms；

燃弧次数：小于 1 次/160 m；

离线率：小于 5%。

弓网试验中接触导线的动态高度，也就是受电弓滑板的运行轨迹，它反映了受电弓高速滑板运行时，接触导线高度的动态变化。通过测量和分析此参数，可以评判接触导线的长波不平顺性和动态弹性变化，检查接触导线高度是否符合线路接触网的设计要求，特别是接触导线的坡度要求。目前分析接触导线动态高度有三个参数：一跨内最高高度，最低高度，高度差。控制参数为一跨内高度差：$A \leqslant 150$ mm。

影响高速铁路弓网关系的因素很多，涉及接触网、受电弓本身的技术、动车组的参数、空气动力学问题、运行环境等等，但从理论上研究和模拟仿真很难解决弓网匹配的所有问题，必须从试验的手段上研究试验高速铁路弓网的适应性问题。

弓网受流性能测量是涉及多学科的测量技术，如传感技术、信息传输技术、摩擦学、高电压技术等，要精确地测量弓网受流质量，需要综合研究测量系统的各个分支系统，最重要的是传感器技术和信号传输技术研究。

4.4.2 弓网关系评价因素及标准

通过接触导线和受电弓之间的滑动接触，给列车车辆传输电能的过程是很复杂的，随着转入高速运行以来，世界各国都对弓网受流质量问题给予极大的关注。

受电弓在驱动机构的作用下，在接触点把接触导线抬起，而同时本身又承受一部分接触悬挂的重力。这样，接触悬挂对受电弓的抬高压力有一个反力。受电弓对接触导线的抬高压力，引起两种必须考虑的后果。第一，接触导线在受电弓的抬高压力作用下要升高。按照工作可靠的条件，对这样的抬高，必须加以限制。第二，当受电弓沿着接触导线运行时，在它们之间将产生摩擦力，使得接触导线和接触滑块都要磨耗。这样就减小了接触导线的截面，增大了电能和电压的损失。由于受电弓对接触导线的抬高压力是变化的，因此就会导致接触导线和接触滑块之间的摩擦力，接触导线的高度位置以及过渡接触电阻发生变化。如果在个别地方抬高压力增大，从而摩擦力也增大，这样就要增加接触导线和受电弓滑块的所谓局部磨耗。正是由于出现局部磨耗，容易造成断线事故。当接触压力减小到零，受电弓滑板就要离线，因而产生火花，或者会产生稳定的电弧。如果导线的抬高压力过大，则在定位器附近和线岔处就可能使受电弓损坏，或者使接触网断线。为了避免这种事故，必须对受电弓滑板和接触网的最大抬高量加以限制。由于抬高压力不足和过大都会引起接触导线断线或受电弓损坏，即造成事故，因此，受电弓的抬高压力就应该有一个限界值，以使工作最为可靠。

接触网动态检测应对弓网动态受流质量以及接触网运行的安全性、可靠性进行检测。对弓网关系进行评价的因素主要有以下几个方面：

(1)接触网几何参数。接触导线高度、接触导线坡度、拉出值、接触导线几何位置(锚段关节、线岔、分相关节等断面)，应符合设计要求或相关技术标准的规定。

(2)硬点值。硬点(垂向加速度)值为受电弓滑板运行中受到的冲击加速度值，分析频率较高。硬点、一跨内接触导线高差，应符合标准规定，具体指标见表 4-3。

表 4-3　接触导线平顺性检测标准

速度等级/(km·h^{-1})	硬点/(m·s^{-2})	一跨接触导线高差/mm
[160,200)	<490	<150
[200,300)	<588	<150
[300,350]	<686	<150

(3)弓网动态接触力指标。受电弓和接触网要实现良好的接触，弓网接触力须保持在一定范围之内。接触力过大，会使弓网磨耗加剧，降低弓网的使用寿命。另外，接触力增加，使得接触导线抬升量和偏移量增加，对行车安全造成威胁；接触力过小，会造成受电弓与接触网的连接不可靠，容易发生离线，产生电弧。

弓网接触力反映了接触网和受电弓两个系统在运行过程中的匹配性能。弓网动态接触力一般按一个跨距为分析单位，分析参数有：最大值、最小值、平均值和标准偏差。控制弓网接触力的参数指标值在前面已论述。

(4)弓网燃弧的评价。弓网燃弧性能是弓网运行质量和状态的最终表现，它反映了弓网的各种运行状态对传输电流的影响。弓网受流过程中出现连续火花的原因很多，如：①弓网接触力过小；②双滑板受电弓前后滑板接触力差距过大，后滑板动态性能差，会导致在后滑板处出现火花；③接触导线不平顺；④弓网振动不匹配；等。

由于造成弓网燃弧的原因很多，在弓网受流质量评价中，燃弧指标是综合评价指标，只表征弓网间相互作用所产生的最终结果。弓网离线燃弧指标包括以下方面：

最大燃弧时间：$t_{max}<100$ ms；

燃弧率：$\mu<5\%$；

燃弧次数：应小于 1 次/160 m。

燃弧率 μ 的计算：

$$\mu=\frac{\sum t_{arc}}{t_{total}}\times 100\% \tag{4-34}$$

式中，$\sum t_{arc}$ 为单次燃弧持续时间大于 5 ms 的燃弧时间总和；t_{total} 为测量总时间。

(5)接触导线动态抬升量。接触导线动态抬升量是评价弓网运行安全的参数，抬升量过大容易在定位点处发生打弓等事故。接触网的结构和张力组合确定后，接触导线动态抬升量的大小主要取决于弓网动态接触力的大小。定位点处的接触导线动态抬升量应小于 120 mm。

4.5 双弓运行时弓网关系试验和分析

4.5.1 双弓运行分析

中国铁路的高速动车组可能只升一架受电弓从接触网受流，也可能同时升起两架受电弓受流。通常情况下，同时受流的两架受电弓不设电气连接，且两架受电弓的距离介于 200～400 m 之间。

高速列车使用两架受电弓运行期间，在定位点处测得的接触导线振动曲线表明，第二架受电弓总是沿着接触网的振荡部分运行，此时，后弓与接触网的接触质量略差一些，这一点通过弓网接触力的仿真结果和线路试验结果得到确认。

在双弓运行中，由于前部受电弓已将接触悬挂顶起，使接触导线处于振动状态，后部受电弓再与接触导线的接触性能明显劣于前部受电弓，表现在弓头振动加剧，弓网燃弧指标变差。为了将后部受电弓的燃弧率控制在允许的限度内，需要将平均抬升力调整得略大一些，但这又会引起动态接触力的增加和磨耗的加剧。

关于抑制燃弧和磨损，在双弓情况下不可能实现单架受电弓正常运行时所要求的弓网接触质量。因此，应该进行各种尝试以使能量通过单架受电弓传输到列车的多个牵引单元。

受电弓引起的接触导线抬升是决定弓网系统安全运行的重要参数，通常将抬升限制在容许值以内。因为较大的抬升易导致接触导线产生不期望的动态应力。当电气列车在线路上双弓运行，且后部受电弓引起的抬升达到容许值时，列车的限定速度会明显低于单弓列车的限定速度，即使两架受电弓达到最大间隔也是如此。

两架受电弓同时受流时，列车可能或可以达到的速度也取决于接触网的系统设计。德国 Re330 型接触网的试运行已经表明，采用两架受电弓同时受流时，即使受电弓的间隔只有 34 m，电气列车的速度也可以达到 200 km/h；如果间隔超过 240 m，运行速度甚至可以达到 350 km/h。

4.5.2　双弓运行试验数据

中国高速铁路动车组的编组配置模式是以 8 辆车厢为一个动车组基本单元，配备 2 架受电弓，运行中一架受电弓升起受流，另一架受电弓降弓备用，处于单弓受流工况；中国铁路还有大量的长编组动车组，即 16 辆编组，这种动车组配备 4 架受电弓运行，升起 2 架受电弓受流，另外两架受电弓处于备用状态，这时的动车组处于双弓受流工况；还有一种双弓运行工况是，2 列 8 辆编组的动车组重联运行，运行模式与 16 辆编组动车组相同。所以，双弓运行工况是中国高速铁路的常规运行模式，研究和试验双弓运行工况下的弓网关系是非常重要的。

《铁路技术管理规程》规定，动车组双弓受流时，2 架受电弓间的距离为 200～210 m，这个距离正取决于 8 辆编组动车组的长度。

下面利用某型号动车组的试验数据来说明双弓运行弓网试验数据。图 4-39、图 4-40 为受电弓运行方向示意图。

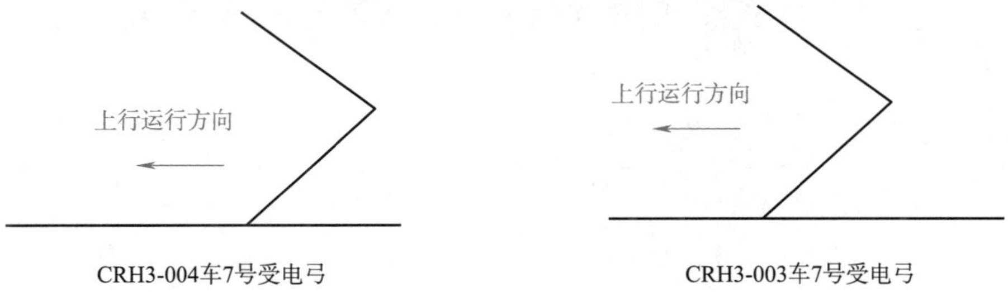

图 4-39　上行运行方向受电弓运行方向

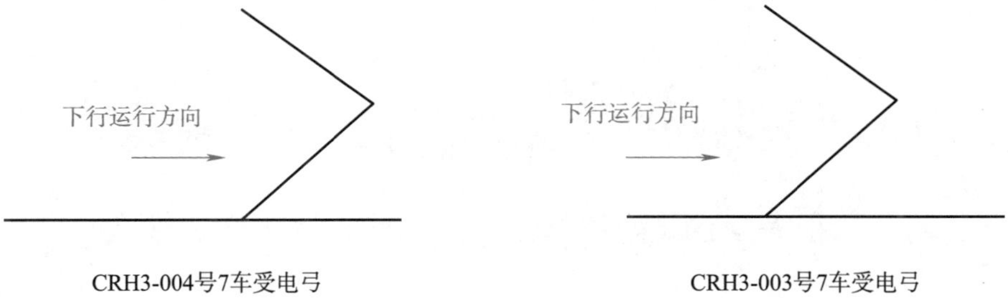

图 4-40　下行运行方向受电弓运行方向

试验曲线：图 4-41～图 4-45 的曲线是后弓试验曲线。

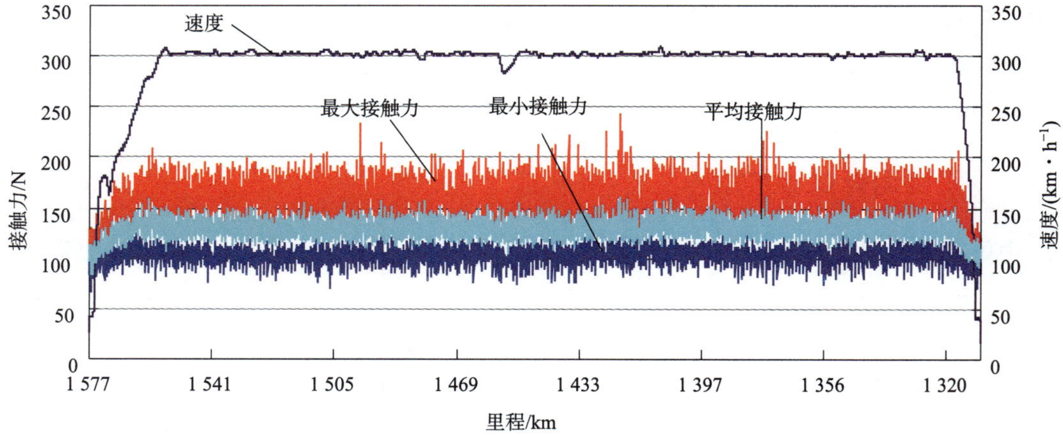

图 4-41　弓网接触力曲线图(300 km/h 速度等级)

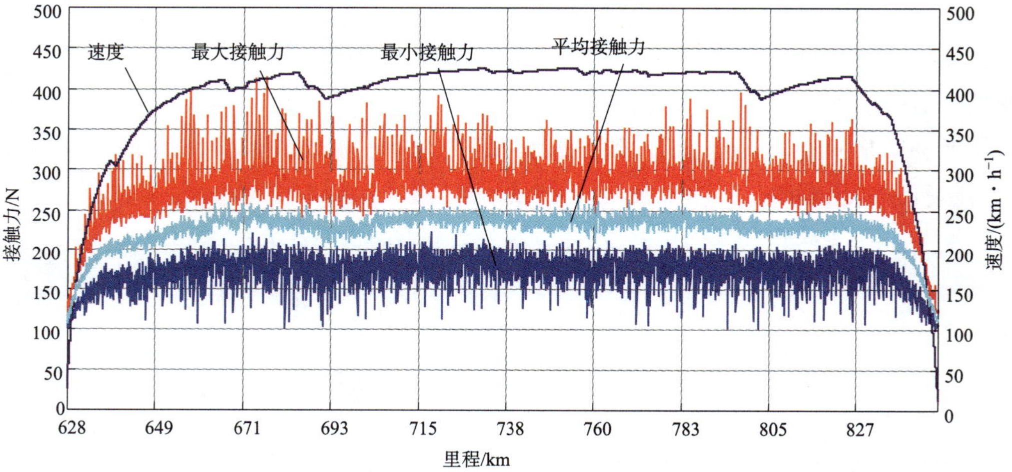

图 4-42　弓网接触力曲线(400 km/h 速度等级)

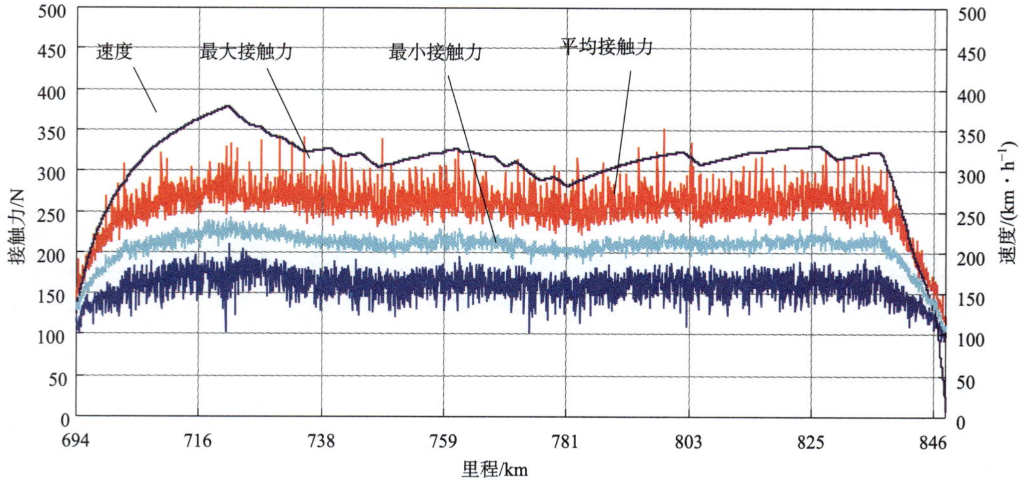

图 4-43　弓网接触力曲线图(350 km/h 速度等级)

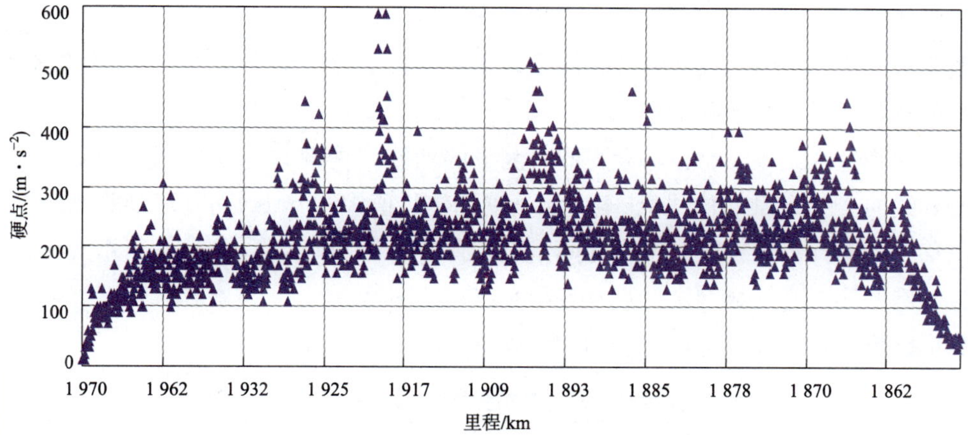

图 4-44　受电弓滑板振动加速度散点分布图

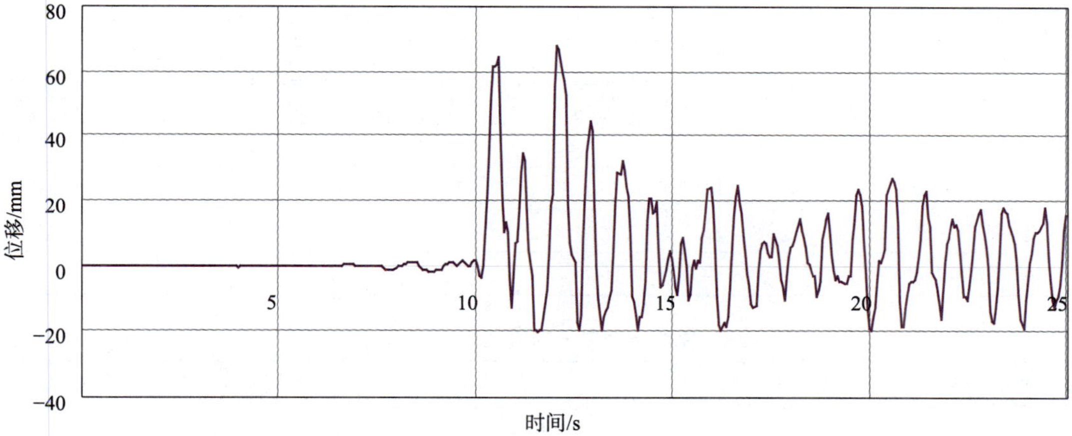

图 4-45　双弓运行工况下的接触导线振动曲线

4.6　高速铁路弓网受流试验研究

4.6.1　高速铁路接触网静态性能试验

测试接触网静态弹性的目的是了解高强高导接触网的静态弹性和动车组高速运行条件下接触网典型断面的接触导线动态抬升量、接触网振动频率，评价高强高导接触网的静动态性能。主要测试接触网的静态弹性，计算静态差异系数。

对于接触导线弹性的检测，可以采用人工上道检测或者车载接触力传感器与接触导线高度传感器协同的方法。其测量原理是：将接触导线抬高一定高度，测量其抬升力以及抬升距离，计算出接触导线弹性及一跨内接触导线弹性不均匀度，进而判定接触导线是否存在弹性不均匀的问题。

使用接触网弹性测量仪器在接触网作业车的平台上对接触网定位点、吊弦点各测点的接触网静态弹性进行测量和记录。

接触网弹性测试仪具有位移和力同时测量的功能。测量方法是:利用推力驱动机构推动接触导线向上一定量的位移值,本次测量确定位移值为 40 mm;同时记录此时的推力值。通过位移和力的计算得到接触网在此测量点的弹性。

接触网的测点为接触网定位点及各吊弦点。

简单链形悬挂和弹性链形悬挂的弹性比较见表 4-4 和表 4-5。

表 4-4　弹性链接悬挂静态弹性(20 kN+31.5 kN 区段)

测点位置	定位点 1	1	2	3	4	5	6	定位点 2
压力/N	141	138	153	136	140	153	144	147
位移/mm	40	40	40	40	40	40	40	40
静态弹性/(mm·N^{-1})	0.284	0.290	0.261	0.294	0.286	0.261	0.278	0.272
弹性差异系数/%	0.88							
测点位置	2366#	1	2	3	4	5	6	2364#
压力/N	147	144	155	138	140	156	142	144
位移/mm	40	40	40	40	40	40	40	40
静态弹性/(mm·N^{-1})	0.272	0.278	0.258	0.290	0.286	0.256	0.282	0.278
弹性差异系数/%	6.12							

表 4-5　简单链形悬挂静态弹性(21 kN+27 kN)

测点位置	44-33#	1	2	3	4	5	44-35#
压力/N	140	143	133	147	129	175	196
位移/mm	40	30	30	40	30	30	30
静态弹性/(mm·N^{-1})	0.286	0.210	0.226	0.272	0.233	0.171	0.153
弹性差异系数/%	30.29						
测点位置	44-35#	1	2	3	4	5	44-37#
压力/N	196	152	124	153	132	163	161
位移/mm	30	20	30	40	30	30	30
静态弹性/(mm·N^{-1})	0.153	0.132	0.242	0.261	0.227	0.184	0.186
弹性差异系数/%	33.85						

4.6.2　接触导线振动性能测试

接触导线的振动试验结合动车组的高速试验进行。

接触导线的振动性能主要表征:受电弓通过时,导线受到的垂向振动性能;测试接触导线的抬升量,确定接触导线的最大抬升量、振动周期等。

在选定测点的接触网腕臂上安装接触导线振动性能测量装置，测量接触导线动态位移。

接触导线振动性能测量装置是基于无限数据网络的多点分布式接触导线振动远程测量系统，此系统可以实时测量多点接触导线的振动性能，可以确定接触导线的最大动态抬升量、振动频率等参数，进而分析研究接触网的振动传播特性，确定接触网运行是否安全。测量数据是接触网定位器选择和受电弓设计的一个重要参考依据。

接触导线振动无线测量系统主要由位移传感器、数据采集模块、无线数据传输模块、太阳能充电电源组成。设备安装示意图和工作原理如图 4-32 及图 4-46 所示。

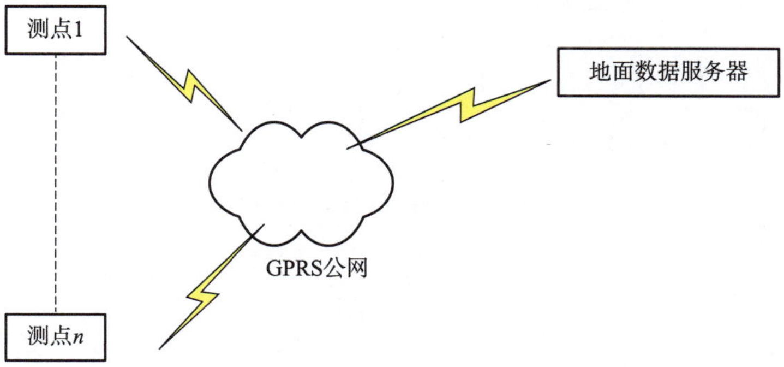

图 4-46　测量设备安装示意图

1. 装置的特点

(1)系统自动实时测量，数据自动存储，可以实现全天候测量；

(2)可以在可上互联网的地方远程监控各点的运行及数据下载；

(3)操作简单，使用可靠，适用范围广；

(4)无人看护设备，多点测试，减少测试强度，节省大量人力；

(5)利用清洁能源，使用太阳能充电电池，可以长时间免维护。

2. 测点布置

分别在接触网 31.5 kN、33 kN、36 kN、40 kN 张力区段安装接触导线动态抬升量测试设备。以京沪线先导段为例，安装位置见表 4-6。

表 4-6　京沪线先导段接触网振动地面测点

序号	线别	里程标	接触导线张力区段	区间	杆号
1	下行线	K707+687	36 kN	徐宿区间	509
2		K752+798	40 kN	徐宿区间	2339
3		K786+872	36 kN	宿蚌区间	1005
4	上行线	K707+687	33 kN	徐宿区间	510
5		K752+749	36 kN	徐宿区间	2342
6		K786+921	31.5 kN	宿蚌区间	1008

4.6.3 静态特性和振动性能数据分析

1. 接触网静态弹性数据分析方法

计算接触网静态弹性及静态弹性差异系数。

静态弹性计算：

$$E=\frac{y}{f} \tag{4-35}$$

式中 y——接触导线位移；

f——施加给接触导线的垂向力。

弹性差异系数计算：

$$\mu=\frac{E_{\max}-E_{\min}}{E_{\max}+E_{\min}}\times 100\% \tag{4-36}$$

接触网静态弹性数据计算见表 4-7～表 4-12。

表 4-7 接触网静态弹性数据 1

测点位置	2368#	1	2	3	4	5	6	2366#
压力/N	141	138	153	136	140	153	144	147
位移/mm	40	40	40	40	40	40	40	40
静态弹性/(mm·N^{-1})	0.284	0.290	0.261	0.294	0.286	0.261	0.278	0.272
弹性差异系数/%	5.88							

表 4-8 接触网静态弹性数据 2

测点位置	2366#	1	2	3	4	5	6	2364#
压力/N	147	144	155	138	140	156	142	144
位移/mm	40	40	40	40	40	40	40	40
静态弹性/(mm·N^{-1})	0.272	0.278	0.258	0.290	0.286	0.256	0.282	0.278
弹性差异系数/%	6.12							

表 4-9 接触网静态弹性数据 3

测点位置	2313#	1	2	3	4	5	6	2311#
压力/N	135	133	143	133	126	141	130	129
位移/mm	40	40	40	40	40	40	40	40
静态弹性/(mm·N^{-1})	0.296	0.301	0.280	0.301	0.317	0.284	0.308	0.310
弹性差异系数/%	6.20							

表 4-10 接触网静态弹性数据 4

测点位置	2311#	1	2	3	4	5	6	2309#
压力/N	129	128	140	131	132	139	133	135
位移/mm	40	40	40	40	40	40	40	40
静态弹性/(mm·N^{-1})	0.310	0.313	0.286	0.305	0.303	0.288	0.301	0.296
弹性差异系数/%	4.51							

表 4-11　接触网静态弹性数据 5

测点位置	117#	1	2	3	4	5	6	115#
压力/N	142	151	143	144	136	140	151	150
位移/mm	40	40	40	40	40	40	40	40
静态弹性/($mm \cdot N^{-1}$)	0.282	0.265	0.280	0.278	0.294	0.286	0.265	0.267
弹性差异系数/%	5.19							

表 4-12　接触网静态弹性数据 6(20 kN+36 kN 区段)

测点位置	115#	1	2	3	4	5	6	113#
压力/N	150	157	145	148	139	140	155	149
位移/mm	40	40	40	40	40	40	40	40
静态弹性/($mm \cdot N^{-1}$)	0.267	0.255	0.276	0.270	0.288	0.286	0.258	0.268
弹性差异系数/%	6.08							

2. 不同张力区段接触网静态弹性波形分析

不同张力区段接触网静态弹性波形分析如图 4-47～图 4-50 所示。

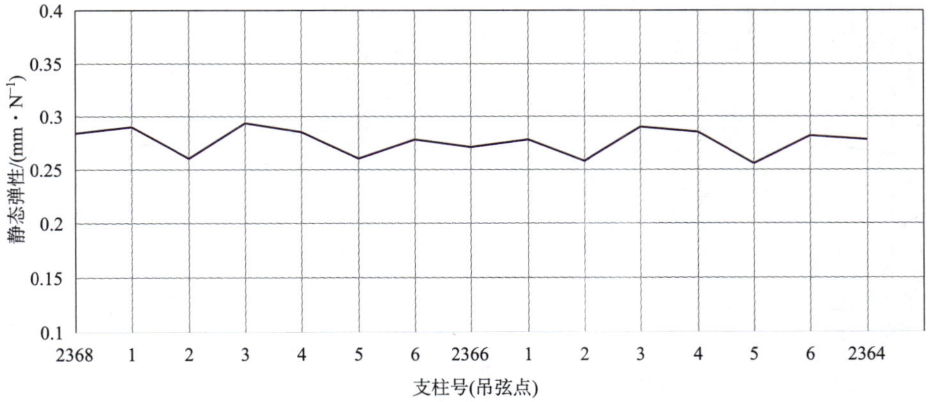

图 4-47　接触网静态弹性波形

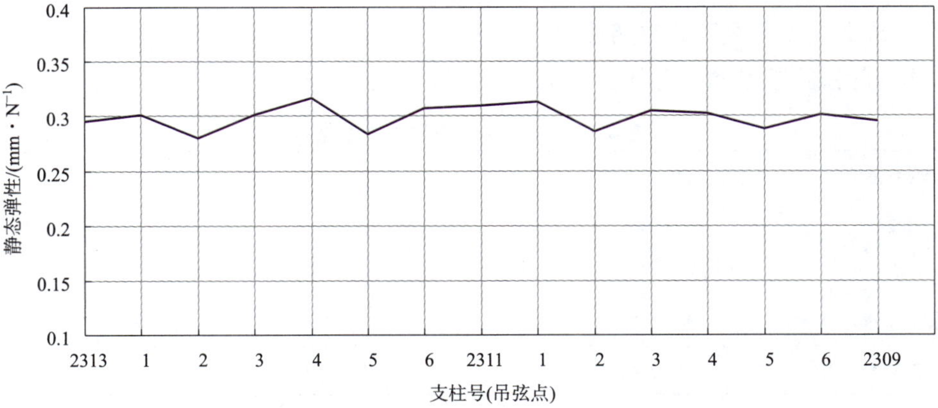

图 4-48　接触网静态弹性波形(20 kN+33 kN 区段)

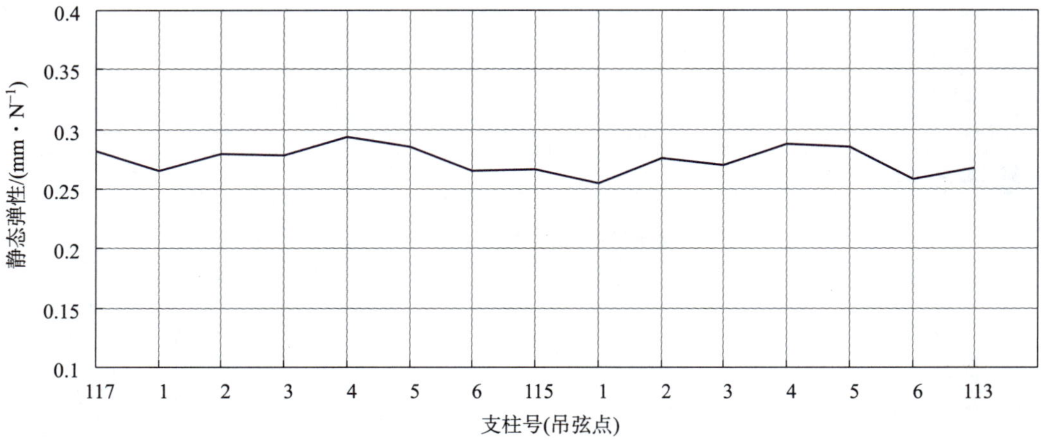

图 4-49 接触网静态弹性波形

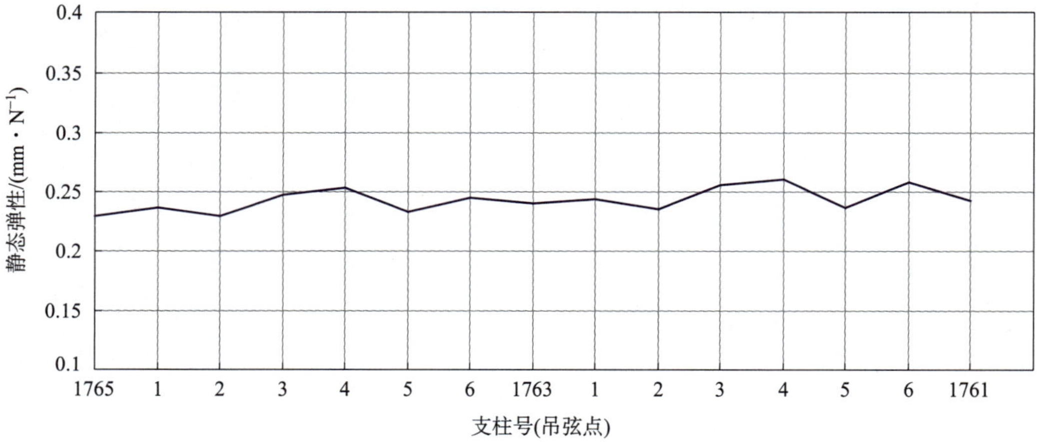

图 4-50 接触网静态弹性波形

350 km/h 速度等级高速铁路接触网：

京津城际铁路接触网静态弹性数据见表 4-13～表 4-16。

表 4-13 下行线静态弹性测试数据

测点位置	44-33＃	1	2	3	4	5	44-35＃
压力/N	140	143	133	147	129	175	196
位移/mm	40	30	30	40	30	30	30
静态弹性/($mm \cdot N^{-1}$)	0.286	0.210	0.226	0.272	0.233	0.171	0.153
弹性差异系数/%	30.29						

表 4-14 下行线静态弹性测试数据

测点位置	44-35#	1	2	3	4	5	44-37#
压力/N	196	152	124	153	132	163	161
位移/mm	30	20	30	40	30	30	30
静态弹性/(mm·N^{-1})	0.153	0.132	0.242	0.261	0.227	0.184	0.186
弹性差异系数/%	33.85						

表 4-15 上行线静态弹性测试数据

测点位置	48-14#	1	2	3	4	5	48-16#
压力/N	134	185	118	109	126	173	178
位移/mm	30	30	30	30	30	30	30
静态弹性/(mm·N^{-1})	0.224	0.162	0.254	0.275	0.238	0.162	0.169
弹性差异系数/%	25.8						

表 4-16 上行线静态弹性测试数据

测点位置	48-16#	1	2	3	4	5	48-18#
压力/N	178	141	127	110	119	171	132
位移/mm	30	30	30	30	30	30	30
静态弹性/(mm·N^{-1})	0.169	0.213	0.236	0.273	0.252	0.175	0.227
弹性差异系数/%	23.53						

3. 接触网的振动性能分析

接触导线动态抬升曲线如图 4-51～图 4-57 所示。

A 区段：

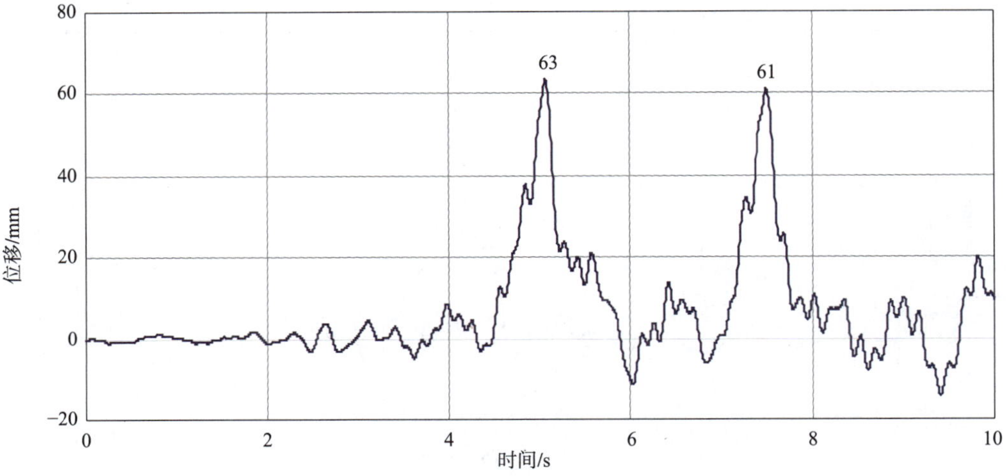

图 4-51 A 区段(300 km/h,受电弓闭口运行)

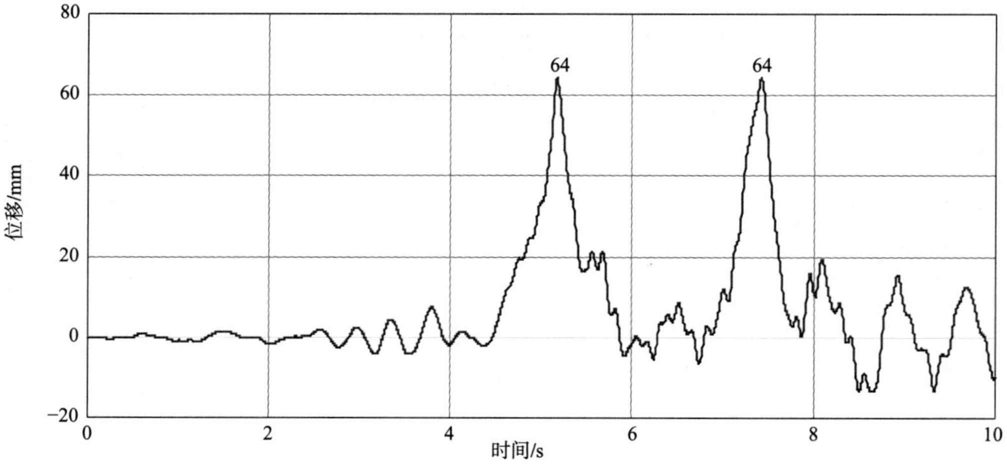

图 4-52　A 区段(320 km/h,受电弓开口运行)

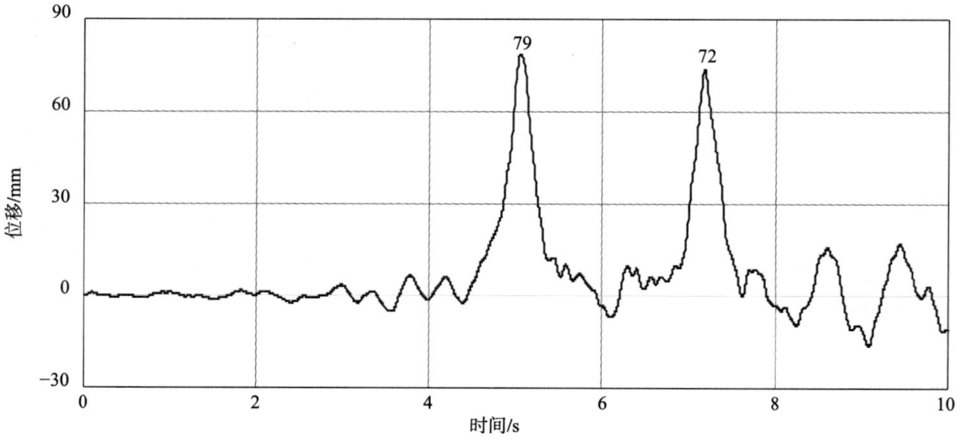

图 4-53　B 区段(340 km/h,受电弓闭口运行)

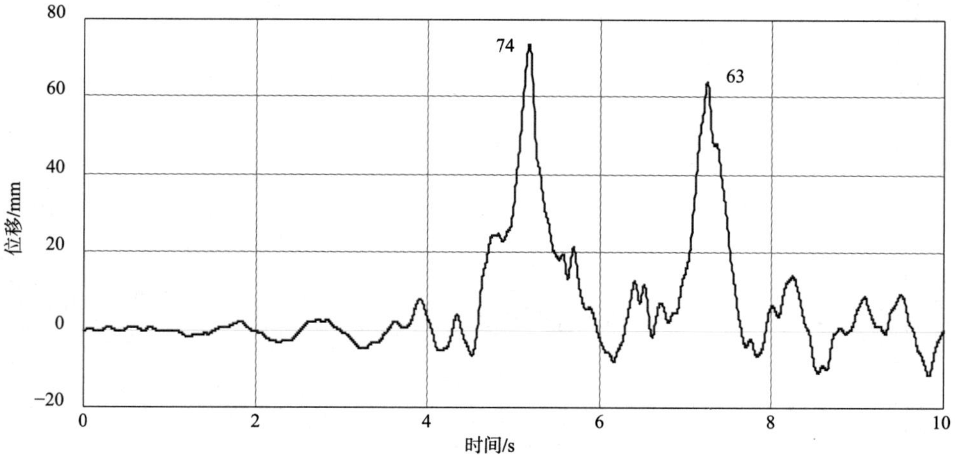

图 4-54　B 区段(350 km/h,受电弓开口运行)

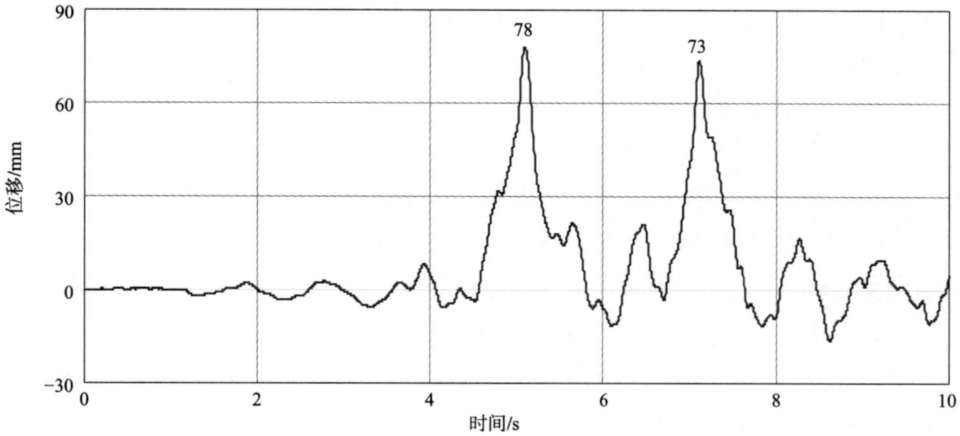

图 4-55 B 区段(360 km/h,受电弓开口运行)

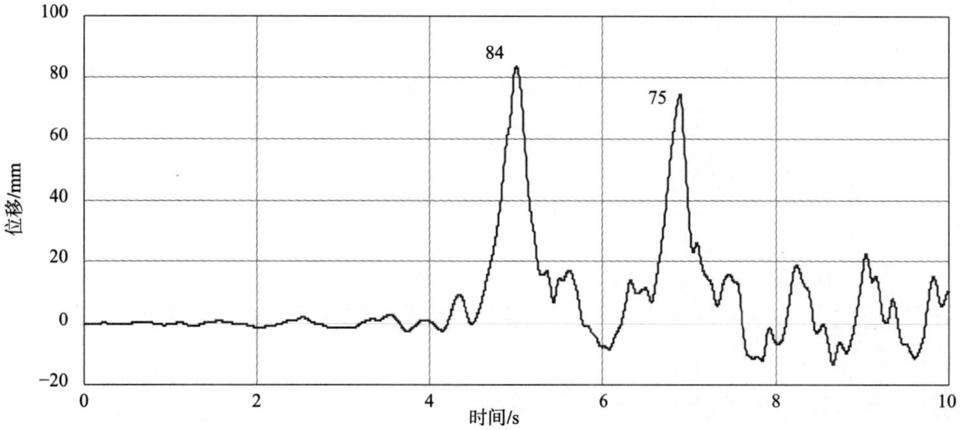

图 4-56 B 区段(385 km/h,受电弓闭口运行)

单受电弓运行下的接触导线振动波形图：

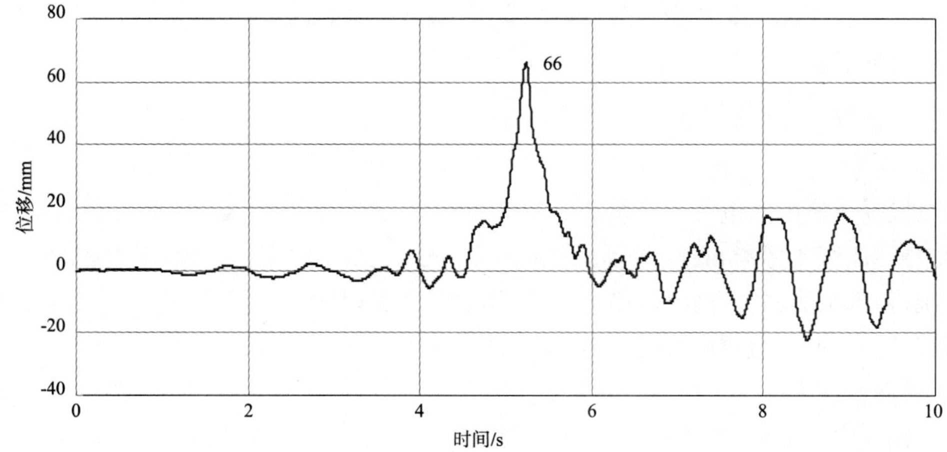

图 4-57 A 区段(350 km/h,受电弓闭口运行)

通过对四种不同张力区段的接触网静态弹性数据分析可知，各张力区段内接触网不同位置的静态弹性比较均匀，弹性差异系数较小，均小于10%。接触导线张力越大，接触网弹性越小。如：31.5 kN区段的静态弹性分布在0.27～0.29 mm/N，40 kN区段的静态弹性分布在0.24～0.26 mm/N，提高接触导线张力有利于改善接触网的弹性。

分析接触网静态弹性分布，一个跨距内第一根吊弦处的弹性一般小于定位点和跨中吊弦的弹性，这在接触网设计和施工中需进一步深入研究。

在相同张力区段，接触导线动态抬升量随动车组速度的提高而增大。40 kN区段，动车组以350 km/h运行时接触导线最大动态抬升量为74 mm，当运行速度为385 km/h时接触导线最大动态抬升量为84 mm。在不同张力区段，动车组相同试验速度下，接触导线动态抬升量随接触导线张力的增大而减小。

动车组受电弓通过测点后，接触导线自振频率基本为1.2 Hz。

4.6.4 弓网系统受流性能试验

弓网系统受流性能试验包括：验证不同接触网张力组合的接触网与不同受电弓的弓网适应性和运行安全性；评价不同型号受电弓和双弓运行工况的受流性能；评价不同运行方向或不同距离的双受电弓受流性能。

1. 试验参数

(1)弓网动态接触力

弓网动态接触力主要测试参数为最大接触力、最小接触力、平均接触力、标准方差。

(2)燃弧

燃弧主要测试参数为最大燃弧时间、燃弧次数、燃弧率。

(3)硬点

硬点主要测试参数为受电弓所受的垂向加速度。

(4)接触导线动态高度

接触导线主要测试参数为一跨内最高高度、最低高度和高度差。

(5)弓网受流

受电弓运行状态图像监视弓网受流。

2. 测试方法

在试验动车组的受电弓上安装高速铁路弓网受流性能测试装置。弓网受流性能测试系统主要包括：测试传感器和测量单元；测试信号传输系统；支柱定位装置；里程和时间定位和同步系统；数据采集系统；高电压侧电源；检测数据库管理系统；受电弓运行状态监视和数据叠加系统等。弓网受流测试系统安装方案如图4-58所示。

(1)弓网接触力

在被测受电弓上安装传感器来测试接触力。传感器安装在尽可能与力接触平面近的位置，测试系统将测量垂向力。

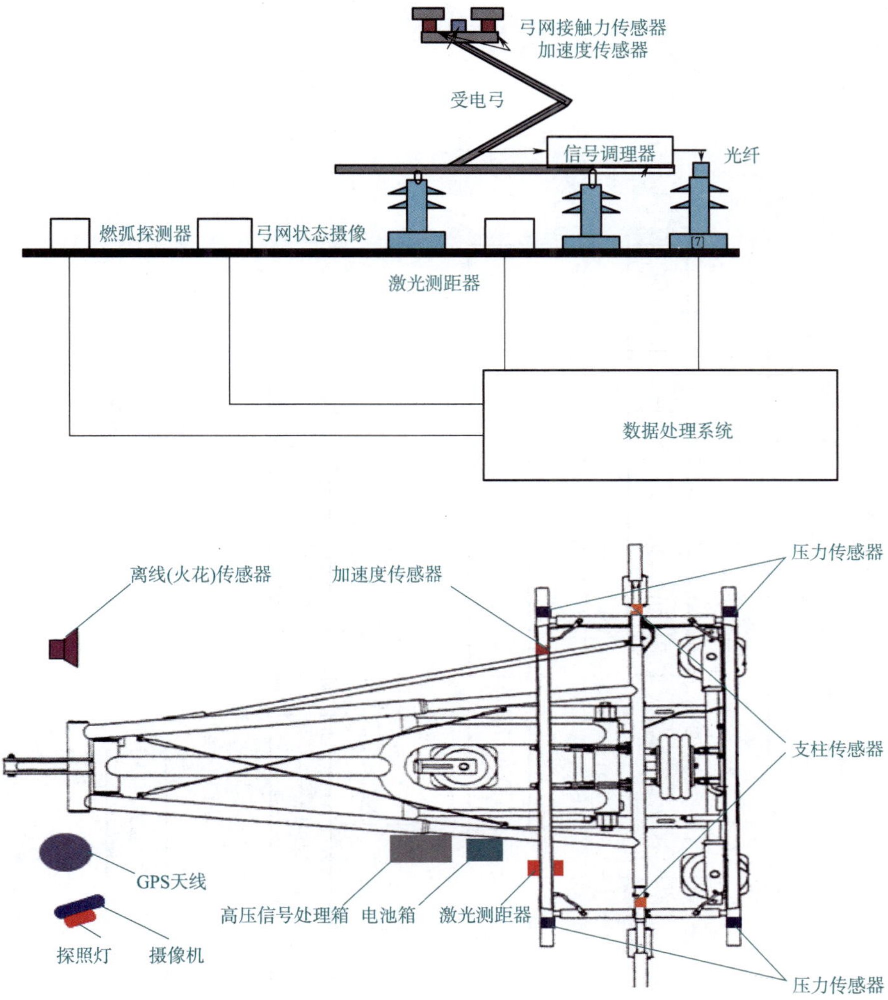

图 4-58　弓网测试系统安装方案图

传感器的形状和安装个数应根据受电弓弓头的具体情况确定。每个滑板条下安装的 2 个传感器。

(2)燃弧

在动车组车顶上安装电弧测量仪,测定电弧发生的地点,统计电弧时间和次数,检出最大燃弧时间,记录不同车速运行状态下的数据,计算该区间的燃弧率,考核弓网受流质量。

(3)受电弓弓头运行轨迹测量

在被测受电弓上安装高度测量装置,测量受电弓滑板的运行轨迹。

(4)垂向加速度(硬点)

在受电弓滑板底面安装加速度传感器,测量受电弓运行垂直方向的加速度。

3. 测点布置

CRH380AL 型动车组试验受电弓为 5 号和 13 号受电弓。CRH380BL 型动车组试验受电弓为 2 号和 10 号受电弓,测试系统测点布置如图 4-59 所示。

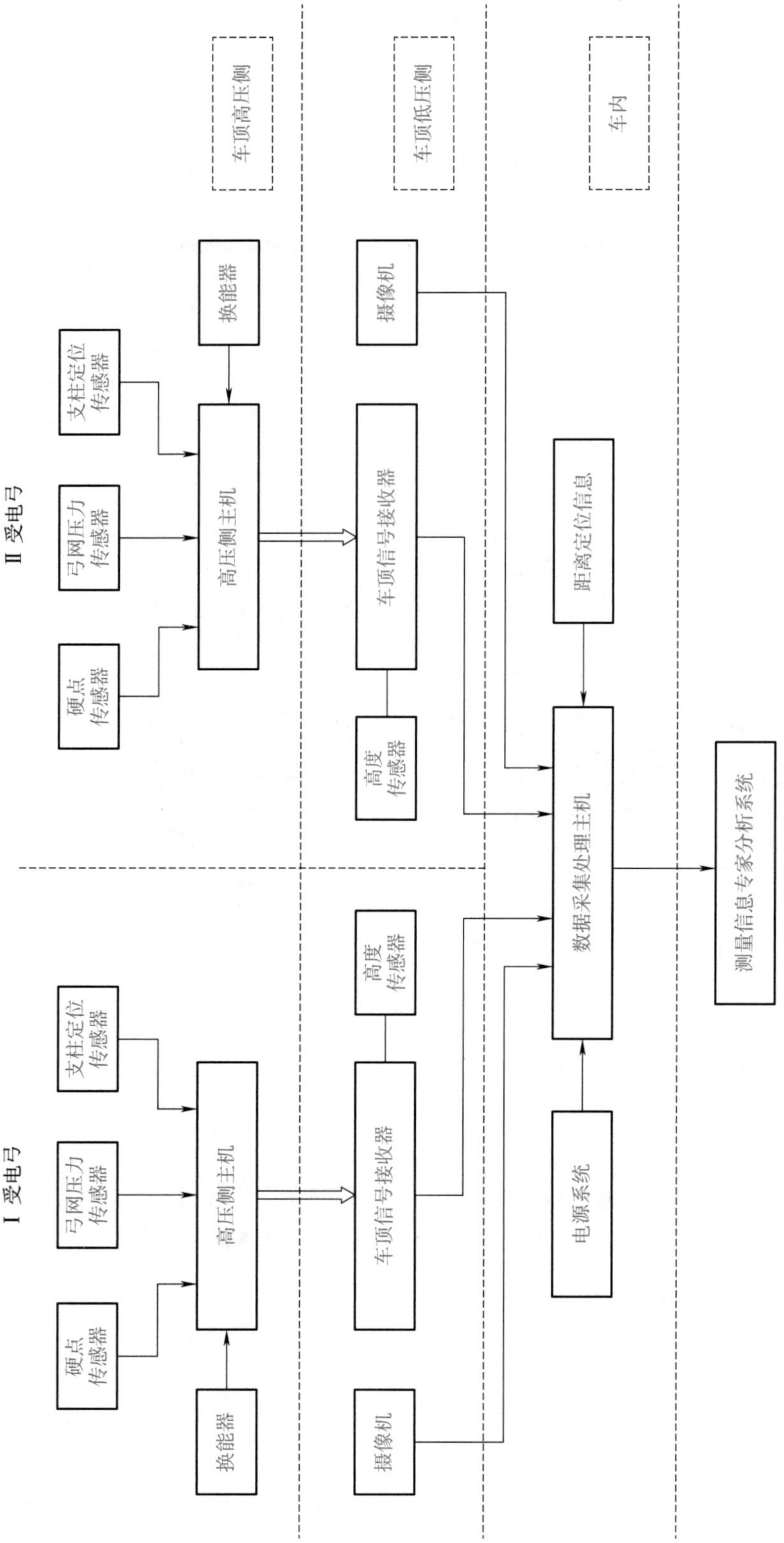

图4-59 测试系统测点布置示意图

4. 测试动车组及受电弓运行方向

CRH380AL 型长编动车组是动力分散型电动车组，其中动车 14 辆，拖车 2 辆。动车组在 5 车和 13 车车顶共设置 4 台受电弓，采用双弓受流方式运行。动车组受电弓类型为 DSA380 单臂双滑板型受电弓，包含主动控制模块。受电弓整车布置示意图如图 4-60 所示。

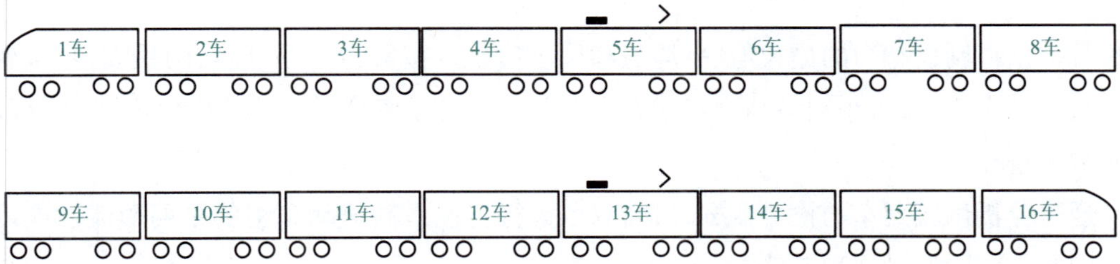

图 4-60　CRH380AL 型动车组受电弓布置示意图

CRH380BL 型动车组受电弓运行方向如图 4-61 所示。

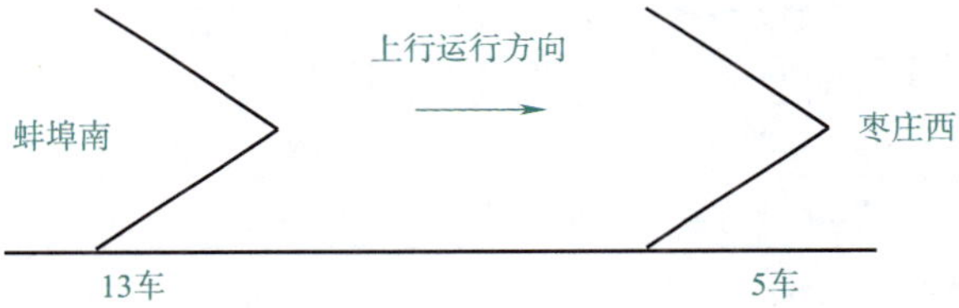

图 4-61　CRH380BL 型动车组受电弓运行方向

CRH380BL 型动车组是动力分散型电动车组，其中动车 8 辆。拖车 8 辆。动车组在 2、7、10、15 车车顶共设置 4 台受电弓，采用双弓受流方式运行。动车组受电弓类型为法维莱 CX 型单臂单滑板型受电弓，包括电子控制单元。受电弓整车布置示意图如图 4-62 所示。

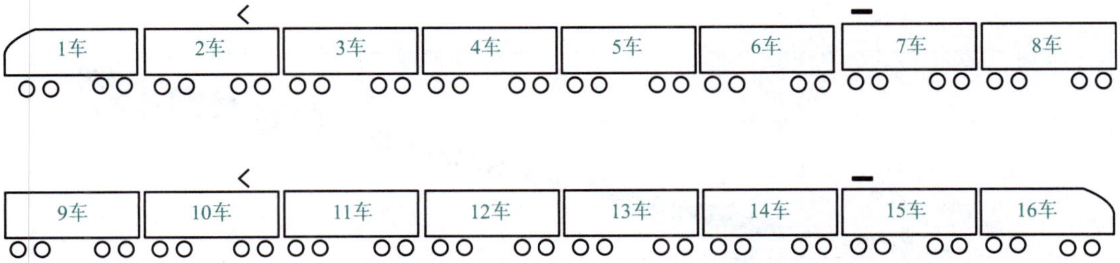

图 4-62　CRH380BL 型动车组受电弓布置示意图

CRH380BL 型动车组在京沪高铁先导段受电弓运行方向如图 4-63 所示。

5. 试验数据分析

弓网受流性能测试数据的处理方法是以接触网的跨距作为基本统计单位，在每一跨内，

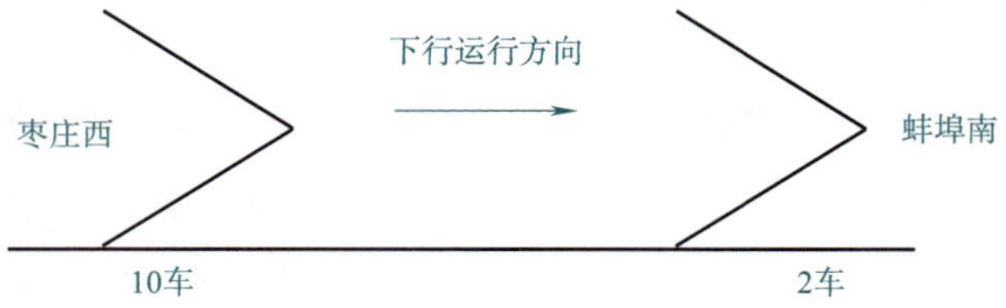

图 4-63　CRH380BL 型动车组受电弓运行方向

分析统计出弓网接触力的最大值、平均值和最小值以及接触力方差，硬点的最大值，接触导线的最高动态高度、最小动态高度和动态高度差以及燃弧率等，并对接触网不同张力区段的检测数据进行对比分析。

通过分析试验列车的检测数据，研究双弓运行工况下高速动车组的弓网受流性能以及在不同张力区段的弓网受流性能。

(1)全程试验数据参数分析汇总(见表 4-17)

表 4-17　试验数据汇总表

速度级/(km·h^{-1})	被测试受电弓	受电弓位置及方向	最大接触力范围/N	平均接触力范围/N	最小接触力范围/N	燃弧率/%	硬点≥588 m/s^2(跨数)	一跨内高差≥150 mm(跨数)
350	5#	后弓开口	220～275	200～210	95～140	0.65	0	0
	13#	前弓开口	230～280	200～220	90～130	0.26	0	0
380	5#	后弓闭口	220～280	160～220	90～150	0.78	0	0
	13#	前弓闭口	230～280	200～230	140～180	0.29	0	0
420	5#	后弓开口	325～400	220～250	120～180	2.41	0	0
	13#	前弓闭口	265～310	225～245	160～195	0.27	0	0

(2)弓网接触力与速度关系曲线

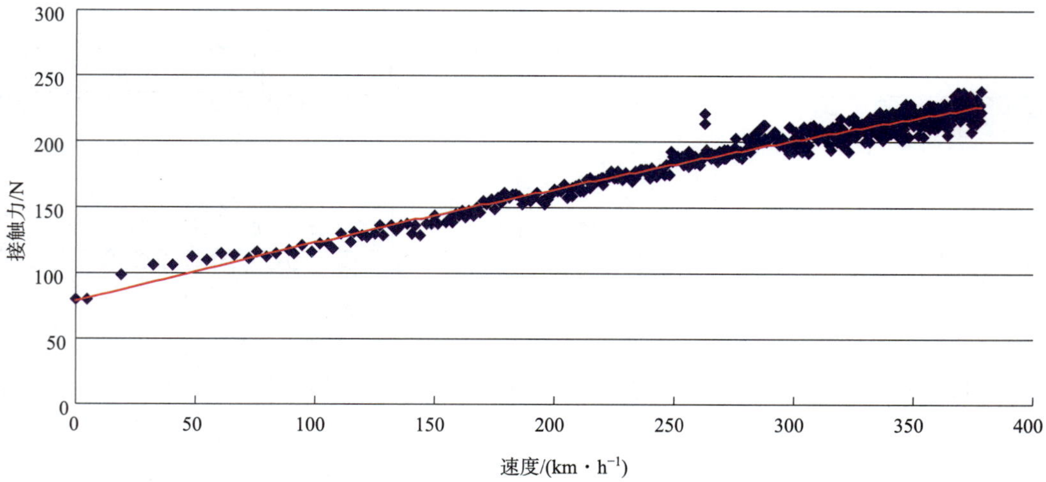

图 4-64　弓网接触力与速度关系曲线

图 4-64 为动车组弓网接触力随速度变化曲线。通过受电弓主动控制单元动态调整弓网接触力。弓网接触力随速度变化回归公式如下：

$$F=-0.0002v^2+0.4693v+78.136\ \mathrm{N} \tag{4-41}$$

(3)全程接触力曲线图

全程接触力曲线如图 4-65～图 4-68 所示。

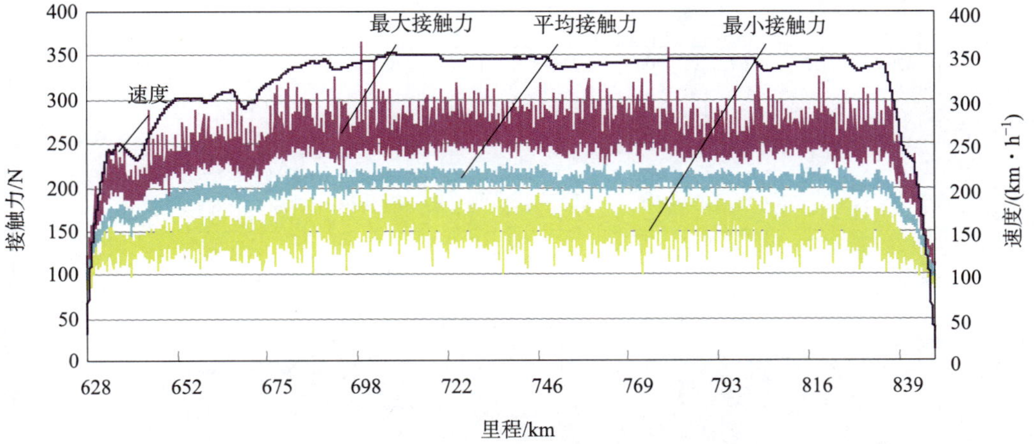

图 4-65　350 km/h 受电弓开口、前弓接触力曲线图

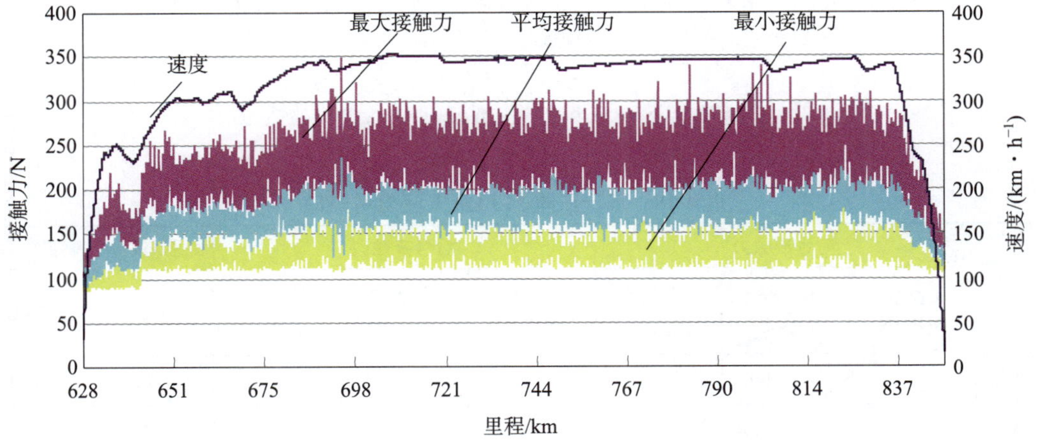

图 4-66　350 km/h 受电弓开口、后弓接触力曲线

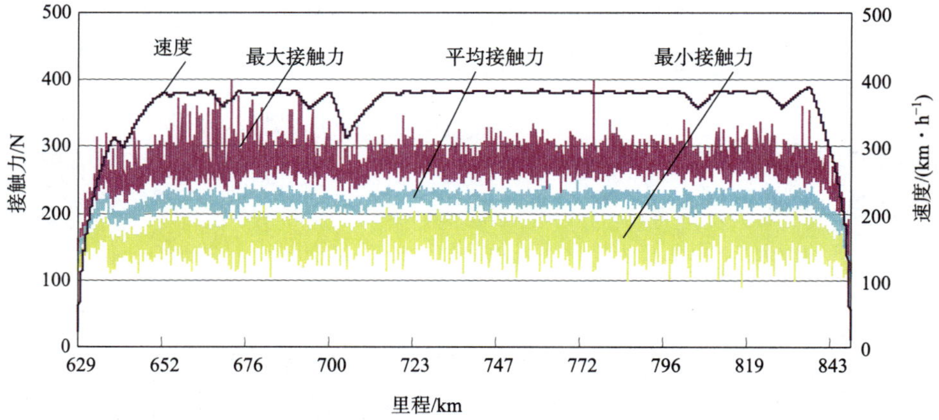

图 4-67　380 km/h 受电弓开口、前弓接触力曲线

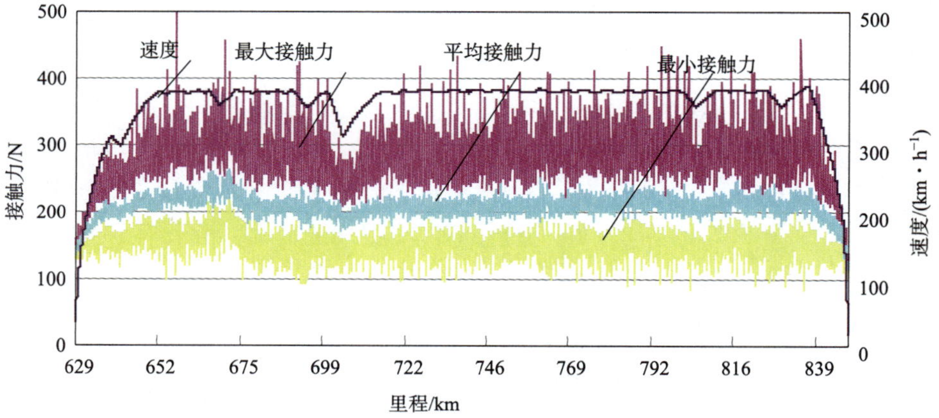

图 4-68　380 km/h 受电弓开口、后弓接触力曲线

表 4-18　下行正向 350 km/h 受电弓开口

张力区段	前弓接触力			后弓接触力			燃弧(前弓)	燃弧(后弓)
	最大值范围/N	最小值范围/N	平均值范围/N	最大值范围/N	最小值范围/N	平均值范围/N	燃弧率/%	燃弧率/%
31.5 kN	230～270	130～160	190～200	190～260	110～140	150～180	0.113	0.34
33 kN	240～290	140～180	200～220	200～280	110～150	160～220	0.35	0.96
36 kN	230～310	150～190	200～215	200～300	120～160	150～210	1.73	1.61
40 kN	240～310	140～170	200～220	200～300	110～160	160～200	0.12	0.71

表 4-19　下行正向 380 km/h 受电弓开口

张力区段	前弓接触力			后弓接触力			燃弧(前弓)	燃弧(后弓)
	最大值范围/N	最小值范围/N	平均值范围/N	最大值范围/N	最小值范围/N	平均值范围/N	燃弧率/%	燃弧率/%
31.5 kN	240～360	135～195	210～240	250～380	130～210	200～260	0.76	2.41
33 kN	250～330	135～195	210～240	240～360	110～170	200～220	0.58	2.38
36 kN	230～330	130～175	210～230	260～360	130～200	170～220	0.87	2.37
40 kN	260～325	150～190	215～235	220～350	110～170	200～240	0.55	2.03

6. 弓网系统试验总结

(1)试验区段的接触网静态弹性比较均匀,弹性差异系数较小,均小于 10%。接触导线张力越大,接触网弹性越小,如:31.5 kN 区段的静态弹性分布在 0.27～0.29 mm/N,40 kN 区段的静态弹性分布在 0.24～0.26 mm/N,提高接触导线张力有利于改善接触网的弹性。

分析接触网静态弹性分布,一个跨距内第一根吊弦处的弹性一般小于定位点和跨中吊弦的弹性,这在接触网设计和施工中需进一步深入研究。

(2)在相同张力区段,接触导线动态抬升量随动车组速度的提高而增大。40 kN 区段,CRH380AL 型动车组 350 km/h 运行时接触导线最大动态抬升量为 74 mm;420 km/h 运行时接触导线最大动态抬升量为 84 mm。在不同张力区段,动车组相同试验速度下,接触导线动态抬升量随接触导线张力的增大而减小。各种试验动车组运行时,各测点的接触导线动态抬升量均小于设计标准规定的 120 mm。动车组受电弓通过测点后,接触导线自振频率基本为 1.2 Hz。

(3)弓网接触力变化较平稳,接触力标准偏差小,符合现行标准要求。弓网接触力与速度的关系对于不同的动车组是不同的;先导段接触网无硬点和高差超限;弓网燃弧的三个指标最大燃弧时间、燃弧次数及燃弧率均符合标准要求,燃弧率均小于 5%,弓网受流性能满足试验运行要求。

(4)随着速度增大,动车组受电弓在开口方向和闭口方向运行,弓网接触力均呈增大趋势;动车组前弓和后弓弓网接触力平均值基本一致,动车组后弓弓网接触力方差均较前弓大。CRH380AL 型动车组弓网接触力随速度变化回归公式为:$F=-0.000\ 2v^2+0.469\ 3v+78.136$ N;CRH380BL 型动车组弓网接触力随速度变化回归公式为:$F=0.000\ 8v^2+0.028\ 1v+78.294$ N。式中 v 为速度,单位为 km/h;F 为接触力,单位为 N。

(5)不论是被动式受电弓还是主动控制模式下的受电弓,要获得良好的弓网受流性能,必须保持弓网间的接触力达到一定的数值。如 350 km/h 时,弓网接触力的平均值达到 180～200 N。对于受电弓动态抬升力的调整和控制目标需研究确定。

(6)根据接触导线振动试验结果分析及对接触网结构分析,建议弦链线的振动传播理论速度公式不能直接用于接触网运行速度判断和设计校核上。

4.6.5 中国铁路动车组受电弓及弓网匹配分析

接触网高度和悬挂方式不一样，对弓网受流性能产生较大的影响，双层集装箱运输线路接触网悬挂点导高为 6 450 mm，300 km/h 以上高铁线路接触导线高度为 5 300 mm。受电弓在不同导高接触网运行情况下，受电弓工作的高度范围是否是其最佳工作高度，是影响弓网受流性能的关键因素。同时，由于受电弓的空气动力学性能是通过导流板进行调节的，所以在不同高度下的导流板的安装角度调整方案也是影响弓网受流性能比较重要的因素。

250 km/h 速度等级 CRH2 型动车组最初的原形车为 CRH2A，由于其车顶高度低，因此需要加高受电弓底座以及增加受电弓导流板方式来提升其弓网受流性能质量。经过试验研究，在受电弓的支持绝缘子底部加装一个 200 mm 的支撑座，加大受电弓落弓位滑板距轨面的高度至 4 750 mm 左右；同时，通过对 DSA250 受电弓进行风洞试验，通过在受电弓支持弓头的横杆上加装 280 mm×70 mm 大小的导流板，以改善受电弓高速运行时的空气动力学性能。此外，通过增加编组至 16 辆，改进为 CRH2B 和 CRH2E 型动车组。CRH2 型动车组受电弓通过技术改造升级，经过一系列的试验和科学研究表明，通过对 CRH2 型动车组 DSA250 受电弓的改进、受电弓空气动力学调试和受电弓导流翼片调整，CRH2 型动车组在我国接触网下（导高范围 5 300～6 430 mm）满足单弓和双弓工况下 200～250 km/h 速度级的弓网受流性能。

CRH1、CRH5 型动车组受电弓经过空气动力学调试、受电弓导流翼片调整，其受流性能均能够满足相关标准要求。

350 km/h 速度等级动车组 CRH2C 和 CRH380A 型动车组采用 SSS400＋高速受电弓来提升其弓网受流性能。SSS400＋受电弓为双滑板单臂受电弓，其受电弓前后滑板和受电弓顶管弯头弹簧箱下面采用 6 个导流翼片方式对受电弓弓网受流性能进行性能优化，通过对其空气动力学性能试验，调整受电弓导流翼板角度和大小，使 CRH2C 和 CRH380A 型动车组受流性能满足 350 km/h 及以下速度级运行要求。

CRH380AL 型动车组通过改变受电弓类型为 DSA380，采用双弓受流模式。DSA380 受电弓为双滑板单臂受电弓，其控制模式为主导式，其弓网受流性能优化和调整除调节导流版角度和大小外，还可以根据列车运行情况，通过控制系统调整，通过优化受电弓控制策略，使其受流性能满足 380 km/h 及以下速度运行要求。

从高速动车组弓网受流性能数据可以看出，主动控制型受电弓在弓网受流性能优化方面有较大优势，尤其是采用纯导流翼片方式来同时优化受电弓开口方向和闭口方向弓网受流性能有较大难度。因此高速动车组受电弓选型方面以带主动控制单元的受电弓为首选受电弓。

CRH3C 型动车组受电弓为 SSS400＋。SSS400＋受电弓为双滑板单臂受电弓，其受电弓导流翼片对受电弓弓网受流性能、空气动力学性能进行调节，其受流性能满足 350 km/h 及以下速度级运行要求。

CRH380B、CRH380BL、CRH380CL 型动车组均采用 CX 型受电弓。由于采用了主动控制性受电弓，其受流性能调整和优化主要通过列车动态运行情况实时调整，优化受电弓控制策略使其受流性能满足在我国接触网下（380 km/h 及以下速度）运行要求。

比较分析 CRH3 型动车组弓网受流性能可以看出，SSS400＋受电弓无主动控制单元，因此，为了满足受电弓开口方向和闭口方向均达到比较好的受流性能，调整难度大，尤其是高速运行时动态调节弓网空气动力性能，有时效果不明显。法维莱 CX 型受电弓带主动控制单元，能够方便地动态调节受电弓弓网接触力，对于弓网受流性能调整起到非常关键作用，有效地改善弓网受流性能。

4.6.6　受电弓空气动力学性能试验研究

4.6.6.1　受电弓风洞试验

受电弓风洞试验是在低速风洞里完成的，可试验测量受电弓在不同高度、不同风速和不同侧偏角时受电弓所受的气动阻力及弓头抬升力。

低速风洞是一座单回流闭口风洞，试验段长 12 m，横截面为 3 m×3 m 的四角圆化的正方形，圆角半径为 0.5 m，试验段有效横截面积为 8.785 4 m^2，空风洞最高风速为 100 m/s，风洞流场性能良好，紊流度低于 0.13%。风洞试验段上下壁面各有 0.2°的扩散角，试验段的轴向静压梯度基本消除。

测力天平测量气动阻力，用拉力传感器测量受电弓的抬升力。

受电弓底座安装在风洞转盘上，通过转盘转动可以改变受电弓的侧偏角。受电弓的弓头通过一根细铁丝与拉力传感器一头相连，传感器另一头与受电弓底座固连，铁丝与弓头和底座垂直，以保证传感器能准确测出受电弓弓头的拉力。弓头距底座的高度用改变铁丝的长度来调整，弓头预紧力通过气压来调节，本试验预紧力约为 70 N。试验前先调好受电弓状态，然后从低风速开始，待达到每一个试验风速并稳定后，计算机采集数据。如图 4-69、图 4-70、图 4-71 所示。

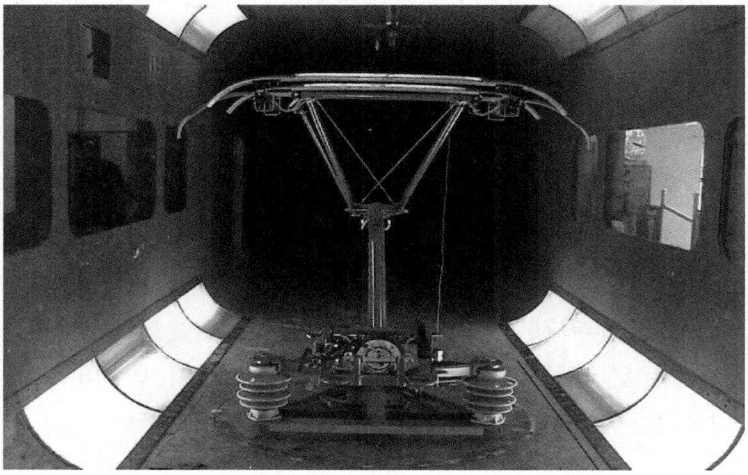

图 4-69　受电弓风洞试验实景

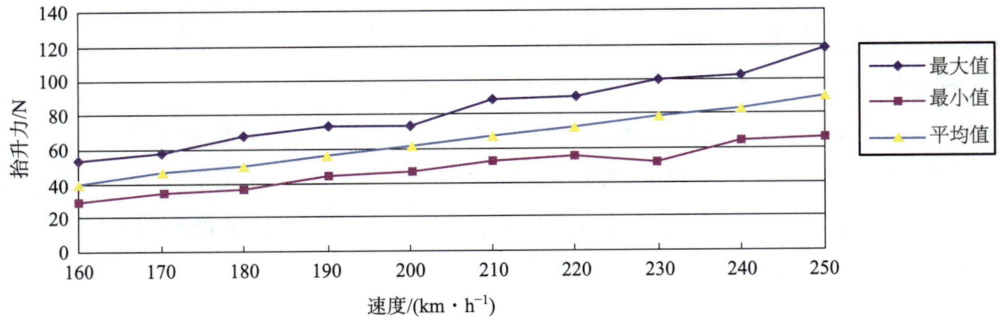

图 4-70 受电弓空气抬升力随速度变化(DSA200 型、高度 6 000 mm、闭口方向)

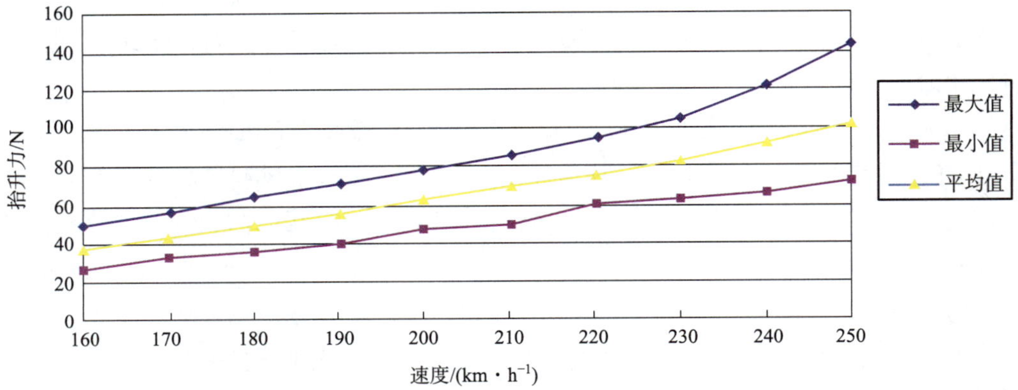

图 4-71 受电弓空气抬升力随速度变化(DSA200 型、高度 6 000 mm、开口方向)

4.6.6.2 受电弓线路空气动力学试验

研究受电弓的空气动力学性能,以及研究 350 km/h 动车组受电弓导流装置的位置和角度设置与受电弓空气动力学性能的关系,一般以装有检测设备的高速动车组新型试验受电弓为测试对象,进行空气动力学性能测试和弓网受流性能验证。

1. 主要内容

(1)调整受电弓导流装置的位置和不同角度,分别测试受电弓的空气动力学性能;

(2)研究受电弓在双向运行时,空气动力性能的差别;

(3)研究不同动车组车顶形状对受电弓空气动力的影响。

根据受电弓的结构特点进行测试工况设置,受电弓的两个运行方向均进行测试,通过不同工况的测试,选择受电弓导流装置的最佳配置,使受电弓的受流性能满足速度目标要求。

通过对受电弓进行空气动力学调试,调整受电弓导流板的位置和角度,优化受电弓受流性能,以保证弓网受流性能满足运行要求。

2. 试验方法

试验时,一架受电弓受流,另一架受电弓升弓,用四个测力传感器拉住,使其不与接触导线接触(距接触导线 100～200 mm),受电弓升弓状态如图 4-72 所示。测试动车组高速运行时受电弓受到的空气动态力,测点布置如图 4-73 所示。同时在动车组车顶安装摄像机,监视受电弓运行状态。

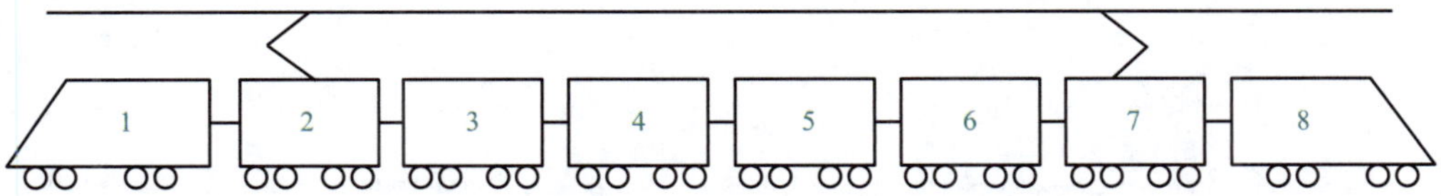

图 4-72　动车组升弓状态

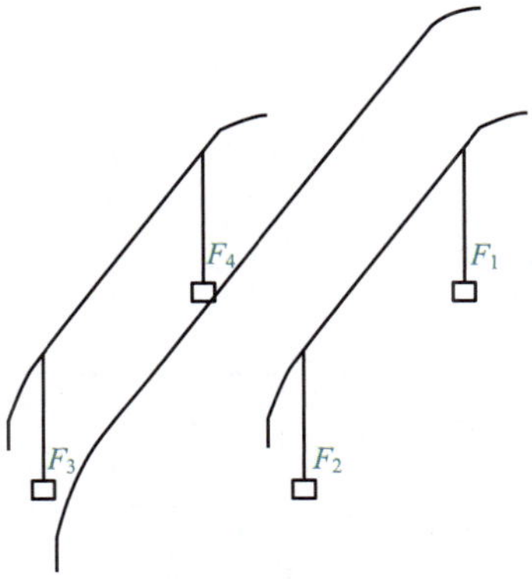

图 4-73　测力传感器布置示意图

测试工况分别为无导流板和有导流板两种。依据测试结果,进行导流板位置和角度调整,直至满足预期目标:

受电弓在双向运行时,两个碳滑板的测量值 F_1+F_2 与 F_3+F_4 基本一致;受电弓双向运行时,总的压力与 $F_1+F_2+F_3+F_4$ 一致,且受电弓在双向运行压力基本一致。

3. 弓网受流性能验证及优化

待受电弓弓头的导风板调整完成后,测量弓网受流性能,包括弓网接触力、离线火花等参数。如满足要求则此次试验调整工作结束;如不满足要求进行调整导风板后,再次上线进行一个往返的测试,根据测试结果决定是否继续登顶调整。根据实测的受流性能数据继续对受电弓的导流进行优化,直至受流性能满足要求。

(1)试验过程

试验速度级为:250 km/h、300 km/h、310 km/h、320 km/h、330 km/h、340 km/h、350 km/h。

(2)试验结果分析

试验结果分析主要包括受电弓在开口方向和闭口方向运行工况下各个速度级的空气动力学性能曲线。其中包括前滑板、后滑板和总空气动态力随速度变化曲线。如图 4-74～图 4-87 所示。

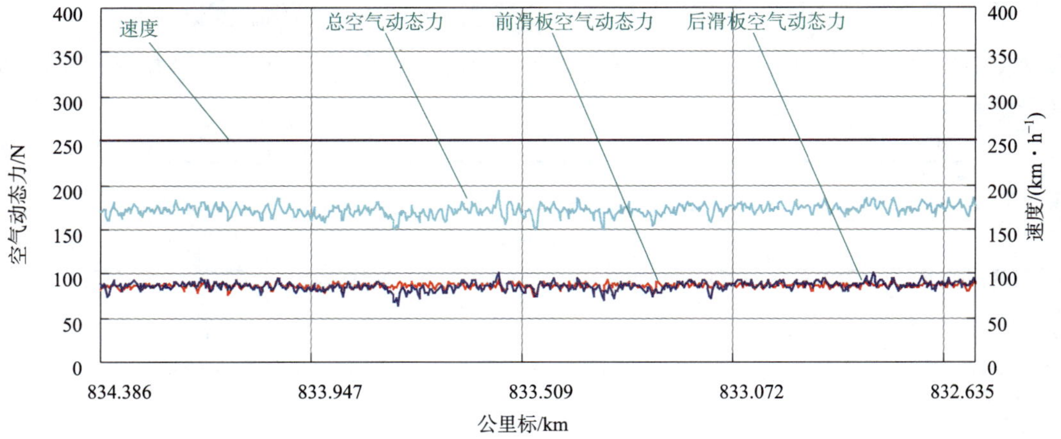

图 4-74　受电弓开口方向运行时空气动态力曲线(速度级 250 km/h)

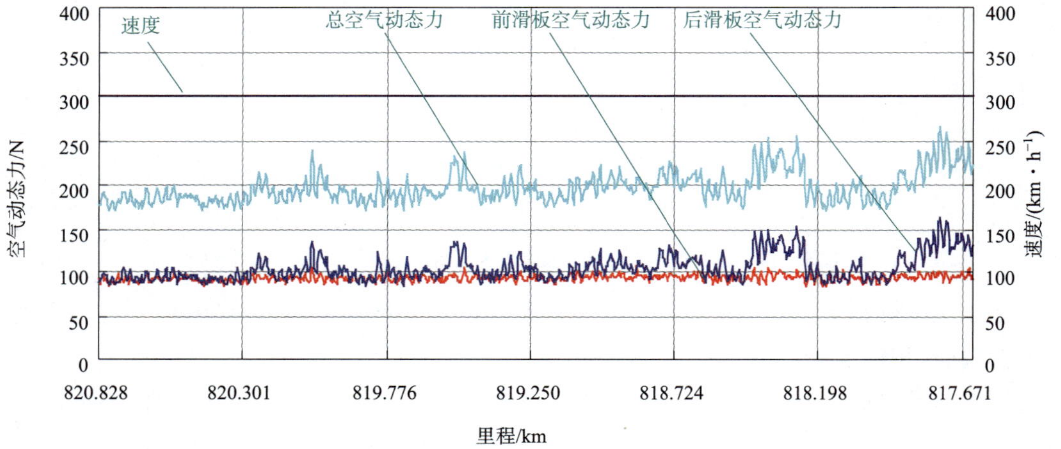

图 4-75　受电弓开口方向运行时空气动态力曲线(速度级 300 km/h)

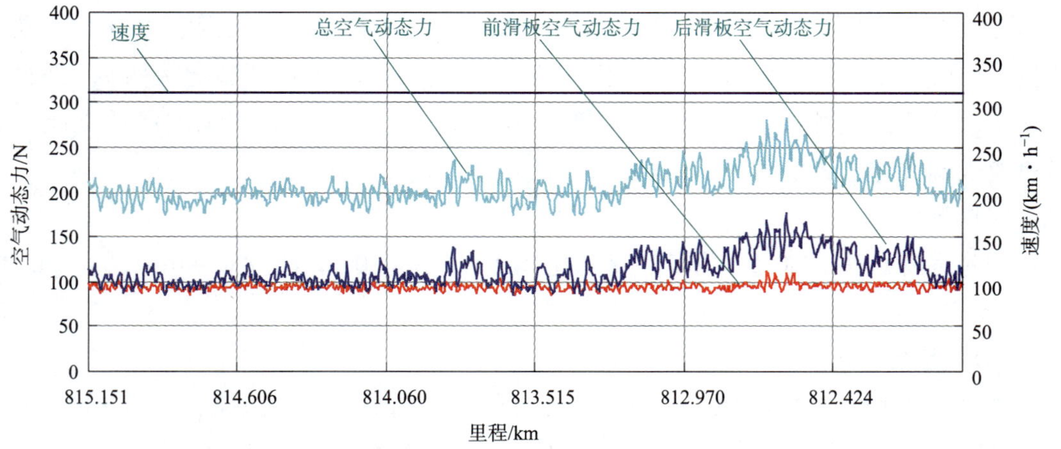

图 4-76　受电弓开口方向运行时空气动态力曲线(速度级 310 km/h)

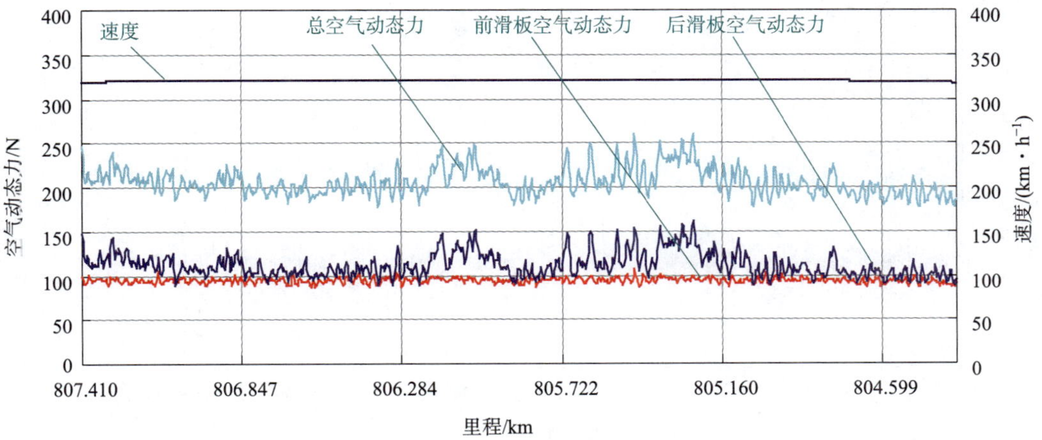

图 4-77　受电弓开口方向运行时空气动态力曲线(速度级 320 km/h)

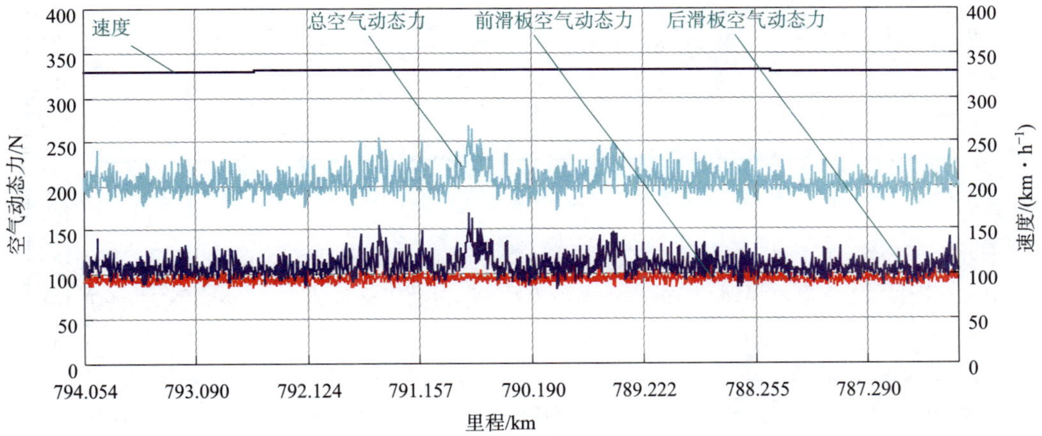

图 4-78　受电弓开口方向运行时空气动态力曲线(速度级 330 km/h)

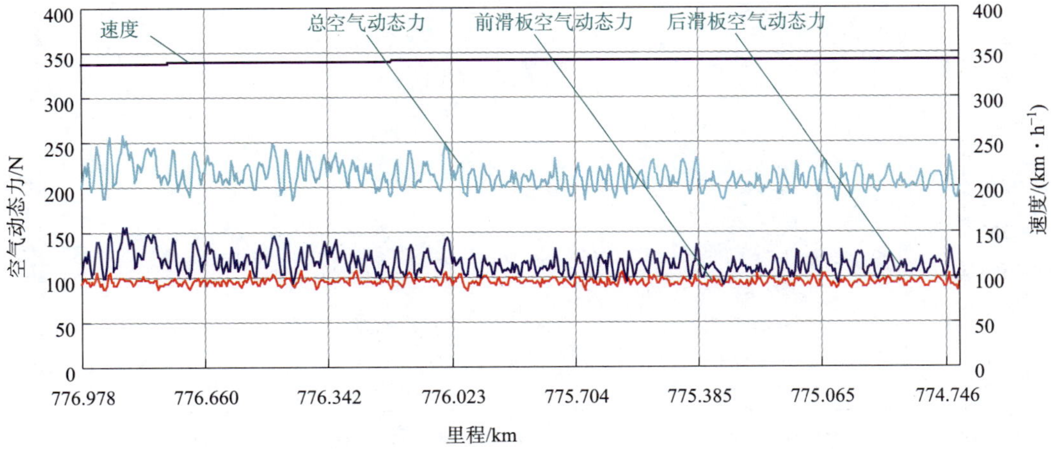

图 4-79　受电弓开口方向运行时空气动态力曲线(速度级 340 km/h)

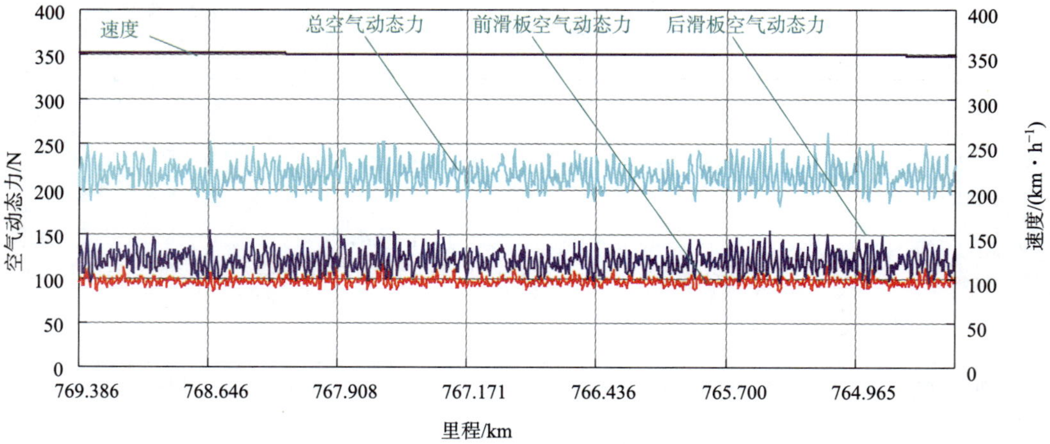

图 4-80　受电弓开口方向运行时空气动态力曲线(速度级 350 km/h)

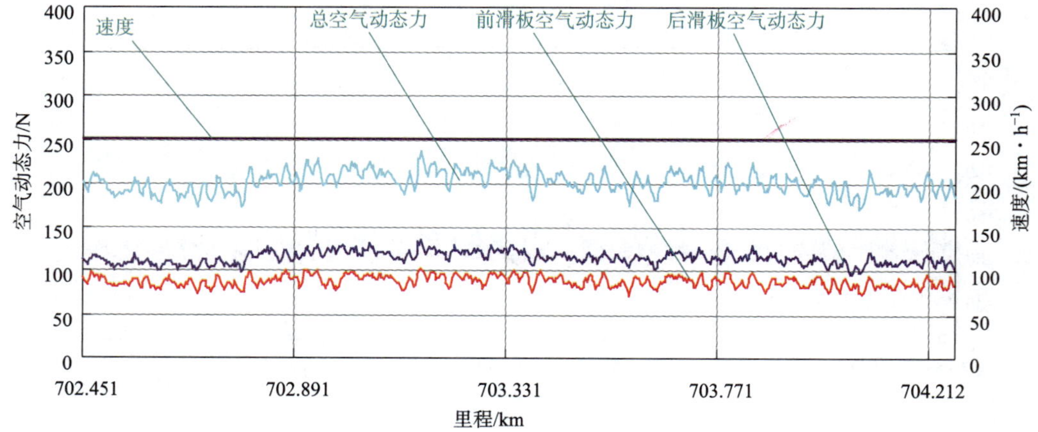

图 4-81　受电弓闭口方向运行时空气动态力曲线(速度级 250 km/h)

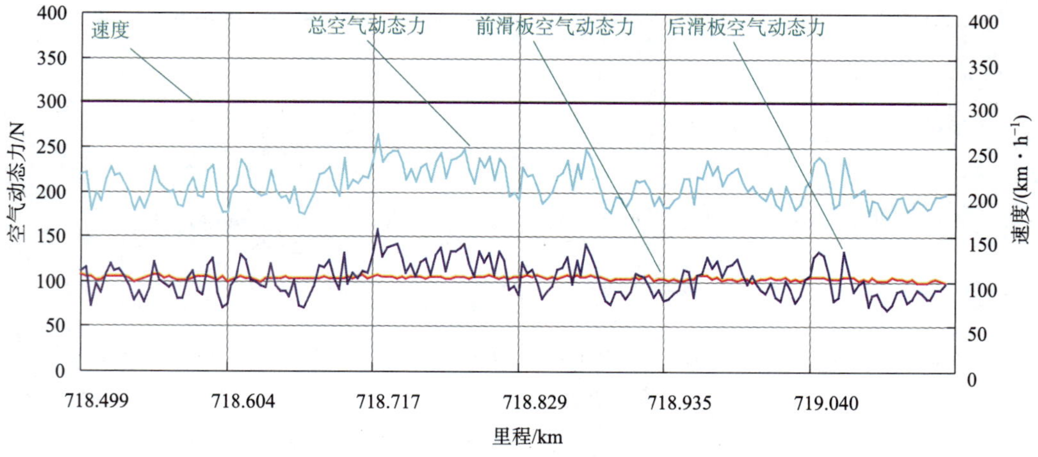

图 4-82　受电弓闭口方向运行时空气动态力曲线(速度级 300 km/h)

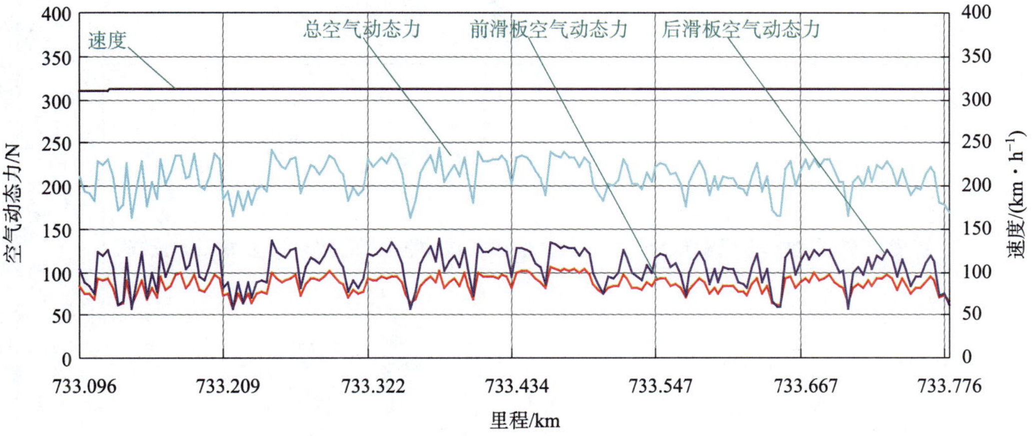

图 4-83 受电弓闭口方向运行时空气动态力曲线(速度级 310 km/h)

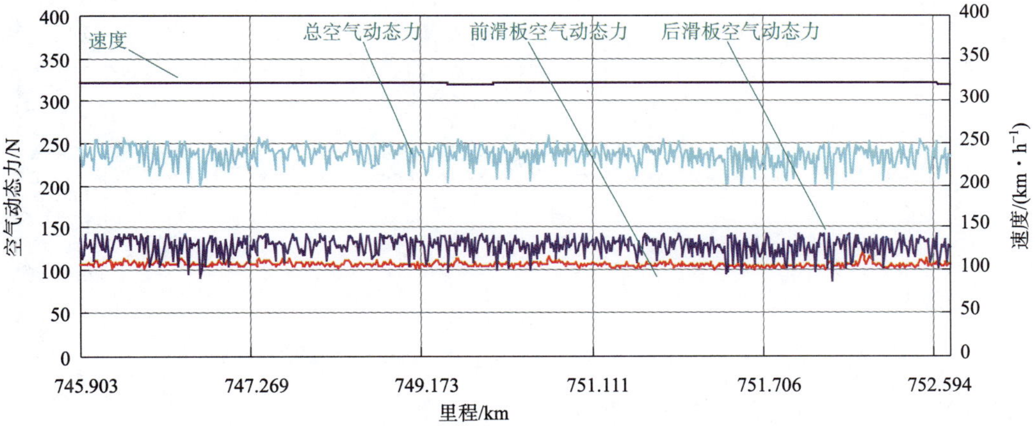

图 4-84 受电弓闭口方向运行时空气动态力曲线(速度级 320 km/h)

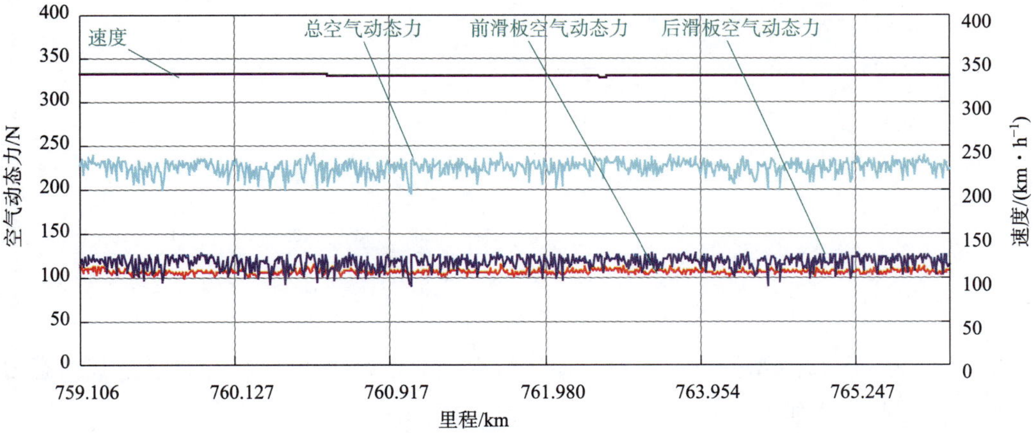

图 4-85 受电弓闭口方向运行时空气动态力曲线(速度级 330 km/h)

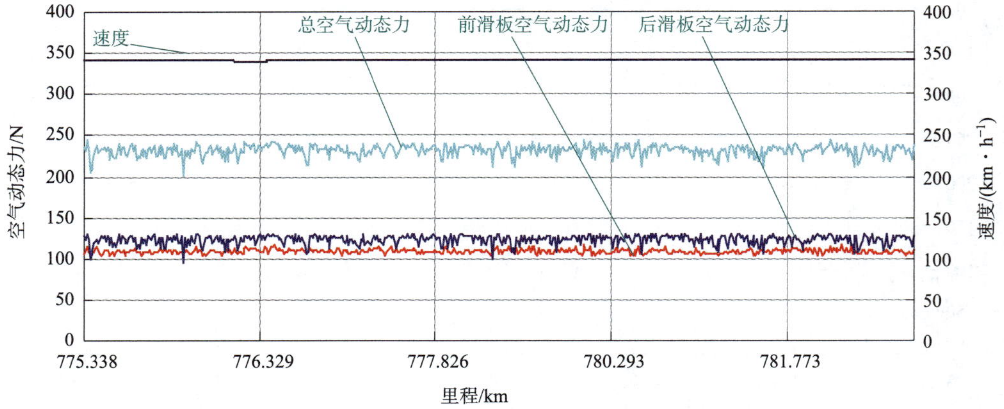

图 4-86　受电弓闭口方向运行时空气动态力曲线(速度级 340 km/h)

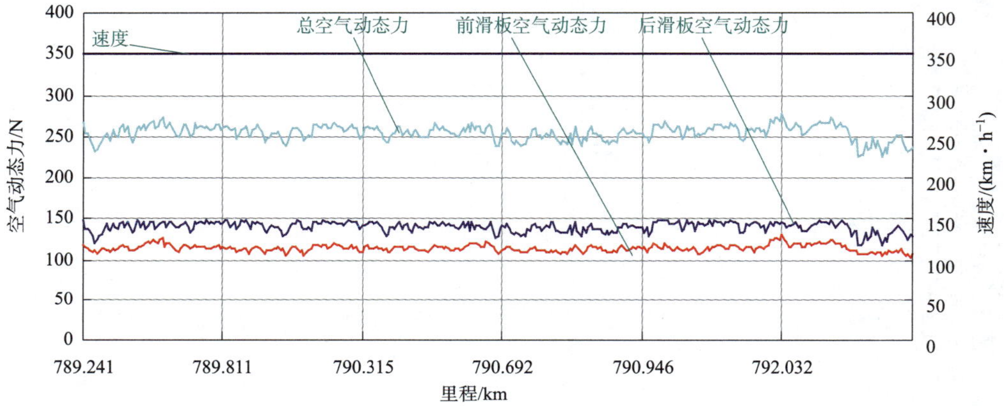

图 4-87　受电弓闭口方向运行时空气动态力曲线(速度级 350 km/h)

(3)受电弓空气动态力随速度变化曲线

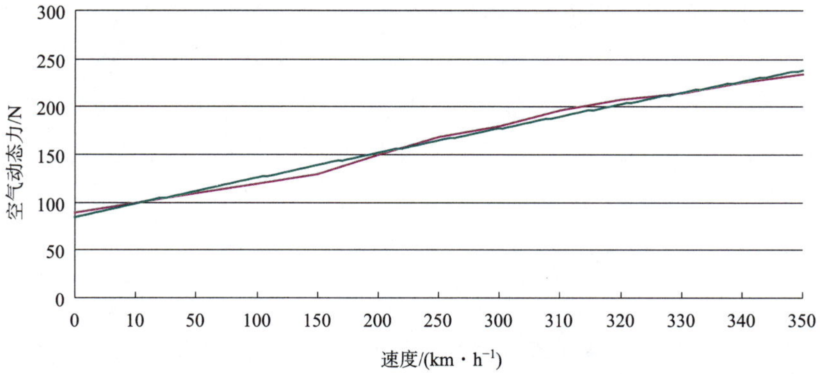

图 4-88　受电弓开口方向运行时空气动态力与速度关系曲线

图 4-88 为 DSA380 型受电弓开口方向运行空气动态力随速度变化曲线，空气动态力与速度关系的回归公式如下：

$$F=-0.0924v^2+14.128v+70.502\ \text{N} \tag{4-38}$$

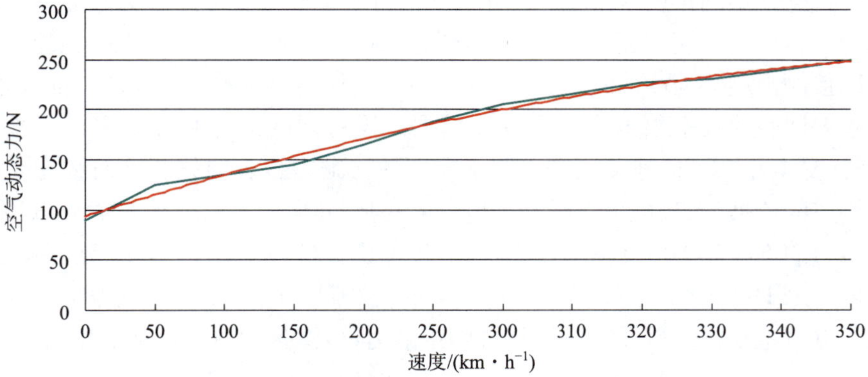

图 4-89　受电弓闭口方向运行时空气动态力与速度关系曲线

图 4-89 为 DSA380 型动车组受电弓闭口方向运行空气动态力随速度变化曲线，空气动态力与速度关系的回归公式如下：

$$F=-0.7353v^2+23.63v+70.675\ \mathrm{N} \tag{4-39}$$

DSA380 型受电弓后弓开口方向以 250～350 km/h 速度运行时，总空气动态力分布在 180～240 N 之间，前滑板空气动态力分布在 80～110 N 之间，后滑板空气动态力分布在 90～140 N 之间。受电弓后弓闭口方向以 250～350 km/h 速度运行时，总空气动态力分布在 190～260 N 之间，前滑板空气动态力分布在 80～120 N 之间，后滑板空气动态力分布在 100～140 N 之间。受电弓开口方向空气动态力与速度关系的回归公式为：$F=-0.0924v^2+14.128v+70.502$ N，受电弓闭口方向空气动态力与速度关系的回归公式为：$F=-0.7353v^2+23.63v+70.675$ N。式中 v 为速度，单位为 km/h；F 为空气动态力，单位为 N。

经过受电弓空气动力学试验，优化了受电弓开口方向和闭口方向的空气动态性能，保证弓网受流性能满足运行要求。

4.6.7　受电弓主动控制研究

受电弓是安装在动车组车顶上的受流设备，当它升起受流时，其构件和弓头要受到车顶高速气流的影响，进而影响受电弓的弓网受流性能。

一般地，高速铁路受电弓的上下臂杆及弓头在设计制造时考虑了空气动力学性能；同时，在受电弓的弓头上加装空气导流装置，以调节改善受电弓的空气动力性能。

前面已介绍受电弓性能控制方式分为被动控制式和主动控制式两种。目前，复兴号动车组的 DSA380 型和 CX 型受电弓均采用了主动控制式受电弓。

受电弓的主动控制依据下列因素：(1)动车组的运行速度；(2)受电弓运行方向(开口和闭口)；(3)受电弓位置(前弓和后弓)；(4)运行区段等。根据以上控制条件来控制受电弓的上升力的方式，以调节和控制弓网受流性能。

主动控制也是条件控制，受电弓的主动控制是解决我国铁路接触网高度变化大而造成弓网适应性困难的有效途径。

根据前期受电弓空气动力学性能测试和弓网性能测试数据，通过对不同工况下的数据汇总、分析，根据在不同速度级及受电弓运行方向不同，分别拟合得出受电弓主动控制策略曲线。在受电弓弓网受流性能试验数据中，通过二次多项式曲线回归方法，描绘出不同速度级下的弓网接触力趋势回归曲线，再根据受电弓的空气动力学数据对此趋势曲线进行修正，在受电弓趋势回归曲线中根据受电弓受流数据以及弓网受流评判标准进行曲线优化和改进，进而得出受电弓在不同速度级和不同工况下的接触力拟合曲线。该曲线为受电弓主动控制策略调整的依据，该接触力曲线与受电弓升弓风缸压力一一对应，进而可以通过调节受电弓升弓压力的方法达到对受电弓主动控制，以保证在各种线路下受电弓能正常工作。

图 4-90 为 CRH380AL 型动车组 DSA 型主动控制受电弓弓网接触力随速度变化的曲线。通过受电弓主动控制单元动态调整弓网接触力，弓网接触力随速度变化回归公式如下：

$$F=-0.0002v^2+0.4693v+78.136\ \text{N} \tag{4-40}$$

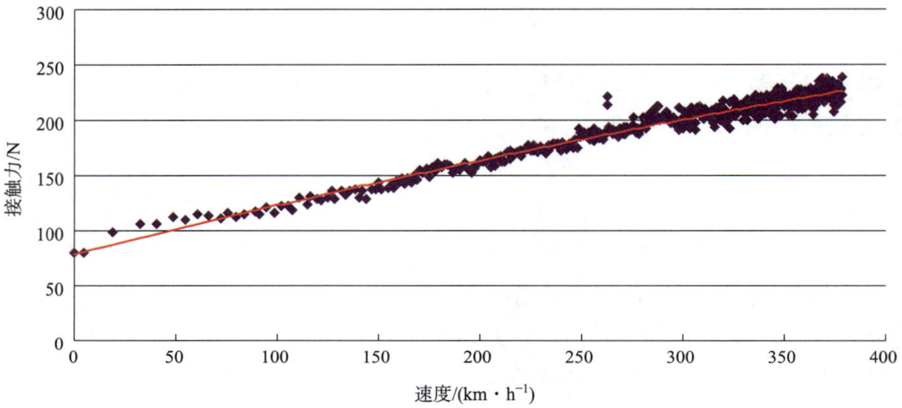

图 4-90 CRH380AL 型动车组弓网接触力与速度关系曲线

图 4-91 为 CRH380BL 型动车组法维莱主动控制受电弓弓网接触力随速度变化曲线。通过受电弓主动控制单元动态调整弓网接触力，弓网接触力随速度的关系回归公式如下：

$$F=0.0008v^2+0.0281v+78.294\ \text{N} \tag{4-41}$$

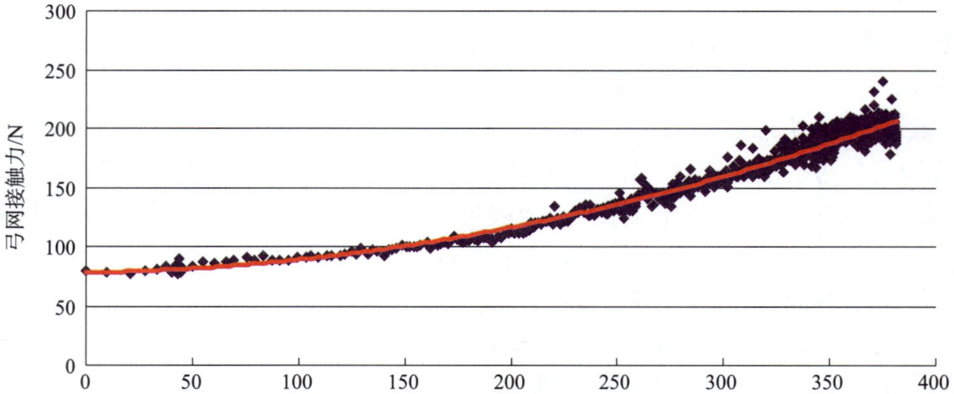

图 4-91 CRH380BL 动车组弓网接触力与速度关系曲线

图4-92为长客标准动车组法维莱主动控制受电弓弓网接触力随速度变化曲线。通过受电弓主动控制单元动态调整弓网接触力，弓网接触力随速度的关系回归公式如下：

$$F=0.0012v^2-0.0995v+84.318\ \mathrm{N} \tag{4-42}$$

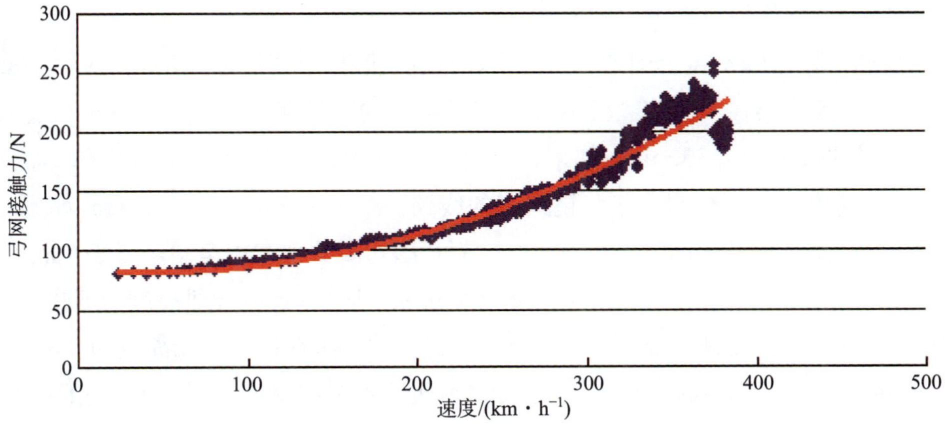

图4-92　长客标准动车组弓网接触力与速度关系曲线

图4-93为四方标准动车组受电弓弓网接触力随速度变化曲线。通过受电弓主动控制单元动态调整弓网接触力，弓网接触力随速度的关系回归公式如下：

$$F=-0.00005v^2+0.1673v+86.214\mathrm{N} \tag{4-43}$$

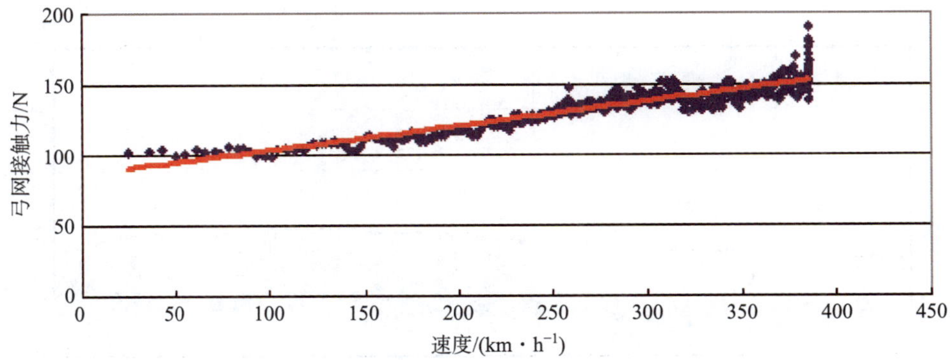

图4-93　四方标准动车组弓网接触力与速度关系曲线

通过对不同类型接触网及不同受电弓进行弓网匹配性能试验研究，掌握了各种受电弓动态特性，对不同接触网下的弓网受流性能进行了匹配试验研究。根据空气动力学性能试验，对带有动控制策略单元的受电弓进行了线路试验研究。通过控制单元按照不同速度对其控制策略进行优化，找出受电弓的弓网接触力最优控制曲线。通过该曲线可以实时地对弓网接触力进行调整，使受电弓和接触网达到最佳匹配状态。通过研究不同导高和不同受电弓弓网匹配性能，提出受电弓跨线运行的优化措施，解决不同类型动车组受电弓跨线运行问题。

4.6.8 弓网关系试验数据典型实例分析

4.6.8.1 接触线高度对弓网关系的影响

中国高速铁路已经覆盖全国各个省区市，形成网状，接触线高度在不同设计速度的线路是不同的，同一条线路在不同的区段也有可能是不同的。最典型的是，350 km/h 速度等级的线路接触导线高度为 5 300 mm，如京(北京)沪(上海)高铁、京(北京)广(广州)高铁等；而在 250 km/h 速度等级开行双层集装箱列车的线路，接触线高度为 6 450 mm，如厦(门)深(深圳北)高铁、合(肥)宁(南京)高铁等线路。而我国的高铁列车在全国运行是互联互通的，如：北京至太原的动车组要经过京广高铁北京至石家庄区段(接触导线高度为 5 300 mm)和石(家庄)太(原)高铁(接触导线高度为 6 450 mm)。动车组在接触导线高度为 5 300 mm 和 6 450 mm 的线路区段运行时，受电弓要适应这两种高度的接触网，往往是比较困难的，必须对受电弓的性能进行优化调整，或者采用调整弓头上的导流翼片，或者采用主动控制方式的受电弓。

图 4-94 为动车组在接触导线不同高度的两段线路上测试的弓网接触力曲线图，图中红圈区域为 6 450 mm 区段，另一区段为 5 300 mm 区段。可以看出，弓网接触力在这两个区段有明显不同，差值约为 60 N。在 6 450 mm 区段由于弓网接触力过小，属不合格，弓网燃弧过大、动车组丢失牵引力，严重影响了动车组运行。

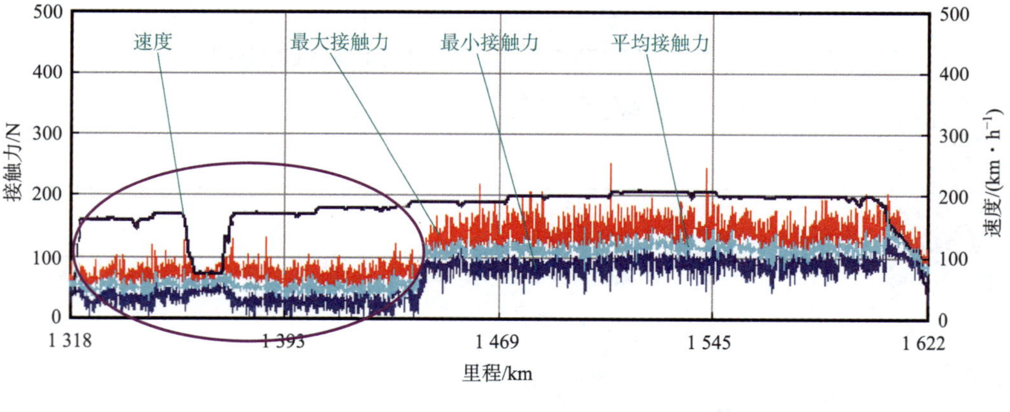

图 4-94　不同接触导线高度下的弓网接触力曲线图

4.6.8.2 隧道出入口弓网关系变化情况

高速铁路隧道内接触网的结构形式和参数一般与明线区间的接触网相同，但是，隧道内外的弓网受流性能是有所不同的，特别是在动车组进出隧道时，弓网性能发生明显的变化。图 4-95 和图 4-96 为隧道内外的弓网接触导线变化曲线。从图 4-95 的曲线可以看出，受电弓进隧道时弓网接触力发生急剧上升，在隧道内趋于稳定状态，出隧道时弓网接触力波动后下降。图 4-96 是受电弓经过短隧道时的弓网接触力变化。分析原因是，高速运行条件下，受电弓受到其自身的空气动力学性能影响很大，动车组进出隧道时，由于列车的活塞效应，隧道内的车顶空气密度增大，对受电弓的抬升效应变大，导致了弓网接触力变大，在隧道进出口区域，空气流场处于急剧变化状态，造成弓网接触力急剧波动。我国铁路在山区的隧道特别多，有的区段隧道占线路的比例达 80%，所以，在隧道内的接触网设计、施工和设备制造方面要充分考虑隧道内外弓网关系区别。

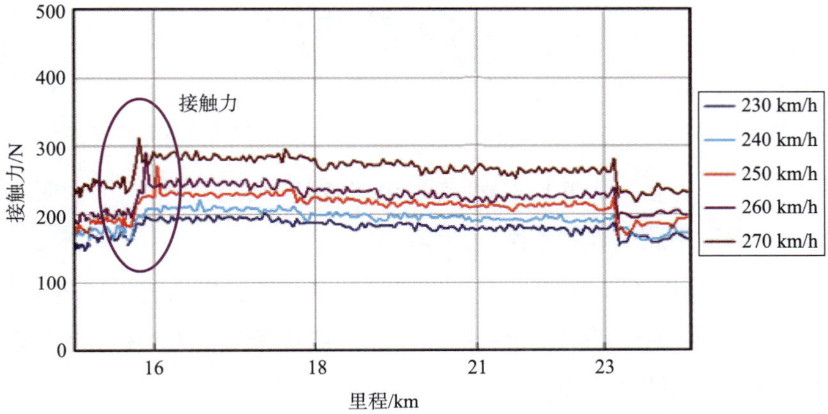

图 4-95　动车组通过隧道出入口时弓网接触力变化

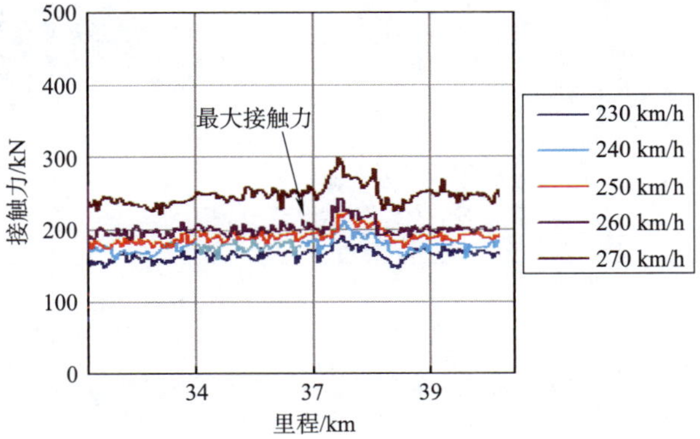

图 4-96　隧道内外弓网接触力变化

4.6.8.3　接触导线高度局部变化异常引起的弓网关系变化

接触导线高度局部异常波动，实际时接触导线的短波不平顺，列车高速运行时，可能造成受电弓瞬间跳动，弓网间产生离线燃弧。图 4-97 为接触导线高度局部变化时弓网受流参数数据变化图。

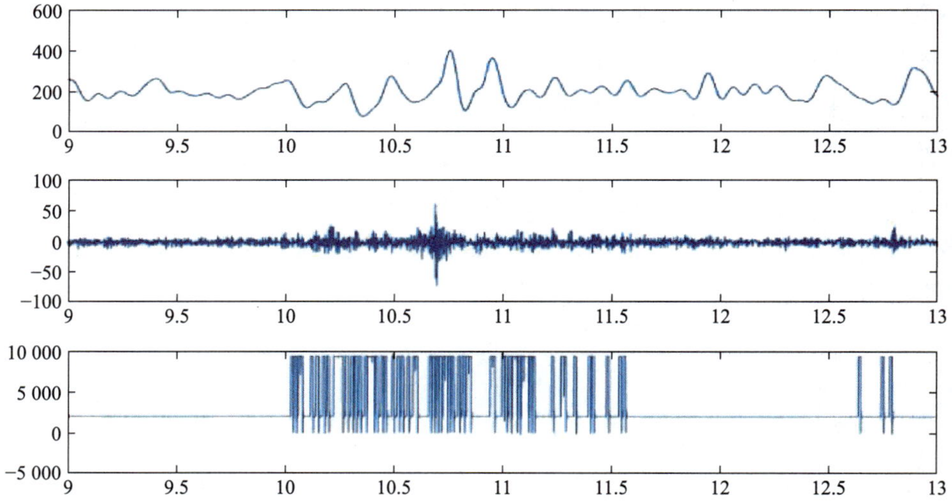

图 4-97　弓网受流参数数据变化

4.6.8.4　接触导线不平顺引起的弓网燃弧超限

某高铁正线开展达标验收动态检测任务，上下行共 3 个锚段出现连续硬点大值超限，设备管理单位对现场接触线进行平直度检测，发现该区段接触线平直度指标超限较为严重，随后安排停轮整改，后复测缺陷消除。

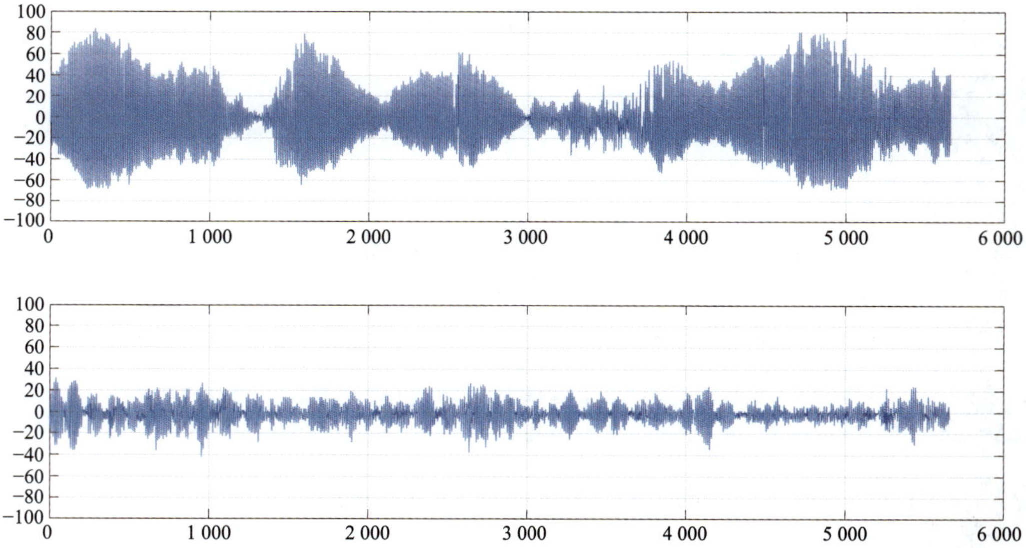

图 4-98　接触线平顺性整改前后的加速度波形图

4.6.8.5　接触导线张力不均对弓网关系的影响

在某条高铁联调联试的测试过程中发现下行线 3 个锚段硬点连续偏大接近超限，测试人员及设备管理单位分析认为该区段接触导线张力不均，施工单位进行更换，接触导线整改后缺陷消除。

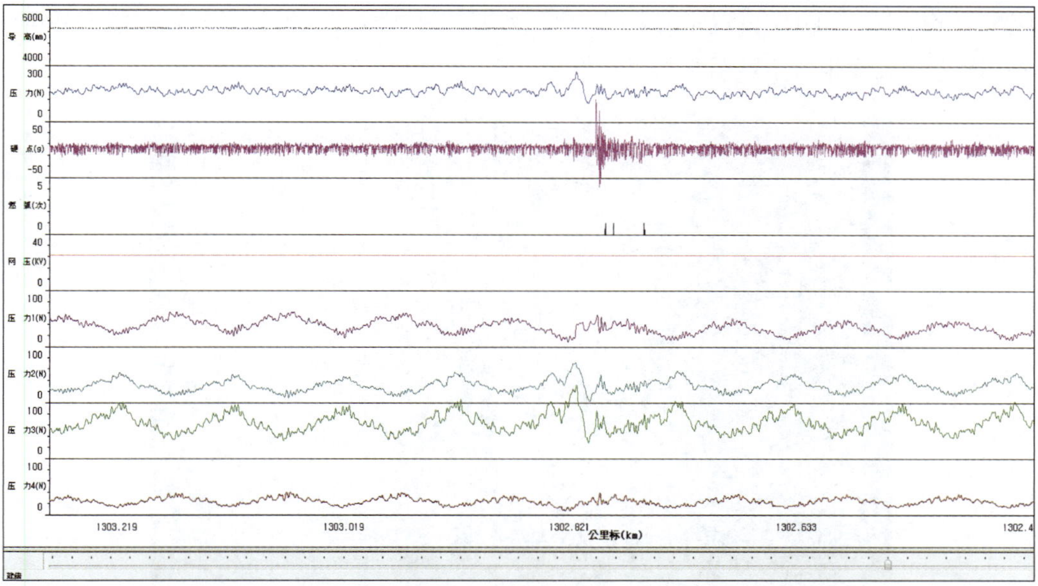

图 4-99　整改前硬点检测波形

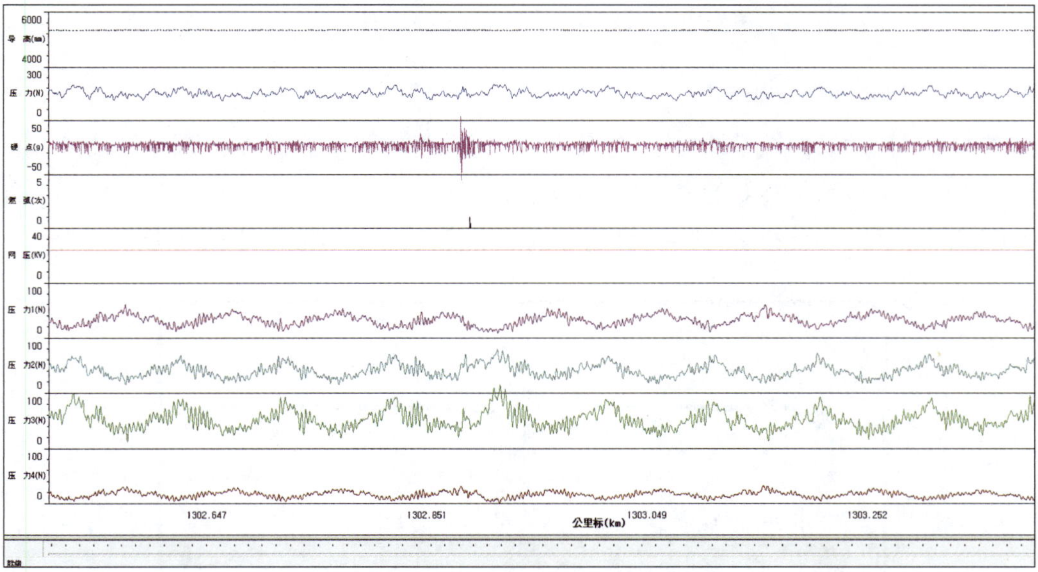

图 4-100　整改后硬点检测波形

在某高铁联调联试期间，使用 CRH380AJ-0203 型综合检测列车对正线 K3 至 K273 区间下行线进行检测，在受电弓运行至下行线 K187＋850 位置附近速度超过 310 km/h 时重复出现硬点大值，最大达到 715.4 m/s^2，该区段采取限速措施查找原因。缺陷位置出现在某站正线 42 号道岔上方线岔位置，利用天窗点对接触导线平顺性、接触导线静态导高及坡度等参数依次上道检查调整后问题并未解决。通过分析数据发现，在受电弓通过该位置时受电弓动态高度及动态抬升量有异常增加，推理该处接触导线张力设置错误，现场核实后发现正线应按照 21 kN+30 kN 设置张力，实际设置为 15 kN+15 kN，张力恢复后缺陷得到解决。图 4-101 为接触线张力不足引起的弓网燃弧。

图 4-101　接触导线张力不足引起的弓网燃弧

4.6.8.6　弓网燃弧的比较

燃弧是弓网关系的结果性指标，它反映了弓网运行的受流质量，通过调整接触网的性能和受电弓的性能可获得良好的受流性能，从燃弧指标表明得很清楚。图 4-102 为弓网关系较差区段的燃弧时间分布图，图 4-103 为弓网关系优良区段的燃弧时间分布图。

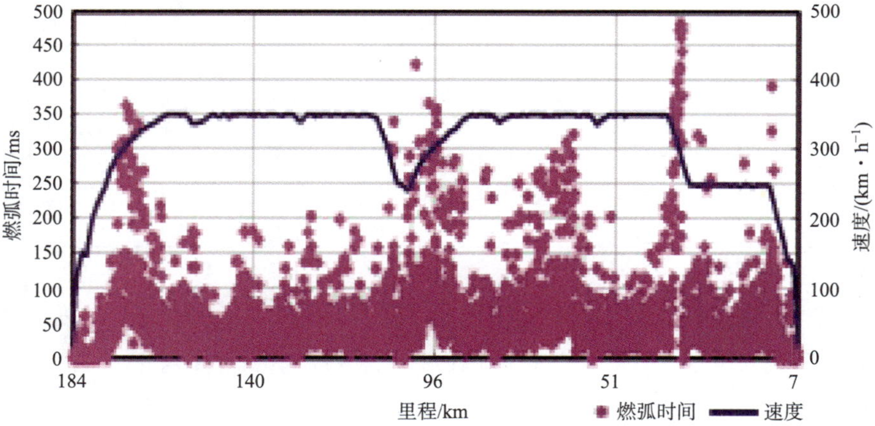

图 4-102　调整前的弓网燃弧时间沿里程的分布图

4.6.8.7　反映接触导线平顺性的硬点指标的比较

硬点指标反映了接触导线的平顺性，在平顺性好的区段，硬点幅值较小；在平顺性不好的区段，硬点幅值较大，甚至超过标准。图 4-104 和图 4-105 分别为接触导线平顺性较差和

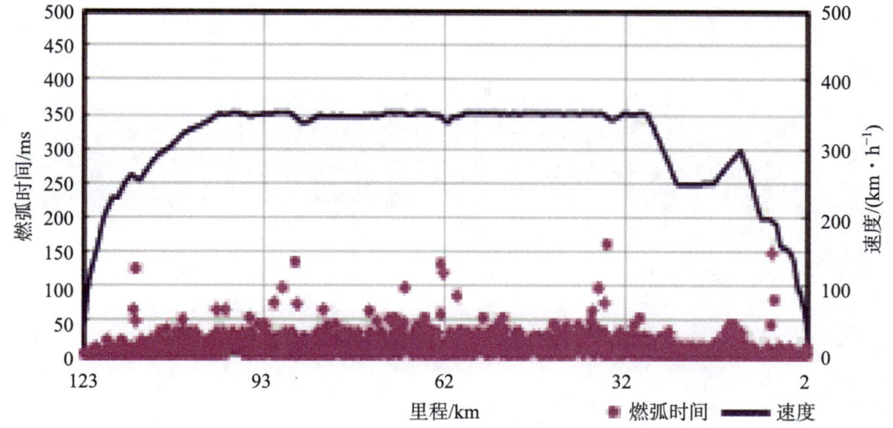

图 4-103　调整后的弓网燃弧时间沿里程的分布图

较好区段的硬点分布图；图 4-106 和图 4-107 分别为接触导线平顺性较好和优良区段的硬点原始波形图。

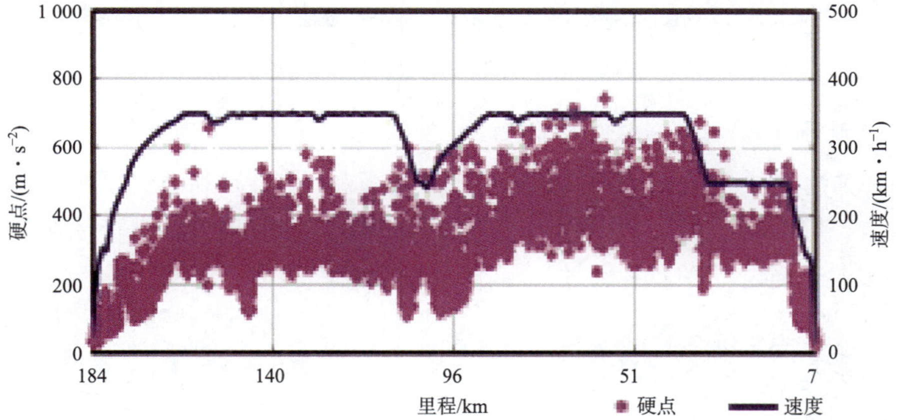

图 4-104　接触导线平顺性较差区段的硬点分布图

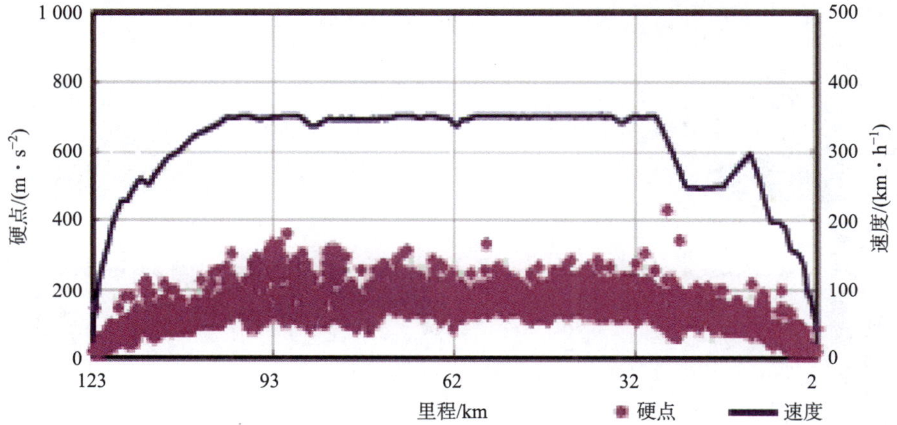

图 4-105　接触导线平顺性较好区段的硬点分布图

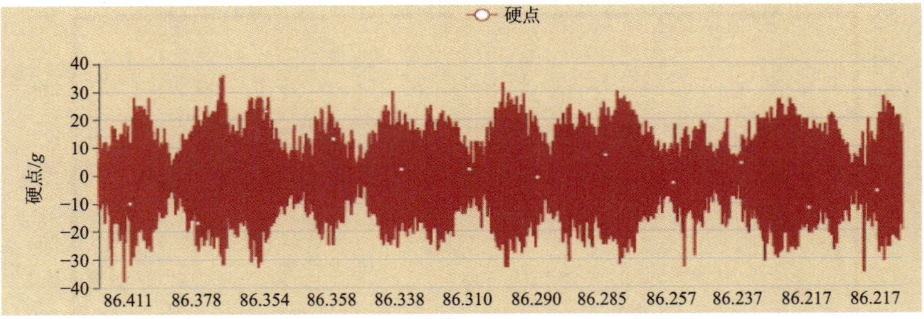

图 4-106 接触导线平顺性较差区段的硬点原始波形图

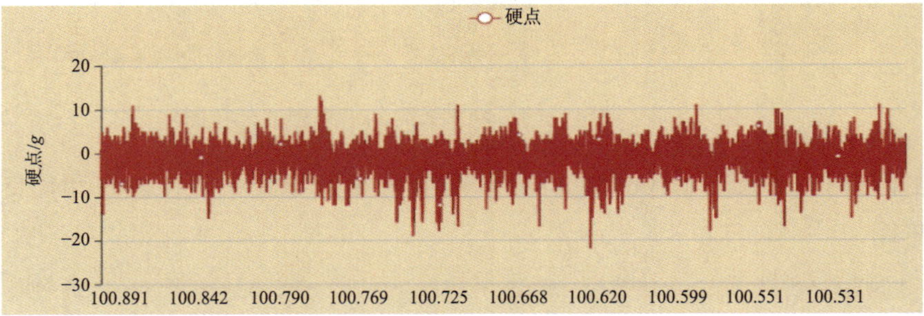

图 4-107 接触导线平顺性优良区段的硬点原始波形分布图

4.6.8.8 分段绝缘器对弓网运行的影响

图 4-108 为受电弓通过分段绝缘器是发生的燃弧和硬点波形。由于分段绝缘器角度调整不到位，导致列车运行经过时，硬点指标激增，数值明显增大，存在潜在打弓风险。一般分段绝缘器安装在侧线，允许低速通过。

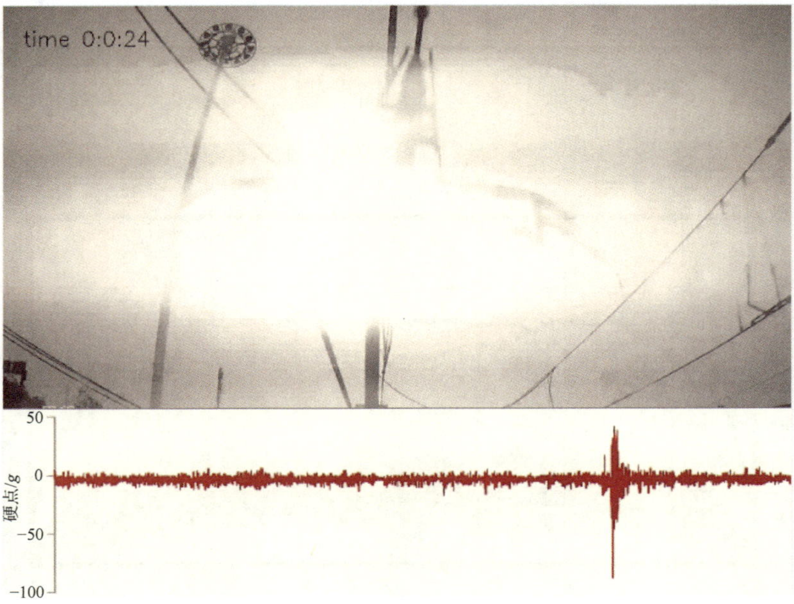

图 4-108 受电弓通过分段绝缘器的燃弧和硬点波形

第5章 弓网受流性能评价

5.1 国际弓网受流性能评价标准概述

欧洲弓网系统标准体系以 96/98/EC 为依据在 TSI 的基础上建立，主要由 EN50206-1、EN50119、EN50317、EN50318、EN50367 构成。该标准系统具有集合性、整体性、相关性、可分解性、环境适应性、目标性等六大特点。其中，接触网测试方法主要以 EN50119、EN50317 为重点，接触网几何参数纳入静态验收范围。动态测试中各国执行中侧重点不同：德国、西班牙采用弓网接触力、定位点处接触导线抬升量评判接触网质量；法国则采用定位点处接触导线抬升量、燃弧率并辅以弓网接触力进行接触网质量评价，日本、韩国高速铁路接触网测试逐步向欧洲标准靠拢，测试项目基本相同。

为了在共同市场内顺利进行货物交换，保证畅通的客货运输，1996 年和 2001 年欧洲联盟理事会先后发布了《关于欧洲高速铁路兼容的指令》(96/48/EC)和《关于欧洲常速铁路兼容的指令》(2001/290/EC)，欧盟委员会发布了《对欧洲铁路供电子系统兼容的技术解释性文件》(简称“供电 TSI”)。接触网系统的相关标准就是基于此框架，主要标准组成：EN 50206—1《铁路应用—机车车辆—受电弓：特性与测试——第 1 部分：干线车辆受电弓》、EN 50119《铁路应用——固定设施——电力牵引架空接触网》、EN 50317《铁路应用——受流系统——受电弓与架空接触网动态相互作用测量要求与确认》、EN S0318《铁路应用——受流系统——受电弓与架空接触网动态相互作用的仿真确认》、EN 50367《铁路应用——受流系统——受电弓与架空接触网相互作用技术规范》等。其标准架构如图 5-1 所示。

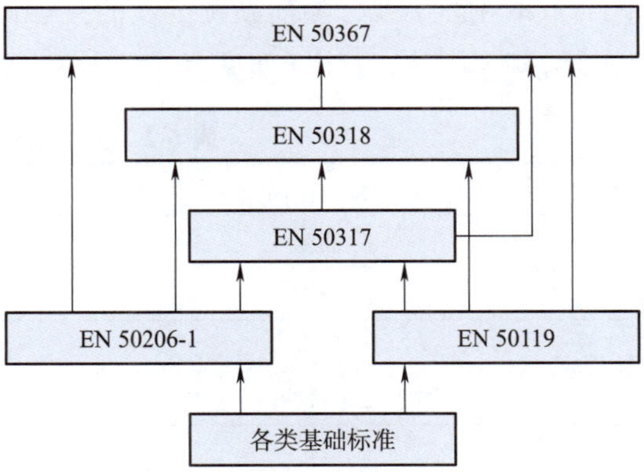

图 5-1　欧洲高速铁路接触网系统标准

其中 EN 50367 是评价接触网与受电弓相互作用的技术规范，鉴于欧洲各国的铁路接触网制式存在差异，因此本标准更多体现了互操作性。在动态检测按照速度等级和供电制式分类型规定了弓网接触力、燃弧率等参数的要求。对交流供电制式的要求,见表 5-1。

表 5-1　EN 50367—2012 弓网相互作用标准

速度等级	$v<200$ km/h	$v\geqslant200$ km/h
弓网平均接触力设计最大限值 F_{mmax}/N	$0.000\ 47\cdot v^2+90$ N	$0.000\ 97\cdot v^2+70$ N
弓网平均接触力受电弓允许最小值 F_{mmin}/N	$0.000\ 47\cdot v^2+60$ N	$0.000\ 47\cdot v^2+60$ N
弓网接触力标准偏差 σ	$0.3F_m$	
燃弧率 NQ	0.1	0.2

以法国为例介绍欧洲国家接触网系统的标准及动态验收过程。法国莱茵河—罗讷河线东段一期已于 2011 年 12 月开通运营,该线在接触网系统设计和验收、线路验证和批准、线路维修组织等方面进行了积极的探索,为高速铁路安全运营提供了保障。

该线的接触网系统由法国铁路网公司(RFF)委托工程顾问进行设计,满足 350 km/h 速度等级的要求。接触网的设计和安装主要遵循传统的接触网框架要求和《欧洲铁路可互操作性技术规范》。

按照几何标准,该线的接触导线距离轨顶面的垂直距离为 5 080 mm;列车运行速度超过 250 km/h 时,接触导线坡度应保持在 0%;由风力造成的接触导线横向位移不超过 400 mm。为了优化接触导线的弹性,将承力索与支柱的水平距离从 4.5 m 延长至 5 m。加速状态下的动态检测显示,接触导线在新的吊弦布置方式下表现出了良好的弹性性能。

日本在新干线开通前系统试验的接触网验收时,先对全线在 30 km/h 走行速度下,测出接触网超限值,具体标准见表 5-2。经过整修后并合格后进行下一次试验。

表 5-2　新干线接触网设备管理标准值

类　别	管 理 值
高度	4 900～5 200 mm
偏位	±300 mm
硬点	0～20 g
受电弓冲击	30 g 以上要注意
接触网坡度	正线:3‰
	侧线:15‰

5.2　中国铁路弓网关系评价

国内接触网测试主要依据《客货共线铁路工程动态验收技术规范》(TB 10461—2019)、《高速铁路工程动态验收技术规范》(TB 10761—2013)等标准,项目包括接触网几何参数、接触导线平顺性指标、弓网受流参数和定位点处接触导线抬升量等。

接触网几何参数测试包括接触导线拉出值、接触导线高度参数，主要评价施工质量是否满足设计要求。同时，近年来增加了接触网几何参数动态限值检测，按照运营维修标准考核接触网动态运行特征。接触网平顺性指标包括硬点(垂直加速度)、一跨内接触导线高差，主要测试动态作用下接触导线与受电弓间相互作用的平顺性。弓网受流参数包括弓网动态接触力和弓网燃弧指标，反映接触网整体受流的服务质量。定位点抬升量是反映接触网在动态载荷下的振动特征，用于评价接触网整体结构性能。

国内主要依据《高速铁路工程动态验收技术规范》(TB 10761—2013)、《客货共线铁路工程动态验收技术规范》(TB 10461—2019)、《高速铁路电力牵引供电工程施工质量验收标准》(TB 10758—2018)和《高速铁路接触网运行维修规则》(TG/GD 124—2015)进行验收。分项目进行了规定：

1. 接触网几何参数

接触网几何参数包括接触导线高度、接触导线坡度、拉出值、接触导线相互位置(锚段关节、线岔、分相关节等断面)，应符合设计要求或相关技术标准的规定。

2. 接触导线平顺性指标

接触导线平顺性指标包括硬点(垂直加速度)、一跨内接触导线高差，宜符合表5-3的规定。

表5-3 接触导线平顺性检测标准

测试速度/($km \cdot h^{-1}$)	[160,200)	[200,300)	[300,350)
硬点/($m \cdot s^{-2}$)	<490	<588	<686
一跨内接触导线高差/mm	<150	<150	<150

3. 弓网受流参数

弓网受流参数包括弓网动态接触力和弓网燃弧指标。

(1)弓网动态接触力指标

分析区段为接触网的一个跨距。

最大值，N： $$F_{max} \leqslant F_m + 3\sigma \tag{5-1}$$

最小值，N： $$F_{min} \leqslant 20\ N \tag{5-2}$$

平均值最大值，N： $$F_{mmax} \leqslant 0.000\,97v^2 + 90\ N \tag{5-3}$$

平均值最小值，N： $$F_{mmin} \leqslant 0.000\,47v^2 + 60\ N \tag{5-4}$$（v为测试速度，km/h）

标准偏差：$\sigma \leqslant 0.3 \times F_m$($F_m$为平均值)

(2)弓网燃弧指标

最大燃弧时间分析区段为接触网的一个跨距，燃弧率分析区段为每千米线路。

最大燃弧时间：$t_{max} < 100$ ms； (5-5)

燃弧率：$\mu < 5\%$； (5-6)

μ 由式(5-7)计算：

$$\mu=\frac{\sum t_{\mathrm{arc}}}{t_{\mathrm{total}}} \tag{5-7}$$

式中 $\sum t_{\mathrm{arc}}$——单次燃弧持续时间大于 5 ms 的燃弧时间总和；

t_{total}——检测总时间。

燃弧次数应小于 1 次/160 m。

(3)定位点处接触导线动态抬升量

定位点处的接触导线动态抬升量 ΔH 应小于 120 mm 或符合设计要求。

(4)接触网质量评价

结合我国接触网修程修制改革的发展，依据《高速铁路接触网运行维修规则》(TG/GD 124—2015)，细化了接触网几何参数动态限值和综合质量评价方法。见表 5-4。

表 5-4 接触网几何参数动态限值和综合质量评价方法

项目			一级缺陷	扣分标准	二级缺陷	扣分标准	统计步长
接触网几何参数	接触导线拉出值 a		$a\geqslant600$ mm	40 分	450 mm$\leqslant a<$500 mm	5 分	跨
			500 mm$\leqslant a<$600 mm	10 分			
	接触导线高度 h		1. $h\geqslant6\,600$ mm 2. $h<$该区段允许的最低值	40 分	1. 标准值+100 mm$\leqslant h<$标准值+150 mm 2. 标准值−100 mm$\leqslant h<$标准值−50 mm	1 分	跨
			1. 6 500 mm$\leqslant h<$6 600 mm 2. $h\geqslant$标准值+150 mm 3. $h<$标准值−100 mm	5 分			
接触导线平顺性参数	硬点 AV	200～250 km/h	AV$\geqslant$588 m/s^2	5 分	490 km/h$\leqslant$AV$<$588 km/h	1 分	跨
		300～350 km/h	AV$\geqslant$686	5 分	588 km/h$\leqslant$AV$<$686 km/h	1 分	跨
	一跨内接触导线高差 $2A$		$2A\geqslant150$ mm	5 分	100 mm$\leqslant 2A<$150 mm	1 分	跨
弓网受流参数	弓网接触力 F	最大接触力 $F_{\max}$	当 200～250 km/h，$F_{\max}\geqslant250$ N	5 分	200 N$\leqslant F_{\max}<$250 N	1 分	跨
			当 300～350 km/h，$F_{\max}\geqslant300$ N	5 分	250 N$\leqslant F_{\max}<$300 N	1 分	跨
		最小接触力 $F_{\min}$	$F_{\min}<20$ N	5 分	20 N$\leqslant F_{\min}<$40 N	1 分	跨
	燃弧	最大燃弧时间 $t_{\max}$	$t_{\max}\geqslant100$ N	5 分	50 N$\leqslant T_{\max}<$100 N	1 分	跨
		燃弧率 μ	$\mu\geqslant5\%$	5 分	$1\%\leqslant\mu<5\%$	1 分	km
		燃弧次数 n/次	$n\geqslant6$ 次	5 分	$4\leqslant n<6$	1 分	km
	接触导线抬升量 Δh		$\Delta h\geqslant120$ mm	5 分	$80\leqslant\Delta h<120$	1 分	跨

第6章　高速铁路弓网关系研究方向和平台

6.1　基础理论研究方面

1. 高速铁路弓网空气动力学研究

动车组车顶受电弓区域空气流场和自然风对接触网、对受电弓结构部件产生直接影响。弓网接触力可分解为机械动力分力和空气动力分力。空气动力分力产生于列车在具有一定密度的空气运行时产生的对受电弓框架和滑板具有动力的空气流。空气动力分力的方向和模值同列车外形轮廓、车顶设备布置、受电弓在列车上线路方向的位置、列车运行线路情况等因素有关。在列车高速运行中,空气动力对弓网关系的影响是试验和研究弓网关系的主要因素。弓网空气动力学研究,需要研究弓网运行过程中的空气动力学原理,通过建立仿真模型研究各种影响因素下受电弓的空气动力载荷。表征和控制受电弓空气动力学的问题,仍然是一个有待研究的问题。

2. 高速铁路弓网耦合动力学研究

接触网系统是一个轻阻尼结构的系统,尤其是动车组以双弓运行时轻阻尼结构对弓网相互作用状态十分关键。大量弓网仿真计算研究表明:弓网接触质量的评价结果高度依赖于接触网模型中考虑到的接触网结构元素的结构阻尼数量。但是,目前接触网的结构阻尼的估测仍然是接触网建模的一个重要挑战。因为吊弦的松弛,接触网系统动力学表现出在静态平衡位置发生位置偏移,这是接触网系统唯一的非线性因素。因此,在考虑用线性有限元法建立接触网模型时,要考虑接触网的非线性效应的建模方法。

目前,世界各地的高速铁路受电弓均为两级受电弓。受电弓的拓扑结构必须解决其运行的三个阶段:将弓头提升到接触导线高度,并能适应较低接触网高度区间;处理与定位点相关的位移和频率;处理吊弦点引起的位移、频率激励以及更高频率的激励。通常,带有悬挂装置的受电弓头部负责处理高达20 Hz的高频激励,而较低阶段(包括气动波纹管)处理低于5 Hz的低频激励。受电弓柔性和空气动力学等一些其他影响可能导致接触力的频率超过20 Hz。由于受电弓机械部件的运动范围受限及其结构上存在非线性元件,多体方法非常适合处理受电弓动力学。但是,基于集中质量的特殊模型仍然可以在线性有限元方法框架中使用,多体方法的使用确保了集中质量和详细的非线性受电弓模型仍然可以用于受电弓-接触网相互作用问题的分析。随着高速铁路弓网耦合理论研究不断深入,弓网系统耦合动力学从垂向动力学研究中加入了横向动力学研究，对接触网的Z型结构进行了考虑，建立受电弓模型，今后将逐步综合考虑受电弓的拉出值、侧滚、受电弓材质、碳滑板材料等，以及机车的车体震动、空气动力学等对弓网动力学的影响。

3. 接触导线不平顺理论

根据高速铁路接触网的特点以及高速铁路弓网运行对接触网性能的要求，对高速铁路接触导线不平顺特性提出了更高的要求。对接触导线不平顺性能的研究要从理论上进行深入的研究，在借鉴国外相关国家对接触导线平顺性理论研究基础上，学习轨道专业关于轨道不平顺的研究方法，建立适合中国高速铁路接触导线的不平顺理论。通过考虑接触网高度、接触导线弯曲、硬点等几何因素，以及接触网张力组合、弹性均匀性、接触网结构等非几何因素，对接触导线不平顺影响因素建立模型，进行模型参数化研究；研究接触导线不平顺特性对高速铁路弓网关系的影响规律；针对不同的线路和接触网类型研究接触导线不平顺的类型、特征、产生的原因、发展及恶化趋势；提出接触导线不平顺的检测方法和评定标准。

要进一步研究接触导线不平顺的检测技术、数据分析技术以及评估诊断技术，制订管理评价标准。将接触导线不平顺理论和检测评估技术应用到高速铁路建设和运营中，提高高速铁路接触网的质量水平和运营安全。

4. 弓网耦合仿真与计算

受电弓和接触网的相互作用通过受电弓定位条在接触网接触导线上的悬臂实现。定位条和悬臂线之间的悬臂建模可以使用单边运动约束进行，不需要估算任何接触网参数，但可防止接触损失的发生。或者，可以使用惩罚公式，但不限制接触网的发展，要求估算接触网的惩罚条件。在任何情况下，使用不同的方法来处理接触网和受电弓的动力学，需要开发一个实现这两种方法的单一代码，或者实现两个代码之间的联合仿真策略。接触建模在建立联合仿真策略中起着核心作用。

国内弓网仿真大多借助于国外商业软件进行仿真研究。即使自主化开发了一些弓网仿真软件，但是仿真结果还没有得到广泛认可，没有创造出商业价值。对于国内铁路企业、研究机构，在弓网仿真数学模型的建立，开发自主化的方程求解器，提高仿真计算结果速度，优化算法，减小内存占用等方面，还有很多工作要做。同时，仿真软件应该考虑快速建模方法。例如：接触网不同数量吊弦和不同间距的设置，以及跨距长度的调整；考虑多种接触网悬挂类型以及新型接触网模型；随着计算机技术的发展，考虑建立受电弓和接触网的3D模型。

使用线性有限元模型评估接触网动力学，并利用真实受电弓建立弓网试验台是面向计算机硬件的半实物仿真方案，也是未来研究高速弓网关系的重要手段。

6.2 应用技术

依据中国铁路发展相关政策，中国铁路需要持续做好重点领域科技应用创新，不断提升基础设施工程建造、检测监测与运营维护技术水平；深入开展既有高铁提速等安全保障技术研究；有序推进时速 400 km 高速铁路关键技术攻关，深入开展基础设施关键参数优化。为此，弓网检测技术需持续提升。

1. 高速铁路弓网试验与分析技术研究

目前我国高铁通过多年的建设、发展以及科学试验研究，已经形成了以 350 km/h“复兴号”动车组为代表的网络化运营，下一步，中国铁路将开展 350 km/h 速度以上的动车组以及高铁线路的建设与研制，更高速度下的动车组受电弓与接触网的匹配特性是一项关键技术要求，其中弓网试验系统是试验验证高速弓网匹配性能的关键技术装备。由于接触网和受电弓运行状态和环境的特殊性，接触网-受电弓受流系统的受流是一个动态过程，这一动态过程包括了多种机械运动形式和电气状态变化，尤其速度提高至 400 km/h，对弓网试验系统提出更高的要求。目前我国高铁经过多年的发展，现在已经研制了多种高速铁路弓网试验检测技术，主要包括 25T 接触网检测车，时速 250 km 高速铁路综合检测车，时速 350 km 高速铁路综合检测车，这类检测车能够实现对普速铁路和高铁 350 km/h 以及以下等级的接触网及弓网关系检测和试验，但是现在我国还没有研制和开发适应 400 km/h 速度等级的高速弓网试验系统，需要开展针对 400 km/h 速度级的弓网试验系统技术指标要求研究。这些指标主要包括测试系统各类参数的测试精度，弓网试验系统关键技术研究。通过开展 400 km/h 速度等级弓网试验系统的研究，对各种参数的测量技术进行了专门的设计，通过各项设备的工程化研究优化和设计，使弓网试验系统能对 400 km/h 高速铁路进行弓网系统试验和检测，确保高铁安全的新型技术装备，并在后期的综合试验过程中为弓网匹配调整和优化提供数据支撑。

2. 高速铁路弓网动态作用性能检测与评价研究

通过对接触网一锚段或一跨距作为统计步长的动态拉出值、动态高度、弓网动态接触力、燃弧次数、燃弧率受电弓振动加速度等测量值进行计算，建立对弓网动态性能的评价标准和体系。随着多种手段的高速弓网试验和检测、监测数据的积累，对数据进行深入挖掘和关联分析，从时域频域多角度进行分析，提取关键评价指标，并且不断深入研究掌握数据与缺陷、病害、疲劳寿命的关联关系和量化关系，逐步建立一套科学、合理、准确、可实施的弓网动态性能评价指标体系。

3. 高速铁路弓网受流优化及弓网匹配技术研究

我国高速铁路具有多种不同参数接触网，并运行着多种类型受电弓，在十几年高速铁路运营过程中积累了大量的弓网匹配试验数据。通过分析不同弓网组合下的耦合数据筛选出最佳受电弓与接触网匹配组合，作为时速 400 km 条件下的弓网匹配候选。同时建立相应的数学匹配模型，推算时速 400 km 时的弓网耦合状态。结合理论仿真方法进一步提高时速400 km 高速铁路的受电弓和接触网特性，优化接触网结构参数，提升受流质量和服役特性，而且为弓网动态检测数据提供有效的数据识别和诊断方法。

4. 高速铁路受电弓状态监测与预警技术研究

目前，我国高速铁路接触网普遍采用电气化铁路供电安全检测监测系统（简称 6C 系统）对接触网外观、零部件状态、主导电回路、绝缘状况、外部环境和弓网配合等运动状态进行检测监测，并以此作为接触网设备日常检修维护的依据。其中，动态检测是指利用弓网综合监测装置（1C）、车载接触网运行状态检测装置（3C）等手段，测量接触网技术状态和弓网接触取流状态。依据《高速铁路接触网运行维修规则》的要求，1C 检测周期为 15 天，3C 按比例搭载运营车辆进行实时或定期检测。

由于弓网接触力及硬点指标需要在 25 kV 高压环境下进行测量，主流的弓网受流性能参数测试需要依托高低压信号隔离、高压供电、EMC 等技术进行高压侧信号传递及高压设备供电，设备技术要求较高，高压侧安装较复杂，需要定期进行人工维护，不适宜进行长期在线监测工作。基于以上困难，3C 装置中仅通过摄像机、激光扫描仪等对接触导线动态几何参数及接触网温度等参数进行测量，无法实时进行弓网接触力、硬点等受电弓高压部分性能指标的测量；同时 3C 装置搭载的高清摄像机仅用作受电弓运行状态记录，无法实时对受电弓滑板损伤、弓角缺失、搭挂异物等异常情况进行识别记录和提醒。

利用近几年开始流行的光纤光栅传感器原理进行高压侧信号的测量能够降低高压侧设备复杂度，减少配套装置的安装数量，提高安全性，并在理论上延长设备的无维护正常使用时间。利用高清视频技术及机器学习算法能够在受电弓运行状态视频的基础上较为准确地判断受电弓异常状态的发生并进行记录和提醒。利用红外成像技术并研究紫外成像技术，能够针对高压部件如支撑绝缘子、网压传感器、避雷器、高压电缆终端接头等进行带电运行过程中设备的红外特征或紫外特征的采集、识别、记录，长期观测后能够记录被测设备的特征变化，辅助以地面试验数据或仿真数据等，能够从一个侧面判断、预测高压设备的运行状态。配合地面数据中心，受电弓运行在线监测装备可以有效收集全路接触网动态受流性能数据，作为接触网长期性能变化及运营动车组弓网受流性能适应性等研究的基础数据。

5. 接触网检测与监测技术研究

随着扩大 350 km/h 高速铁路运营范围，接触网振动频率、振动幅度将会增加。随着 400 km/h 高速铁路的研发，优化接触网张力后，接触网横波传播速度会明显提高，振动频率、振动幅度会有相应的变化，因此，对接触网设施的检测监测与运营维护提出了更高要求，相关部门需要及早布局，研发高精度、高分辨率、智能化的接触网长期状态检测监测设备，提高试验单位弓网检测技术水平，提高接触网运营维护技术水平，保障弓网安全运行。

接触网振动传播参数，是高速铁路接触网研究和试验的重要项目，是研究更高速下弓网相互作用的重要参数；波动频率、波动起始时刻、波动的幅值可以用来研究接触网波动的传播规律。对于运营受电弓，根据受电弓通过时的接触导线抬升量可以得知受电弓的运行状况。最大抬升量与支持结构位置的受电弓的接触压力成正比，在测量的抬升量中任何明显的增加或减少，均表明有干扰或受电弓缺陷。以往 350 km/h 速度等级高速铁路接触网振动传播规律测量试验，已经表明接触网振动几乎无法传播到相邻跨距内，而且定位结构的抬升与弓网接触力成正比关系。凡是违反这些规律的仿真研究或是测试结果都会反映出弓网耦合模型存在错误，或是测量结果存在干扰，需要进一步复核。但这些规律对于 400 km/h 高速铁路是否仍然适用，还需要进一步的研究。研究成果将对优化 400 km/h 接触网设施和受电弓性能关键参数具有重要意义。

采用嵌入式系统和带预张力绳索方式测量接触网波动，这种方法成本低，测量准确。但是，在目前线路安全要求和管理日益严苛的背景下，这种接触式的方法带来一定的安全风险。目前逐步开始采用的是基于高速相机的接触网状态检测监测技术，相机标定采用监控的接触导线线径和长度对相机图像的局部进行标定，但是这在图像测量学中是存在较大误差的。为了提高检测精度，精确的相机标定技术还需进一步研究。通过高频率高精度传感器和数据融合技术提高接触网振动传播参数的测量精度和分辨率，并且利用数据融合分析技术提高设备自校准能力，建立数据分析模型智能判断接触网振动传播参数的异常，自动记录重要信息。在实际运用中还要研究小型化轻量化的嵌入式处理器，结合无线网络实现自动采集、无人值守和远程传输等自动化功能。

6.3　系统与装备

为不断优化改善高速弓网关系，需要不断提升受电弓和接触网产品的性能，研发接触网-受电弓系统进行相关特性研究和试验检测验证系统和装备，采用大数据分析方法，深入挖掘高速弓网关系运行规律。

1. 开展智能化高速受电弓设计制造技术研究

未来的受电弓应具有智能化监测和控制功能，能实时检测弓网关系参数，根据受电弓运行速度、线路接触网状况、运行模式等条件对弓网动态接触力进行智能精确控制，在受电弓运行中调节弓网关系的关键参数，使弓网之间获得良好的受流性能。

2. 建立接触网-受电弓系统试验线

能开展高速接触网线材、技术参数、关键零部件的试验研究；在试验中，可以改变接触网的参数、结构和部件，匹配各种型号的受电弓，进行弓网关系的试验线试验研究，以更好地研究弓网匹配性能。

3. 建立弓网关系基础研究平台

平台包括弓网关系仿真平台、弓网关系试验室、弓网检测试验室、弓网大数据平台、受电弓与接触网病害样本库等。

参考文献

[1] 康熊，刘金朝，韩通新. 基于弓头垂直冲击加速度接触网硬点评判准则的研究[J]. 中国铁道科学，2009，30(01)：108-113.

[2] 藤井保和，易厚梅. 新干线受流系统高速化的技术研究[J]. 电力牵引快报，1995(10)：20-25.

[3] VD ELEKTROTECHNIKER. Railway applications—rolling stock pantographs：characteristics and tests；Part 1：pantographs for main line vehicles：EN 50206-1：2011[S]. Brussels：CENELEC，2011.

[4] IX-CENELEC. Railway applications：Fixed installations：Electric traction overhead contact lines：EN 50119-2020[S].

[5] 200～250km/h 电气化铁路接触网装备暂行技术条件：OCS-2.

[6] [德]KIESSLING，PUSCHMANN，SCHMIEDER. 电气化铁道接触网[M]. 中铁电化局集团有限公司，译. 北京：中国电力出版社，2004.

[7] 铁路电力牵引供电设计规范[S]：TB 10009—2005. 北京：中国铁道出版社，2005.

[8] 于万聚. 高速电气化铁路接触网[M]. 成都：西南交通大学出版社，2003.

[9] 董昭德. 接触网[M]. 北京：中国铁道出版社，2010.

高速铁路基础研究与技术创新丛书

第一期(16 册)

(一)基础理论与基础技术系列

高速铁路散体道床宏细观力学行为 赵春发　翟婉明　张　徐　著

ISBN 978-7-113-28857-0

高速铁路线路系统动力学 龙许友　时　瑾　王英杰　编著

ISBN 978-7-113-28997-3

高速铁路弓网关系研究 韩通新　著

ISBN 978-7-113-28941-6

(二)动车组系列

高速列车轻量化设计 李　明　伊召锋　米莉艳　等编著

ISBN 978-7-113-28972-0

(三)供电系列

高速铁路受电弓 韩通新　编著

ISBN 978-7-113-28975-1

高速铁路接触网检测技术 韩通新　著

ISBN 978-7-113-28961-4

(四)工程设计系列

高速铁路桥梁抗震设计 陈兴冲　张永亮　编著

ISBN 978-7-113-28964-5

高速铁路轨道工程 BIM 正向设计软件开发与实践 姚　力　刘大园　董凤翔　等编著

ISBN 978-7-113-28934-8

(五)工程施工与组织系列

高速铁路桥梁 BIM 技术研究与实践 盛黎明　苏　伟　刘延宏　宋树峰　编著

ISBN 978-7-113-28938-6

高速铁路岩溶路基边坡变形与稳定 白明洲　师　海　田　岗　等编著

ISBN 978-7-113-28880-8

高速铁路工程地质灾害超前预报图形判别和解译　　李　忠　郝娜娜　等编著

ISBN 978-7-113-28935-5

(六)通信与列控系列

高速铁路宽带无线信道测量与建模技术　　周　涛　何睿斯　艾　渤　编著

ISBN 978-7-113-28930-0

(七)测量与检测系列

(八)高铁运营与经济系列

高速铁路社会效益研究——基于时空经济分析　　李红昌　夏璇璇　著

ISBN 978-7-113-28942-3

(九)现代信息技术系列

高速铁路物联网技术　　史天运　孙　鹏　张惟皎　陈瑞凤　编著

ISBN 978-7-113-29029-0

(十)安全·健康·维护系列

高速铁路道砟飞溅机理及防治　　高　亮　石顺伟　殷　浩　著

ISBN 978-7-113-28906-5

高速列车多目标均衡综合节能技术　　张　雷　李　明　司志强　等编著

ISBN 978-7-113-28976-8